Gabriele Waldow

Elternsache

ist Bewusstseinssache

Ein Erziehungsratgeber zur Nichterziehung

tredition®

Die Würde des Kindes
ist unantastbar.

Sie zu achten und zu schützen
ist Verpflichtung und Aufgabe all derer,
die an Erziehungsprozessen beteiligt sind.

Sie, diese Würde,
ist das einzige Ziel der Menschenbildung
und zugleich das erste Mittel für sie.

Heinrich Pestalozzi

Inhalt

Etwas über Gefühle

Etwas mehr über Bewusstsein

Etwas über Lebensskripte

Anhang

Kapitelübersicht

Die Würde des Kindes

Der Flügelschlag des Schmetterlings

Etwas zur Einführung

Die Würde des Kindes

„Die Würde des Menschen ist unantastbar. Sie zu achten und zu schützen, ist Verpflichtung aller staatlichen Gewalt“, so steht es in Artikel 1 des Grundgesetzes der Bundesrepublik Deutschland. Hier hat man erfahren, wie verletzbar die Würde ist und hat sie zum ersten Grundrecht eines jeden Menschen erklärt.

Doch wie sieht es im Kleinen aus, in den zwischenmenschlichen Beziehungen, den Paarbeziehungen, in den Familien, im Kontakt der Eltern zu ihren Kindern? Gerade im Umgang mit Kindern ist die Würde am allerverletzbarsten, und sie wird unbedacht, unwissend oder rücksichtslos tagtäglich wehrlosen Geschöpfen gegenüber angetastet, angegriffen und verletzt, die voll Vertrauen aufschauen zu denen, deren Aufgabe es ist, sie zu führen und zu leiten, indem sie ihnen vorleben – und im Umgang mit ihnen erfahrbar machen – was wahre Menschenwürde ist.

‚Würde' ist ein Ausdruck, der in unserer Alltagssprache kaum vorkommt und uns zunächst einmal als ein abstrakter Begriff entgegentritt. Kein Versuch, sie mit Worten näher zu umschreiben, keine Definition und keine Erklärung konnten mich zufrieden stellen, um das auszudrücken, was nur jeder Mensch tief im seinem eigenen Inneren erfühlen kann. Und so möchte ich gleich zu Beginn dieses Buches Sie, liebe Leserin, lieber Leser mit auf eine Reise in die eigene Innenwelt nehmen, indem ich Sie einlade, sich für wenige Augenblicke nach innen zu wenden, um sich Ihrer *inneren Präsenz,* Ihrer Einmaligkeit und inneren Schönheit bewusst zu werden.

Wer die Augen schließt, still wird und der Spur seines Einatmens folgt, vermag die Zartheit, Empfindsamkeit und Größe dieser innersten Essenz – die oft auch als Seele bezeichnet wird – zu erahnen. In der Stille des Inneren begegnet sie uns wie ein kostbares Geschenk des Lebens, das wir in uns tragen – und nur allzu oft vergessen, wenn unsere Sinne einseitig nach außen gerichtet sind. Und doch ist es gerade dieser Teil, der unsere wahren Lebensimpulse in sich trägt, der uns führen möchte und leiten und sich in unserem Leben durch unser Denken, Fühlen und Handeln mitteilen und zum Ausdruck bringen möchte.

Jede einseitige Ausbildung des Intellekts, jedes Urteil und Vorurteil, jede weltanschauliche Fixierung, jeder Impuls, der den Kopf über das Herz – und damit eine vorgefertigte Anschauung über die augenblickliche Wahrnehmung – stellt, hält uns fern von unserer Seele, unserer inneren Impulsgeberin, und damit fern von uns selbst.

Wir können die Essenz unseres Seins – die Quelle wahrer Menschenwürde – nur im aktiven Wahrnehmen des gegenwärtigen Momentes erfahren. Mit der nur intellektuellen Seite des Verstandes können wir sie niemals begreifen, geschweige denn uns als eins mit ihr erleben. Je öfter wir mit unserer Wahrnehmung in diesen inneren Ort des Selbst-Seins eintauchen, in diese *Stille lebendiger Gegenwart*, umso mehr können wir Freude und Dankbarkeit erleben, die uns aus dieser Quelle zufließen. Und wir beginnen, Verantwortung zu tragen und Liebe zu fühlen für die stille und zugleich machtvolle Präsenz in uns.

Selbstverantwortung für unser Denken, Fühlen und Handeln ist eine Folge dieser Präsenz und zugleich Ausdruck von Selbstachtung und Wertschätzung unserer selbst, die uns zum Erfahren der eigenen Würde befähigen.

Würde ist ein dem Menschen innewohnender Wert. Sie wird geboren aus der Einmaligkeit und Größe der menschlichen Seele, deren Ursprung wir nicht kennen oder nur erahnen und aus dem Geheimnis des Lebens selbst.

Was macht den Menschen so wertvoll, was macht jeden Einzelnen von uns so bedeutsam? Ist es nicht diese Einzigartigkeit, mit der wir in dieses Leben kamen? Unsere Fähigkeit zu einem ganz individuellen Lebensausdruck? Unsere besonderen Begabungen? Unsere Möglichkeit, mit ihnen in dieser Welt wirksam zu sein? Das Leben zu gestalten, zu verändern und Neues zu schaffen und zu erschaffen? Und schließlich unsere persönliche Freiheit zu wählen, was auch unsere Entscheidungsfreiheit für und gegen die Kräfte des Lebens mit einschließt? Ist es nicht das, was jeder Einzelne mitgebracht hat, eine Facette eines großen Ganzen und doch gleichzeitig selbst ein Ganzes?

„Würde bezeichnet die Eigenschaft, eine einzigartige Seinsbestimmung zu besitzen“ [1)], können wir bei Wikipedia lesen. Aber auch „Ansehen beziehungsweise Stellung“ in der Gesellschaft seien Ausdruck dieser Würde. Befreien wir das *Ansehen* von allem Dünkel einer privilegierten *Stellung* innerhalb einer sozialen Rangordnung und anderer Unterscheidbarkeiten äußerlicher persönlicher Daten und übersetzen es in eine Sprache sozialer Interaktion, heißt es: *Ich sehe dich* als der, der du wirklich bist – ein einmaliges, unverwechselbares Geschöpf, das sich hier auf dieser Erde in einem Körper ausdrücken und verwirklichen möchte, um mit seinem kreativen Potenzial selbst Schöpfer zu sein. Ich sehe dich *in dieser erhabenen Stellung*. – Wie wäre es, wenn wir ein Kind jeden Morgen neu mit Gefühlen und Gedanken in dieser Haltung willkommen hießen?

Wer den Film ‚Avatar' gesehen hat, mag sich vielleicht erinnern, wie der Ex-Marine Jake auf einer Mission auf dem extraterrestrischen Planeten Pandora auf die Na'vi-Frau Neytiri trifft und wie beide ihre tiefe Liebe ausdrücken – über alle äußerlich wahrnehmbaren Formen hinweg – mit den Worten: Ich sehe dich!

Ich sehe dich als einen wunderbaren Ausdruck des Lebens – was geschähe, wenn Eltern es sich tagtäglich bewusst machen würden, welche einmalige Aufgabe sie ihren Kindern gegenüber haben: dem Wunder der Menschwerdung selbst mehr und mehr im irdischen Leben zum Ausdruck zu verhelfen?

Jetzt hast du schon wieder alles kaputt gemacht! ... Kannst du denn nie aufpassen? ... Immer wirfst du alles um! ... Guck mal, wie du wieder aussiehst! ... Für dich muss man sich ja schämen! ... Dich kann man keine fünf

Minuten alleine lassen! ... Was du wieder angerichtet hast! ... Siehst du, das kommt davon! ... Wollen wir wirklich unter solchen Sätzen das Wunder des keimenden Lebens begraben? Ich gehe davon aus, dass keiner das will, und wenn er es trotzdem tut, liegt es vielleicht in erster Linie daran, dass er die eigene Würde nicht oder nur unvollständig lebt. Wer die eigene Würde in sich nicht kennt, kann sie auch beim anderen nicht wahrnehmen.

Strafe, Drohungen, Einschüchterung, Schuldgefühle provozieren und Verantwortung abladen, die ein Kind nicht tragen kann, ins Zimmer sperren, Abwertung und Kritik – all das tastet die Würde eines Kindes nachhaltig an.

Eine Erziehung hingegen, die Selbstbestimmung, Selbstachtung und Selbstverantwortung fördert, die die individuelle Ausdrucksform eines Kindes respektiert, einfühlend achtet und wertschätzt und der freien Entfaltung seines in ihm veranlagten Potenzials Raum gibt, befähigt zum Erfahren der eigenen Würde.

Der Flügelschlag des Schmetterlings

Menschliche Entwicklung ist Geheimnis und Wunder zugleich. Doch es ist ein Geheimnis, das uns nicht gänzlich verschlossen bleiben muss. Wir können uns ihm nähern, weil wir auch nach dem Ende der eigenen Kindheit uns entwickelnde Wesen bleiben und dabei beobachten können, wer oder was in uns diesen fortdauernden Entwicklungsprozess vorantreibt. Dass das nicht selbstverständlich und automatisch geht, wissen wir. Jedes ‚So bin ich nun mal' und jedes Einverständnis zu Alter und Abbau entfernt uns von der Quelle dieser Entwicklungsimpulse.

Als die Ereignisse in meinem eigenen Leben nicht so liefen, wie ich es mir in jugendlichem Selbstverständnis vorgestellt hatte, als mich Erfahrungen, die ich machte, überraschten und manchmal auch erschütterten, machte ich mich auf die Suche, wie ich Disharmonien und Missklänge in meinem Leben wieder in Harmonie und Klang verwandeln konnte. Ich wollte Kongruenz zwischen mir und den Ereignissen, die das Leben für mich bereithielt. Ich wollte die Gewissheit, dass das Leben mir nicht entgleitet in eine Richtung, die ich ihm nicht selbst gewiesen hatte. Und ich wollte dieses Gefühl von Lebenssicherheit, das sich aus dem ergibt, was heute oft mit dem Wort ‚Flow' umschrieben wird. Ich wollte den Fluss des Lebens zurückgewinnen, wollte mich wieder seiner Strömung anvertrauen, wie ein es Kind tut, bevor der Erwachsene durch sogenannte ‚Erziehungsmaßnahmen' zu tief eingegriffen hat. Dabei ging es mir zunächst einmal darum, in ‚Ein-Klang' mit mir selbst zu kommen, mit meinen Wünschen an das Leben, mit meinen Lebenszielen und meinen Lebensaufgaben. Ich wollte die Hindernisse in meinem Lebensfluss aufspüren und zur Seite räumen.

Schnell war mir klar, dass die Harmonie, die ich anstrebte, weder durch Anpassung an scheinbar gegebene Strukturen noch durch oberflächliche Neu-Strukturierung meiner Glaubenssätze zu erreichen war. Heute spricht man in diesem Zusammenhang von Affirmationen, durch die wir uns vorübergehend selbst betäuben können, sofern sie nicht in Einklang sind mit unseren innersten Impulsen.

Einklang von Bewusstsein, Denken, Wahrnehmen und Handeln entsteht, wenn wir uns *selbst* kennengelernt haben und es uns gelingt, von dieser inneren Quelle aus nach außen zu wirken und uns ‚ein-stimmig' durch Körper, Geist und Seele zum Ausdruck zu bringen.

Dieses Selbst stand von da an im Mittelpunkt meiner Aufmerksamkeit. Und je mehr ich dieses Selbst in mir entdeckte und mich mit ihm verbunden fühlte, umso stärker erlebte ich, wie ich über dieses Selbst gleichzeitig mit allen anderen Menschen verbunden war. Wie in einem Geflecht von Familie, Freunden, Kollegen, aber auch spontanen Begegnungen, saß ich selbst in der Steuerzentrale eines riesigen Netzwerkes – *ebenso wie jeder andere auch.* Drehen wir uns ein wenig, ändern einen Gedanken, klären ein Gefühl, fassen einen Entschluss, dreht sich das gesamte Netz wie die Formation eines Vogelfluges am Himmel. Das war eine großartige Entdeckung. Alles hängt mit allem zusammen. War das der bekannte ‚Flügelschlag des Schmetterlings', den ich da erfuhr?

Der Meteorologe Edward N. Lorenz machte mit seiner Aussage, dass der Flügelschlag eines Schmetterlings in Brasilien einen Tornado in Texas auslösen könne, eine Metapher beinahe über Nacht weltweit populär. In unserer vermeintlich kalkulierbaren und berechenbaren Welt können scheinbar unbedeutende Ereignisse unerwartete Folgen haben und die Grenzen des Machbaren zeigen.

Nicht nur das Wetter ist hiervon betroffen, sondern auch andere komplexe und dynamische Systeme, wie beispielsweise die Entwicklung der Börse oder politische Entwicklungen bis hin zum Verlauf der Geschichte. Ohne ein kleines unbedeutendes Ereignis, das zum Auslöser des ersten Weltkrieges geworden ist, hätte unsere Geschichte vielleicht einen anderen Verlauf genommen. Aber auch der Verlauf eines Krankheits- beziehungsweise Heilungsprozesses kann vom ‚Flügelschlag eines Schmetterlings' in Form einer Diagnose oder eines heilenden Wortes abhängen.

Wenn wir uns bewusst machen, wie komplex soziale Zusammenhänge sind, und wie angreifbar in ihnen das System Mensch ist – welche Dynamiken jeder Einzelne in seinem eigenen Leben und im Leben anderer durch einen ‚Flügelschlag' auszulösen vermag –, werden wir vielleicht in Zukunft besser auf unsere Worte und unser Verhalten unseren Kindern gegenüber achten.

Der Mediziner und Psychologe Dr. Alex Loyd beschreibt in seinem Buch „Der Healing-Code" die Geschichte einer Patientin, die mit dem Problem zu ihm kam, ihren eigenen beruflichen Erfolg immer wieder selbst zu boykottieren, obwohl sie mit einem IQ von 180 für diesen Erfolg doch geradezu prädestiniert erschien. In der therapeutischen Arbeit konnte Loyd mit ihr gemeinsam die Ursache für diesen Misserfolg aufdecken: Im Alter von fünf Jahren hatte ihre Mutter ihrer Schwester ein Eis am Stil gekauft, weil diese ihr Essen ‚brav aufgegessen' hatte – ihr jedoch nicht, weil sie ihr Essen eben nicht brav aufgegessen hatte. Die Enttäuschung darüber hatte sich tief in ihr Unbewusstes eingegraben und blieb dort mit den Augen der Fünfjährigen bis zu ebendieser Therapiesitzung gespeichert.

„Vor dem Erwerb des logischen Denkens liegende Erinnerungen können wie Schreckensgespenster durch unser ganzes Leben geistern" [2)], was zur Folge hat, dass solche Erinnerungen im Laufe des Lebens immer wieder reaktiviert werden, wenn der Mensch in eine vergleichbare Situation kommt. Wenn sich also beispielsweise – wie bei Loyd beschrieben – in einer Firma zwei um den gleichen Posten bewerben, kann das Scheitern und die Zurücksetzung durch eine früh erlebte ‚Eis-am-Stil-Geschichte' tief unbewusst zur Selbstsabotage führen, ohne dass der Erwachsene sich dessen bewusst ist oder einzugreifen vermag.

Auch wenn wir es manchmal kaum für möglich halten, sind diese subtilen Vernetzungen unserer Handlungen und Entscheidungen mit unseren unbewussten Erinnerungen in der psychologischen Praxis hinlänglich erwiesen. Kleine Ursachen können große und unkalkulierbare Auswirkungen in unserem Leben und im Leben unserer Kinder haben.

Das Drama dabei ist, dass sich schmerzliche oder angstbesetzte Erlebnisse aus der Kindheit oft vor uns verstecken und wir als Erwachsene zunächst einmal keinen Zugang mehr zu ihnen haben. Wir haben sie in uns verkapselt, weil sie schmerzhaft waren und wir nicht mehr an sie erinnert werden wollten. Gerade diese nicht bewussten Erinnerungsbruchstücke führen aber dazu, dass sich ein Mensch nicht mit der Kraft und Fülle seiner ganzen und ungebrochenen Individualität durch einen Körper ausdrücken und in seinem Leben verwirklichen kann. Er lebt fragmentiert und bleibt nicht selten in den Irrungen und Wirrungen des

Lebens ein Opfer der Umstände und ein lebenslang Suchender nach dem ewig reinen und heilen Ursprung seiner selbst.

Doch wer die Sprache des Schicksals zu lesen gelernt hat, weiß, dass es häufig gerade die scheinbaren Hindernisse im Leben sind, die uns zu diesen, vom Bewusstsein abgetrennten, Erfahrungsanteilen zurückzuführen vermögen. Nicht selten ereignen sich solche Anstöße in der Partnerschaft und im alltäglichen Umgang mit Kindern, die wir immer dann erfahren, wenn aus dem Miteinander ein Gegeneinander wird. Besonders Erfahrungen, die wir manchmal lieber vermeiden würden, können dazu führen, dass wir uns selbst immer besser kennenlernen, sofern wir bereit sind, ihre Herausforderung als Aufforderung zur Entwicklung zu verstehen und uns ihre Botschaft zu entschlüsseln. Mit den Themen dieses Buches begegnen Ihnen als Leser viele Hinweise, die in diese Richtung weisen. Eine spontane Erkenntnis, eine emotionale Erschütterung, ein plötzliches Verstehen kann wie ein ‚Flügelschlag' wirken und auf den Weg zu Bewusstwerdung, Integration und Ganz-Werdung führen.

Je mehr ich mich mit der Struktur und dem Entwicklungspotenzial des menschlichen Bewusstseins befasste, umso mehr entfaltete sich das Wunder des Menschseins und damit das Wunder kindlicher Entwicklung vor meinem inneren Auge. Aber auch die Störfaktoren dieses sich natürlich entfaltenden Prozesses wurden mir bewusst. Ich erkannte, dass uns die Kausalität rein dualistischen Denkens wie eine Falle umschließen kann und wir dieses Denken häufig schon früh an unsere Kinder weitergeben.

Das Wachstum und die permanente Verwandlung von Kindern geschehen mit solcher Geschwindigkeit, dass wir ihnen beinahe dabei zusehen können. Was sind die Gesetze dieser Wandlung? Nach welchen Entwicklungsimpulsen und welchen Formgesetzen verändern sie sich? Sind es in erster Linie die Gene, sind es die Vererbungsmerkmale, die Wachstum und persönliche Entwicklung beeinflussen? Welchen Einfluss hat die Umgebung auf das sich verändernde Kind? Und welche Bedeutung in diesem Prozess hat schließlich die Individualität eines Kindes selbst? Zu all diesen Fragen gibt es eine große Anzahl von Büchern, und auch wenn wir sie studiert haben, erhalten wir keine verbindlichen Antworten. Das Fazit ist oft eher weltanschaulicher Natur, und am Ende unserer Forschungsreise bleibt menschliche Entwicklung für uns noch immer ein Mysterium.

Und doch weiß jeder, der mit Kindern zu tun hat, aus eigener Erfahrung, dass die Art, wie wir unsere Kinder erziehen, wie wir sie ansprechen, mit welchem Respekt und mit welcher Achtung, welche Worte wir zu ihnen sagen, welche Angebote wir ihnen machen, welche Verhaltensweisen wir ihnen vorleben, welche Gedanken wir denken und welche emotionalen Energien wir ausstrahlen – dass all das einen entscheidenden Einfluss auf ihre Entwicklung hat. Und das betrifft sowohl ihr Wachstum und ihre gesundheitliche Konstitution als auch ihr Sozialverhalten, ihr Interesse an der Umwelt, ihr Selbstwertgefühl, ihr Vertrauen ins Leben und vieles mehr.

Unser Verhalten findet in der Regel besonders in den Sprachmustern, die wir nutzen, seinen Ausdruck. Wer Respekt und Wertschätzung seinen Kindern gegenüber hat, wird in Konfliktsituationen andere Worte wählen als jemand, dem dieser Respekt fehlt. Wer Selbstachtung und Selbstliebe kennt, wird seinen Kindern anders begegnen als jemand, der darauf angewiesen ist, Anerkennung von außen zu erhalten. Wem die Einmaligkeit und das Wunder menschlicher Entwicklung bewusst ist, wird anders auf ein Kind zugehen als jemand, der niemals über den Sinn und die Bedeutung des eigenen Lebens nachgedacht hat. *Wer seine eigene Größe kennt, sieht sie auch in seinen Kindern!*

Indem ich meinem wachsenden Interesse folgte, menschliches Sein immer tiefer verstehen zu wollen, erlangten Selbsterfahrung und Persönlichkeitsentwicklung für mich an Bedeutung. Ich verstand zunehmend, wie unser gegenwärtiges Sein mit jeder Handlung, jedem Wort, jedem

Gedanken, mit jedem Gefühl und jedem Sinneseindruck unser zukünftiges Sein beeinflusst; ich erlebte, welche Macht uns dadurch gegeben ist – verstand aber auch, welche Ohnmacht wir erleben müssen, wenn wir unbewusstes Sein dem bewussten vorziehen.

Mein Blick auf menschliches Verhalten veränderte sich. Ich erfuhr die Verwundbarkeit und Unsicherheit vieler Menschen – ‚fernab von sich selbst' – und besonders die Verletzlichkeit und Zartheit der Kinder, die den Kontakt *zu sich selbst* oft schon in jungen Jahren durch sogenannte wohlgemeinte Erziehungsmaßnahmen verloren hatten. Ich erfuhr ihre Bildsamkeit und ihre Offenheit, ihr Vertrauen, ihre Abhängigkeit und ihre Bereitschaft alles zu nehmen, was ihnen geboten wurde – Gedankenmuster, emotionale Muster und Verhaltensmuster ebenso wie die tagtägliche Nahrung. Ich sah die Kinder und gleichzeitig das Netz all dieser Informationen, in denen sie hingen. Alles war viel zerbrechlicher, fließender, beeinflussbarer, als ich es mir je hätte vorstellen können.

Je mehr Wissen wir über uns selbst erlangen, und je mehr Erfahrungen wir im Umgang mit Menschen gewinnen, indem wir unser eigenes Handeln und die Reaktion, die wir hervorrufen, beobachten – je mehr wir dabei bereit sind, auch uns selbst infrage zu stellen und zu verändern –, umso umfassender wird auch unser Blick auf andere.

Nach und nach tut sich eine neue Form der Wahrnehmung vor uns auf. Ein einseitig selbstbezogen fokussierter Blick öffnet sich, und wir können Dinge sehen, die wir zuvor nicht sehen konnten. Wir beginnen, die Ereignisse in unserem Leben von vielen Seiten zu betrachten, auch von denen, die zunächst von uns abgewandt waren. Eine lineare, auf sich selbst bezogene, Sichtweise löst sich zugunsten einer umfassenderen und räumlichen Wahrnehmung auf, die sich nach und nach in uns entwickelt, und die wir wie eine Form von Hellsichtigkeit erfahren können. Wer mit Menschenbildung zu tun hat, sollte sich um Umsicht und Weitsicht in diesem Sinne bemühen. Sie ist jedem möglich, und jeder kann sie entwickeln, der sich auf den Weg macht.

Aus meinen Erfahrungen sowie dem Anliegen, Bewusstseinsräume zu öffnen, wurde der Impuls geboren, das hier vorliegende Buch zu schreiben – mit dem Ziel, einen erweiterten Blickwinkel auf sich selbst und eine erweiterte Wahrnehmung im Umgang mit Kindern einnehmen zu können. Während des Schreibprozesses wurde mir von Kapitel zu Kapitel immer deutlicher: Erziehung ist zweitrangig, Selbsterziehung vorrangig. Ich strich Kapitel, die sich mit Erziehung beschäftigten und fügte neue hinzu, die Selbstwahrnehmung und Selbsterkenntnis in den Vordergrund stellten. Und ich wählte den etwas provokanten Untertitel ‚Ein Erziehungsratgeber zur Nichterziehung', durch den ich zum Ausdruck bringen möchte, dass Erziehung *in erster Linie* Selbsterziehung bedeutet.

Kinder schauen auf uns und ahmen uns nach. Wenn wir die eigene Persönlichkeit entwickeln, werden sie sich an unserem Vorbild orientieren und zu denjenigen heranreifen, die wir durch unsere Erziehungsmaßnahmen oft vergeblich zu formen versuchen, wenn unser eigenes Vorbild fehlt. Was wollen wir ihnen vorleben und was ist wert genug, ihnen für ihr eigenes Leben mitgeben zu wollen?

Bieten wir unseren Kindern mit unserem Vorbild gute Wahlmöglichkeiten, damit sie in ihrem Leben ihr höchstes Potenzial entfalten und ihre Körper als ein wunderbares Werkzeug nutzen können, um sich auf Erden vollständig mit all ihren Möglichkeiten zu realisieren und mitzuteilen – mit ihren Talenten, mit der ihnen innewohnenden Intelligenz und Kreativität und mit ihrer Fähigkeit zu tiefem Verständnis und Empathie.

Und machen wir uns immer wieder aufs Neue bewusst, welche Prozesse wir durch die Wahl unserer Worte, unserer Gedanken und Gefühle sowie durch unser Verhalten bei unseren Kindern in Gang setzen, wie kleine Störungen und Irritationen im Leben unserer Kinder zu großen, nicht vorhersehbaren Wirkungen führen können, damit unsere ‚Flügelschläge' nicht zu Schlägen werden, sondern unseren Kindern selbst Flügel verleihen!

Jede Erziehung ist Selbsterziehung,
und wir sind eigentlich als Eltern, Lehrer und Erzieher
nur die Umgebung des sich selbst erziehenden Kindes.
Wir müssen die günstigste Umgebung abgeben,
damit an uns das Kind sich so erzieht,
wie es sich durch sein inneres Schicksal erziehen muss.

Rudolf Steiner

Kapitelübersicht

Etwas über Eltern, Kinder und Erziehung

Und weil, trotz allen pädagogischen und psychologischen Wissens, das uns heute zur Verfügung steht, noch immer die Flügel vieler Kinder gestutzt werden, möchte ich in den nächsten Kapiteln ein wenig die Türen in die Kinderzimmer hinein öffnen, damit wir hinschauen können auf das, was häufig hinter geschlossenen Türen vor sich geht: Alltägliche Kommunikationsmuster im Umgang mit Kindern – fast immer ohne schlechte Absicht, oft hilflos und meistens unwissend, was sich hinter diesen Mustern verbirgt.

Auch wer vieles von dem hier Geschilderten weit von sich weisen möchte, es nicht wahrhaben oder bagatellisieren will, weil es doch gar nicht so schlimm sei, dabei aber auch nur ein Fünkchen Wahrheit bei sich selbst entdeckt, hilft sich selbst und seinen Kindern und macht die Welt ein bisschen besser.

Es gibt viel gute Literatur über gute Pädagogik. Doch wenn wir in der Erziehung unserer Kinder an unsere Grenzen stoßen oder uns gar Vorwürfe machen, weil es eben doch nicht so einfach ist, wie es in vielen guten Beispielen zur Erziehung manchmal erscheint, dann liegt das häufig daran, dass wir uns unserer eigenen Muster im Denken, Fühlen und Handeln zu wenig bewusst sind – besonders solcher, die bereits über Generationen kollektiv geprägt wurden.

Es geht nicht darum, sich schlecht zu fühlen, wenn man sich mit dem eigenen Verhalten konfrontiert sieht oder durch andere konfrontiert wird, sondern darum, den Boden zu erkennen, von dem man sich abstoßen muss, wenn man Neuland betreten möchte.

Je besser wir uns selbst kennenlernen, umso leichter und freier können wir neues Verhalten wählen oder bewusst das alte beibehalten, wenn wir es für gut befunden haben. Und je bewusster uns als Erwachsene das unbewusst Gewohnheitsmäßige wird, umso größer ist die Chance auf Befreiung von nicht hinterfragten Überzeugungen und Verhaltensmustern, die unseren Blickwinkel auf das Leben einschränken und uns selbst in unseren Möglichkeiten begrenzen – und umso größer ist damit zugleich auch unsere Befähigung, in unseren Kindern ein freies und unbeschwertes Gedanken- und Gefühlsleben zu veranlagen. Werden wir zum Detektiv unserer eigenen Innenwelt!

Zur Einstimmung folgen einige Beobachtungen aus dem Umgang mit einem dreijährigem Kind, das ‚Gehorchen' im herkömmlichen Sinne einer traditionellen Erziehung noch nicht gelernt hat. Folgsamkeit über das abstrakte Wort ist ihm noch fremd, die Welt der Bilder hingegen vertraut. Wie selbstverständlich geben wir kleinen Kindern Bilderbücher, weil wir wissen, dass sie durch bloßes Vorlesen die Geschichten noch nicht begreifen können. Aber wenn es um Gebote oder um Verbote geht, wollen wir sie häufig nur durch die Kraft unserer Worte erreichen – und wundern uns, wenn wir keinen Erfolg haben.

In den ersten Lebensjahren sollte das Vertrauen gelegt werden, dass das Wort der Eltern gilt und dass es gut ist. Darum ist es von großer Bedeutung, dass Klarheit nicht Strenge und Druck bedeutet. Je klarer und entschiedener die Ansprache an das Kind ist, umso liebevoller und verständnisvoller sollte ihr Inhalt kommuniziert werden, ohne dabei die Entschiedenheit im Sinne einer Doppelbotschaft infrage zu stellen.

Die folgenden Beispiele stammen von Eltern, die Schwierigkeiten im Umgang mit ihrem Sohn hatten. Nachdem ihnen ihr eigenes Kommunikationsverhalten bewusst geworden war, entwickelten sie Alternativen und probierten neues Verhalten aus.

So einfach ist das!

So:

Max fährt den Salzstreuer wie ein Auto um seinen Teller herum.

Beim Essen spielt man nicht!

Max reagiert nicht.

Du stellst jetzt sofort den Salzstreuer weg!

Max reagiert immer noch nicht.

Der Vater reißt ihm den Salzstreuer aus der Hand.

Wenn du ihn noch einmal nimmst, gehst du in dein Zimmer.

- Max ist im Spiel versunken. Wie alle kleinen Kinder lebt er noch mit ungeteilter Aufmerksamkeit ganz im Augenblick. Vielleicht hört er, was der Vater sagt, aber es hat im Moment des Spiels keine Bedeutung für ihn.

Oder so:

Max fährt den Salzstreuer wie ein Auto um seinen Teller herum.

Das ist ein Salzauto, nicht wahr? Kannst du das Salzauto zu mir herüberfahren? Ich brauche etwas Salz.

Schnell erreicht das Auto Vaters Teller.

Danke. Bis wir fertig gegessen haben, darf das Salzauto jetzt in einer Garage parken. Wo ist die Garage für das Salzauto?

Vielleicht ist sie unter einem Brotkorb oder hinter der Butterdose. Max findet schnell einen geeigneten Platz und isst in Vorfreude, das Auto bald wieder aus der Garage befreien zu dürfen.

So einfach ist das!

- Der Vater gewinnt Max' Aufmerksamkeit durch eine Frage. Er steigt ins Spiel ein und lenkt es in eine neue Richtung. Max fühlt sich verstanden und ist Teil der Entscheidung, erst nach dem Essen weiter zu spielen. Im ersten Beispiel fühlt Max sich vermutlich sehr unwohl. Er erlebt den Vater als übermächtig und sich selbst nicht in Ordnung. Er reagiert mit Anpassung, Rückzug oder Rebellion. Er hat keine andere Wahl.

So:

Max nimmt Vaters Handy.

Lass es liegen! Du gehst da nicht dran!

Max hört nicht.

Leg es sofort wieder hin!

Max hört immer noch nicht. Er beginnt mit dem Handy zu spielen.

Der Vater reißt es ihm aus der Hand.

Hast du nicht gehört, was ich dir gesagt habe?

Max weint.

Oder so:

Max nimmt Vaters Handy.

Du möchtest auch einmal mit Papas Handy telefonieren?

Max strahlt.

Der Vater legt eine Hand ans Ohr und sagt:

Hallo Max, bist du da?

Max strahlt noch mehr.

Papa sagt,

dass er ihn lieb hat oder dass Max ihm gleich helfen darf

oder dass das Stofftier Wusch im Zimmer auf ihn wartet …

der Kreativität sind keine Grenzen gesetzt.

Und dann sagt er ihm,

dass er sein Handy jetzt braucht

und dass es ein Handy für große Leute ist.

Max hat verstanden und gibt dem Vater das Handy zurück!

So einfach ist das!

- Ich kann verstehen, wenn sich da der ein oder andere Vater fragt, ob denn das wohl wirklich funktionieren könne. Vielleicht ‚funktioniert' es auch nicht jedes Mal, doch worum es in den Beispielen geht, ist darauf aufmerksam zu machen, dass es über Verbote hinaus andere und einfachere Möglichkeiten gibt, kleine Kinder zu erreichen, wenn wir in ihre Erfahrungswelt eintauchen.

So:

Die Mutter schenkt Max einen kleinen Plastikbagger.
Max strahlt. Voll Freude fährt er gleich los und rutscht – *brrr brrr brrr* – auf Knien hinter seinem neuen Spielzeug her – nichts hält ihn auf – geradewegs an die nächste Wand.
Oh Schreck! Die Baggerschaufel ist an einer Seite abgebrochen.
Vielleicht kann man sie wieder heil machen, hofft Max
und zeigt den Bagger seiner Mutter.

Guck mal, was du jetzt wieder gemacht hast!
Gerade habe ich dir den schönen neuen Bagger gekauft, und du musst ihn gleich kaputt machen. Immer machst du alles kaputt!

Max Blick trübt sich. Er stellt den Bagger in die Ecke. Die kaputte Schaufel erinnert ihn daran, dass er etwas ‚Schlechtes' getan hat.
Er ist nicht in Ordnung. Immer macht er etwas kaputt.
Max ist traurig.

Oder so:

Max zeigt den kaputten Bagger seiner Mutter.

Oh, da ist die Schaufel abgegangen.

Da ist der Bagger wohl ein wenig schnell gefahren?

Max ist erleichtert, Mutter versteht ihn.

Wie wäre es, wenn du den Bagger jetzt schnell in die Werkstatt fährst und wir reparieren ihn?

Okay, sagt Max.

Schnell wird eine Zimmerecke zur Werkstatt und der Bagger wird repariert. Und wenn die Reparatur nicht möglich ist, kann man die Baggerschaufel möglicherweise auch ganz abnehmen und aus dem Bagger wird im Handumdrehen ein kleiner Trecker.

Max weiß jetzt, dass er lieber ein wenig vorsichtiger fahren sollte.

Was Mama nicht alles kann! Max ist glücklich.

So einfach ist das!

So:

Der kleine Max sitzt vor einer großen Scheibe Brot. Er hat keinen Hunger.
Max schaut auf das Brot. Die Scheibe sieht riesig aus. Max ist unruhig.

Sitz still, du stehst erst auf, wenn du aufgegessen hast!

Max kneift die Lippen zusammen.

Iss jetzt, du bist schon ganz dünn! Schau mal, wie gut der Paul immer isst! Der ist richtig stark.

Max spürt, er ist nicht in Ordnung; er ist zu dünn, er is(s)t nicht gut genug.
Jetzt mag er erst recht nichts mehr essen;
sein kleiner Magen ist wie zugeschnürt.
Die Mutter schiebt ihm das Brot zwischen die Zähne.

Los – beiß jetzt ab!

Max presst seine Lippen aufeinander.
Er schiebt das Brot in seinem Mund hin und her.
Am liebsten würde er es ausspucken, aber dann gibt es Ärger.
Das hat Max schon erlebt. Stattdessen kippelt er nervös auf seinem Stuhl und kratzt mit einer Gabel auf dem Tischtuch.

Beim Essen wird nicht gespielt!

Die Mutter ist jetzt sichtlich genervt und zieht ihm die Gabel aus der Hand. Max ist erschrocken. Er wehrt sich und macht eine heftige Bewegung. Der Stuhl fällt um.

Jetzt reicht's!

Die Mutter springt auf und reißt den Teller weg.

Du gehst jetzt sofort auf dein Zimmer!

Max weint.

Oder so:

Max will nicht essen. Er mag sein Brot nicht.

Du hast heute keinen Hunger? Ich glaube, es ist dir zu viel.

Max nickt mit vollem Mund. Die Mutter schneidet das Brot in Streifen.

Iss noch einen Streifen, dann bist du fertig und darfst aufstehen.

Max ist zufrieden. Das kann er überblicken.

Schnell ist der Streifen im Mund verschwunden.

Max freut sich über seinen Erfolg –

und schiebt schnell noch einen zweiten Streifen hinterher.

So einfach ist das!

So:

Max' Mutter unterhält sich mit ihrer Freundin Nicole.
Nach einer Weile fängt Max an, unruhig zu werden.
Er macht allerlei Geräusche, und als die Mutter nicht reagiert,
fährt er ihr mit seinem Spielzeugauto ans Bein.

Max will wieder mal Aufmerksamkeit,

hört Max seine Mutter zur Freundin sagen.
Sie spricht über ihn zu jemand anderem, aber ihn schaut sie
dabei nicht an. Sie ignoriert Max, als sei er Luft.
Max wird lauter. Sein Auto wird zum Polizeiwagen.

Tatü tata, tatü tata,

grölt Max jetzt mit voller Stimme.

Siehst du nicht, dass du störst,

ruft Mutter ihm ärgerlich zu.
Max lässt sich nicht beeinflussen und fährt lautstark in seinem Spiel fort.
Seine Mutter schimpft, aber das ist nichts Besonderes. Sie schimpft
jeden Tag mit ihm. Doch dieses Mal schickt sie ihn auch noch weg:

Geh in dein Zimmer! Und da bleibst du, bis ich dich rufe!

Max rollt sich in eine Ecke und lutscht am Daumen.

Oder so:

Die Mutter unterbricht kurz ihr Gespräch, schaut Max an und bückt sich zu ihm herunter:

Du möchtest Aufmerksamkeit von mir, nicht wahr, Max?

Du möchtest, dass ich mit dir spiele?

Max nickt bestätigend und schlingt seine Arme um die Mutter.

Die Mutter umarmt ihn liebevoll und entfernt dann sanft die kleinen Arme:

Wenn Nicole gegangen ist, habe ich für dich Zeit.

Dann können wir zusammen spielen.

Und jetzt möchte ich mich noch ein wenig mit Nicole unterhalten.

Max ist zufrieden und fährt mit seinem Auto in die Spielecke.

Er weiß, gleich hat Mutter Zeit für ihn.

So einfach ist das!

So:

Max stößt an sein Glas, die Milch ergießt sich über den Tisch, und das Glas fällt zu Boden.

Max ist sehr erschrocken. Als ihm das erste Mal etwas umfiel, war er auch ein wenig erschrocken, aber jetzt ist sein Schreck viel größer! Jedes Mal, wenn ihm etwas umfällt oder etwas kaputt geht, ist sein Schreck größer. Sein kleiner Körper ist für Sekunden wie eingefroren, wenn ihm der Schreck in die Glieder fährt aus Angst vor dem, was jetzt passiert. Und da ist es schon:

Kannst du nicht aufpassen!

Guck mal, was du da wieder gemacht hast!

Immer musst du so herumturnen! Bei Tisch sitzt man still!

Max weint. Wieder einmal hört er, wie dumm er ist, wie zappelig, wie unkonzentriert – und erfährt dabei, dass er nicht in Ordnung ist. Aber das weiß er ja schon. Man hat es ihm schon oft gesagt. Mutter hat doch letzte Woche auch etwas umgeworfen – Max erinnert sich noch genau daran.

Oder so:

Max stößt an sein Glas, die Milch ergießt sich über den Tisch, und das Glas fällt zu Boden.

Da hast du dich erschrocken, nicht wahr Max?
Du hast wohl einen Moment nicht aufgepasst. Das kann passieren.
Mir ist es auch schon einmal passiert.
Komm wir machen es schnell zusammen wieder weg.

Die Mutter reicht Max ein Stück Papier von der Küchenrolle. Gemeinsam wischen sie die Flüssigkeit auf. Die Glasscherben legen sie vorsichtig auf die Kehrschaufel, und Max lernt, wie man Glassplitter vorsichtig anfassen kann, und dass man auch die kleinen Splitter gut entsorgen muss, damit sich niemand die Füße verletzt. Alles ist wieder in Ordnung. Max bekommt ein neues Glas Milch, und zufrieden setzen sie ihre gemeinsame Mahlzeit fort.

So einfach ist das!

So:

Max' Mutter hat keine Zeit, sie macht gerade drei Sachen gleichzeitig. Sie ist hektisch und reagiert ärgerlich, wenn Max sie stört. Auch sein Vater hat keine Zeit, er hat viel zu tun, ist angespannt und gestresst. Max nimmt die Unruhe auf, die um ihn herum ist. Er wird fahrig und laut, tobt durch die Wohnung und reagiert nicht auf die Ansprache seiner Eltern.

Die Mutter braust auf und schimpft mit ihm, ohne wirksam mit Max in Kontakt zu treten. Ihre Worte kreisen nervös und kraftlos wie über ihn hinweg und erreichen ihn nicht.

Max hört die Mutter nicht; er schmeißt den Korb mit Eisenbahnschienen um und beginnt seine Eltern mit allerlei unmotivierten Verhaltensweisen zu provozieren.

Jetzt reagiert auch der Vater – überreizt und ärgerlich:

Er hält Max fest und schüttelt ihn – redet auf ihn ein.

Max kann nicht anders. Er schlägt mit einem Hubschrauber, den er gerade in den Händen hält, unkontrolliert um sich. Der Vater fühlt einen Schlag im Gesicht und fährt jetzt endgültig aus der Haut:

Hey, was soll das? Soll ich dir mal so ins Gesicht schlagen?

Er kneift seinen Sohn in die Backe. Max weint und schreit.

Unruhe und Unzufriedenheit wachsen auf beiden Seiten, und die Aggressionsspirale dreht sich höher. Schließlich wird Max in sein Zimmer gesperrt.

Max weint. Was hat er getan?

Sein Vater hat es ihm gesagt – und Max weiß jetzt wieder etwas mehr über sich: Er ist böse.

Oder so:
Der Vater nimmt seine eigene Unruhe, die Nervosität seiner Frau und die Fahrigkeit seines Sohnes wahr. Er entscheidet, sich einige Minuten Zeit zu nehmen, um das Geschehen zu beruhigen. Bevor er einschreitet, nimmt er ein paar tiefe Atemzüge, um sich von dem Stress, den er gerade in sich erlebt, zu lösen. Dann setzt er sich auf den Boden und beginnt wortlos die herumgeschmissenen Eisenbahnwagen auf die Schienen zu setzen.

Nach wenigen Minuten kommt Max dazu, setzt sich neben ihn und schiebt die Lok auf ein Gleis. Er beginnt zu spielen. Der Vater bleibt noch einige Minuten sitzen, atmet bewusst und fokussiert sich auf Ruhe. Er legt Max eine Hand auf den Rücken. Max spürt unbewusst die beruhigende Wirkung, die von Vaters Hand ausgeht, und schaut seinen Vater an. Die Atmosphäre im Raum ändert sich. Der Vater kann es wahrnehmen. Er lächelt seinen Sohn an und ist dankbar, weil er gerade erleben durfte, wie leicht es ist, so machtvoll zu sein.

So einfach ist das!

- Das Beispiel möchte darauf hinweisen, dass die Unruhe kleiner Kinder fast immer nur ein Spiegel der Unruhe der Erwachsenen ist, deren Gedanken und Emotionen sie unmittelbar und ungefiltert aufnehmen. Ich kenne ein Kind, das mit seinen Eltern die halbe Welt umreist hat – mit ständig wechselnden Eindrücken. Wie erstaunt war ich, das Kind nach einem halben Jahr der Abwesenheit ausgeglichen und in innerer Harmonie wiederzusehen. Beide Elternteile sind tolerant und verständnisvoll im Umgang miteinander und tragen Ruhe in sich und mit sich, wo immer sie sich gerade befinden. Diese Erfahrung hat mir gezeigt, dass das Bewusstseinsfeld der Eltern in jungen Jahren bedeutsamer für ein Kind ist als die Ereignisse in seiner Umgebung.

Wer ist Max?

Max ist ein kleiner Junge, der noch nicht weiß, wer er ist; er kann noch auf keine Erfahrungen zurückblicken. Aber da gibt es ja die Worte und das Verhalten seiner Eltern und Erzieher, die ihm sagen, wer er ist. Daran kann er sich orientieren. Er ‚kennt' sich jetzt von Tag zu Tag besser:

Max ist ein Lümmel, ein Junge, der immer alles kaputt macht, der herumzappelt und nicht anständig essen will. Er ist ein Schlingel, der nicht hören will, der immer alles falsch macht. Er ist schuld, wenn es seiner Mutter nicht gut geht und wenn sie traurig über ihn ist. Und weil er Vaters Handy kaputt gemacht hat, ist er böse und darum selber schuld, dass Vater wütend auf ihn ist. Überhaupt – hört er über sich sagen – sei er ein richtiger Kaputtmacher. Natürlich ist er dann selber schuld, wenn seine Eltern ihn ausschimpfen und auch wenn er bestraft wird, wenn man ihm etwas wegnimmt oder Vater ihn in sein Zimmer sperrt. Es sei seine eigene Schuld, das habe er sich selbst zuzuschreiben, sagen sie. Und natürlich auch, dass er so dünn ist, weil er nicht richtig essen will und dass er jetzt schon wieder einen Schnupfen hat, weil er die Mütze nicht aufgelassen hat. Seine Eltern haben es ihm gesagt. Er weiß mit jedem Tag mehr von sich.

Auf Zurechtweisung, Kritik oder Strafe reagiert Max manchmal trotzig oder aggressiv und andere Male verstört und unsicher. Früh erfährt er, was es bedeutet, ein ‚schlechtes Gewissen' zu haben, wenn er den Erwartungen seiner Eltern nicht entspricht. Aus Angst vor Bestrafung verhält er sich deshalb immer häufiger so, wie es von ihm erwartet wird.

Und manchmal wird er dann sogar gelobt, weil er jetzt schon richtig gut ‚gehorchen' kann. Jetzt sei Max schon gar nicht mehr so ‚schlimm', hört er dann über sich sagen, er sei schon richtig groß geworden, und man müsse sich gar nicht mehr so viel um ihn kümmern und ständig auf ihn aufpassen, damit er keine ‚Dummheiten' macht.

Max ist jetzt mehr und mehr sich selbst überlassen und bekommt – solange alles reibungslos läuft – kaum Zuwendung. Seine Eltern sind mit eigenen Aufgaben und Problemen beschäftigt. Da stört Max nur, wenn er mit ihnen spielen oder etwas mit ihnen gemeinsam machen möchte.

Doch tief unbewusst ‚weiß' Max ja auch, dass er neue Aufmerksamkeit bekommt, wenn er wieder etwas falsch macht. Und weil das dann nicht das erste Mal ist, sondern sich alle gleich an die vergangenen Situationen erinnern, fällt die Reaktion entsprechend hart aus. Max kann *nie* still sitzen, muss *immer* stören, hat *nie* Geduld, ... hört er. Gleich ist Max wieder der Depp, der sich nicht benehmen kann, *immer macht er alles falsch.*

Ja, jetzt weiß Max wieder, wer er ist. Er steht im Mittelpunkt der Aufmerksamkeit und fühlt sich sehr, sehr unwohl. Am liebsten möchte er verschwinden, wenn es nur ginge; so zieht er sich mehr und mehr in sich selbst zurück.

Und bald ist Max ein Lügner, weil er aus Angst etwas verschweigt oder die Unwahrheit sagt. Es gibt Anteile seines Wesens, die er nicht mehr zeigt, die er verleugnet oder selber ablehnt – so, wie er es von seinen Eltern gehört hat. Dass er mit jeder Lüge einen Teil seines heilen Selbst verleugnet, weiß Max noch nicht. Er kann nicht anders. Wie sonst sollte er ‚überleben' in einer Umgebung, die ihn immer wieder kritisiert, kontrolliert, zurechtweist und straft?

Die offenen Augen, sein unschuldiger Blick und das tiefe Vertrauen, dass die Welt gut ist, wurden getrübt, und Max fühlt sich unwohl, ohne zu wissen weshalb. Manchmal ist er traurig, zieht sich zurück oder reagiert aggressiv, weil er die Stimmen der Eltern in einem schlechten Gewissen verinnerlicht hat, das ihm sagt: *Max, du bist nicht so, wie du sein solltest! Du solltest anders sein!*

Von Tag zu Tag wird Max mehr zu demjenigen, der er in den Augen seiner Eltern und Erzieher ist, die ihm immer wieder sagen, was an ihm *sie* stört und wie er stattdessen sein sollte. Schicht um Schicht legt sich um den kleinen Max, um seine reine Seele, mit der er in dieses Leben kam: Schichten bestehend aus schlechtem Gewissen (ich habe wieder etwas falsch gemacht, ... war unehrlich, ... habe Mutter oder Vater enttäuscht ...) hemmen ihn in einem spontanen und unbeschwerten Lebensausdruck. Schichten ungeprüfter Überzeugungen (man sollte etwas besser nicht tun oder nicht sagen, weil es ‚böse' ist ...) lenken sein Verhalten in erlaubte Bahnen. Schichten verdrängter Emotionen (wenn ich meine Wut jetzt zeige, dann werde ich bestraft ...) machen ihn hilflos oder bockig. Er lernt, seine primären Gefühle zu leugnen, wie er es manchmal auch bei den Erwachsenen sieht: Wenn die traurig sind, werden sie stattdessen ärgerlich, machen anderen Vorwürfe, beschimpfen sich, laufen davon oder schlagen Türen. Und auch das lernt er: Wenn ich Süßes esse, dann spüre ich meine Traurigkeit und meinen Schmerz nicht, dann kann ich meine Wut herunterschlucken. Natürlich läuft das alles gänzlich unbewusst ab, denn Max kennt weder die Zusammenhänge zwischen Psyche und Handlung, noch kann er sein Verhalten und seine Reaktionen eigenverantwortlich wählen – und so vergisst Max mit jedem Tag mehr und mehr, wer er in Wahrheit ist ...

... bis seine Eltern es ihm eines Tages durch ihr Verhalten zeigen:

Max, du bist ein wundervoller Mensch.
Ein wunderbares Geschöpf
in einem wunderbaren Körper.
Du bist ein Geschenk an die Welt.
Du bist vollkommen auf diese Erde gekommen.
Du bist rein und wahrhaftig und voll Vertrauen.
Du bist ohne jedes Vorurteil und liebst bedingungslos.
Du hast Interesse an allem, was in dein junges Leben tritt.
Du liebst die Pflanzen und Tiere
und alle Lebewesen dieser Erde unterschiedslos.
Du liebst auch uns bedingungslos. Wir danken dir dafür.
Du bist neugierig auf das Leben und schaust zu uns auf,
weil wir dir das Leben zeigen.
Du möchtest so werden wie wir – so sehr liebst du uns.
Du glaubst uns und allem, was wir sagen. Du vertraust uns.
Wir danken dir dafür.
Wir wollen dein Vertrauen nicht missbrauchen.
Du bist ein wunderbarer Mensch, Max.
Danke, dass wir jeden Tag von dir lernen dürfen.

Doch bis dahin ist es manchmal ein langer und mühsamer Weg – nicht nur für die Kinder, auch für die Eltern, deren Kontrolle über ihr eigenes Leben ihnen durch Doppel- und Dreifachbelastung und durch unvorhergesehene Verantwortlichkeiten in Elternschaft, Partnerschaft und Berufsleben manchmal zu entgleiten droht.

Wer keine Zeit mehr hat, zur Ruhe zu kommen, oder Ruhe nur durch Ablenkung finden kann, verfällt in Stresssituationen schnell in unkontrollierte Verhaltensweisen, greift in der Erziehung auf Altes und Vertrautes aus der eigenen Kindheit zurück, verliert bei Auseinandersetzungen Respekt und Achtung und neigt dazu, eigene Probleme auf andere – den Partner oder die Partnerin, die eigenen Eltern oder die Kinder – zu projizieren.

Jede Wiederholung unbewusster Verhaltensweisen festigt sie mehr, und nur Bewusstsein über diese Zusammenhänge vermag aus dem Hamsterrad alltäglicher ‚Negativ-Erfahrungen' herauszuführen. Erst wer bereit ist, Selbstwahrnehmung und die Bereitschaft zur Veränderung an die Stelle unproduktiver Verhaltensweisen zu setzen, vermag zu entscheiden, welchen Weg er im Umgang mit seinen Kindern gehen möchte. Bleiben wir deshalb beim Lesen dieses Buches zunächst noch ein wenig im Raum der Unbewusstheit und halten der schmerzvollen Realität aus sogenannten ‚Kinderstuben' stand.

Erinnern wir uns: Auch wer vieles von dem hier Geschilderten weit von sich weisen möchte, es nicht wahrhaben oder bagatellisieren möchte, weil es doch gar nicht so schlimm sei, dabei aber auch nur ein Fünkchen Wahrheit bei sich selbst entdeckt, hilft sich selbst und seinen Kindern und macht die Welt ein bisschen besser.

Hilfe, ich bin schuld

Du wirst krank, wenn du die Mütze nicht aufsetzt! … Weil du gestern den Schal nicht umtun wolltest, hast du jetzt einen Schnupfen! … Siehst du, das kommt davon! … Kranksein als Bestrafung – ist es das, was ein solcher Satz einem Kind sagen soll?

Solche und ähnliche Kausalketten werden in weiten Kreisen tagtäglich wie selbstverständlich kommuniziert und vermitteln unseren Kindern oft von früh an ein Gefühl von Machtlosigkeit und Schuld. Seien wir als Eltern und Erzieher einmal ehrlich zu uns selbst: Geht es uns bei solchen Kommentaren nicht manchmal weniger um die Begründung für den Schnupfen (wir kennen seine Ursache ja gar nicht) als um den verweigerten Gehorsam, der jetzt ‚folgerichtig' mit entsprechender Strafe quittiert wird?

Auch wenn die abgelehnte Mütze und der ‚gerechte' Schnupfen uns zunächst noch als eine harmlose Variante selbst verursachter Bestrafung erscheint, sollten wir uns ihrer Folgen bewusst sein. Irgendwann sitzt es fest im System persönlicher Überzeugungen: Immer wenn ich meine Mütze nicht aufsetze, kann ich krank werden – und kann mir einen Schnupfen holen, wenn ich den Schal nicht umtue. Und dann, irgendwann – wen wundert's – geschieht das natürlich auch.

Ich selbst hatte auch lange Zeit so ein ‚Programm' aus meiner eigenen Kindheit: Wenn es zieht, bekommt *man* einen steifen Nacken. Also war ich immer ängstlich darauf bedacht, Zugluft zu vermeiden. Inzwischen konnte ich dieses Verhalten auflösen, nachdem ich den Wahrheitsgehalt überprüft hatte – was jedoch gar nicht so einfach war, wie man denken mag; denn unsere Überzeugungen – besonders diejenigen, die aus der Kindheit stammen – sind wie Glaubensprogramme fest in uns verankert und können zu unumstößlichen Wahrheiten für uns werden. Wer seine eigenen Angstprogramme aufdecken möchte, muss schon sehr genau hinschauen, denn manchmal sind sie sehr subtil!

Weil wir uns in der Welt orientieren wollen, neigen wir dazu, aus unseren Erfahrungen Verallgemeinerungen und Lebensregeln zu machen. Wir übernehmen sie von anderen oder stellen sie für uns selbst auf und geben sie an unsere Kinder weiter. Besonders während der Kindheit wird ein ganzes Bündel scheinbarer Gesetzmäßigkeiten an uns weitergereicht. Mit dem großen Vertrauen, das ein kleines Kind den eigenen Eltern und Erziehern entgegenbringt, übernimmt es zumeist Anteile von deren Überzeugungen, ohne sie zunächst hinterfragen zu können.

Überzeugungen, die wir häufig und wiederkehrend hören, formen Strukturen im neuronalen Netzwerk unseres Gehirns und ‚verdrahten' auf physiologischer Ebene jederzeit abrufbare autonome Denkmuster. Was uns auf der einen Seite nützlich erscheint, wenn aus mühsamem Lernen Wissen und Gewohnheit wird (Wer will schon immer wieder neu überlegen, wie er sein Auto steuern muss), kann auf der anderen Seite fragwürdig sein, wenn wir gewohnte Gedankenmuster nicht mehr hinterfragen, weil sie uns so selbstverständlich und vertraut geworden sind wie unsere Arme und Beine.

Die Psychologie spricht in diesem Zusammenhang von persönlichen *Glaubenssätzen,* die wir für wahr halten. Sie prägen nicht nur unser Selbstbild, sondern auch das, was wir über andere denken und was wir vom Leben erwarten. Entsprechend beeinflussen sie unsere Wahrnehmungen, unsere Gedanken, Gefühle und unser Handeln – oft, ohne dass wir uns dessen bewusst sind. Ist es da nicht wert, sie alle einmal auf den Prüfstand zu stellen?

Lebensregeln und persönliche Überzeugungen können uns zu einem erfolgreichen Leben und zu glücklichen Beziehungen verhelfen, können aber auch unseren Erfolg geradezu verhindern. *Ich kann nicht malen, ... man darf nicht vorlaut sein, ... man sollte immer bescheiden sein, ... ich bin nicht liebenswert, ... dafür bin ich zu klein, ... oder zu alt, ... unsere Religion ist die einzig wahre, ... man sollte immer erst mal abwarten und vorsichtig sein* ... und viele andere mögliche Überzeugungen stammen meistens aus den Erfahrungen der Kindheit und dem, was man uns über das Leben und über uns selbst mitgeteilt hat.

Doch auch im Erwachsenenalter neigen Menschen noch immer dazu, ihre Erfahrungen zu verallgemeinern, um das Leben sicher und kalkulierbar zu machen. Wir tragen in uns ein Bild von uns selbst, von unseren Stärken und von unseren Schwächen, von unseren Möglichkeiten und Unmöglichkeiten, von dem, was wir für gut und was wir für weniger gut oder für schlecht erachten. Mit Realität hat das oft wenig zu tun, besonders wenn dieses Bild negativ und von Pessimismus gefärbt ist.

Wie selbst gezogene Umgrenzungen beschränken negative Glaubenssätze uns und unser Leben. Sie verschließen uns Gelegenheiten und die Möglichkeit, neue und vielleicht bessere Erfahrungen zu machen. Ein chinesisches Sprichwort sagt: „Ob du glaubst, dass du etwas kannst, oder glaubst, etwas nicht zu können, du hast immer Recht." Halten Sie etwas für unmöglich? Glauben Sie, etwas nicht tun zu dürfen? Etwas nie verstehen zu können? Glauben Sie, dass das Leben hart ist und Erfolg nur mühsam zu erreichen? Glauben Sie, dass Sie nicht dafür geschaffen sind, eine glückliche Beziehung zu führen? Glauben Sie, dass erst gewisse Voraussetzungen erfüllt sein müssten, um glücklich zu sein? Was immer wir glauben – wir geben es an unsere Kinder weiter und allein schon deshalb lohnt es sich, die eigenen Anschauungen von Zeit zu Zeit einmal zu hinterfragen.

Unsere Überzeugungen sind unsere Wahrheiten, wobei wir oft übersehen, dass sie nur eine mögliche Sichtweise auf die Welt sind und ein Freund oder Nachbar vielleicht eine ganz andere Sicht auf dieselben Menschen oder Ereignisse im Leben hat als wir selbst.

Wer glaubt, andere wollten ihn immer übers Ohr hauen, wird vermutlich diese Erfahrung auch machen. Wer glaubt, besser erst einmal zu misstrauen als jemandem zu schnell Vertrauen zu schenken, wird es vermutlich schwer haben, authentische Beziehungen herzustellen.

Neulich hörte ich in diesem Zusammenhang den Satz: „Vertrauen ist Magie." Der Gedanke gefiel mir, und ich habe ihn für mich angenommen. Können Sie sich vorstellen, wie anders, wie viel leichter und selbstbestimmter es sich mit einem solchen Gedanken lebt, als wenn wir dächten: „Vertrauen ist gut, aber Kontrolle ist besser?" Und wenn wir durch geschenktes Vertrauen die Qualität unserer Beziehungen entscheidend beeinflussen können, wirken wir da nicht magisch?

Wir sehen an diesem Beispiel, wie schon ein einzelner Glaubenssatz, der zu einem Zauberstab in der Beziehungsgestaltung werden kann, die Qualität unseres Lebens verbessern kann. So verschieden unsere Blickwinkel auf unsere Erfahrungen sind, weil wir von unterschiedlichen Annahmen und Bewertungen ausgehen, so unterschiedlich gestaltet sich unter ihrem Einfluss auch unser Leben selbst und damit auch das in Entwicklung befindliche Leben unserer Kinder.

Gedanken sind wie Kleidung in einem Kleiderschrank. Da heutzutage viele Menschen bei H&M einkaufen oder bei Zara, bei C&A oder in einem anderen Geschäft der großen Ketten haben viele auch ähnliche Kleidungsstücke im Schrank. Andere lieben aber vielleicht den Stil einer Vorgeneration oder hängen an einem vererbten Kleidungsstück. Der Inhalt ihres Kleiderschrankes sieht dann entsprechend anders aus. Daneben gibt es diejenigen, die es vorziehen, ihre Kleidung selbst zu nähen, neue Schnittmuster zu entwerfen, ungewöhnliche Stoffe selbst zusammenzustellen. Der Stoff, den sie dabei verwenden und das Garn werden aber vermutlich auch in anderen Zusammenhängen verwendet. Vielleicht gibt es darüber hinaus auch noch weitgehend unbekannte Materialien, nach denen wir Ausschau halten können.

Ohne diese Analogie noch weiter auszuschmücken, kann sie uns zeigen, dass wir unsere Gedanken wie Kleidungsstücke wählen können und ab und an überprüfen sollten wie einen vollgestopften Kleiderschrank. Geht es uns da nicht auch jedes Mal besser, wenn wir etwas von dem, was uns nicht mehr passend erscheint, ausrangiert und auch mal Neues erworben haben?

Glaubenssätze sind wie ein Navigator, der uns durchs Leben leitet. Sie sind die Brille, durch die wir Menschen und Ereignisse wahrnehmen und bestimmen unser Handeln und unsere Reaktionen.

Sind Sie ein ‚fleißiges arbeitsames Bienchen', weil Sie davon überzeugt sind: Ohne Fleiß keinen Preis. Oder sind Sie ein Gipfelstürmer, weil Sie glauben, dass jeder seines eigenen Glückes Schmied ist und dem Mutigen schließlich die Welt gehört? Ihr Kind wird vermutlich sehr genau hinschauen und mit Sicherheit einige Anteile Ihrer Lebenshaltung nachahmen und vielleicht auch langfristig übernehmen. Und weil wir das wissen, lohnt es sich, zunächst einmal selbst genau hinzuschauen, welche Überzeugungen wir in uns tragen, und noch heute zu beginnen, unsere Ansichten und manchmal fragwürdigen Gewissheiten zu hinterfragen! Warum nicht Gedanken über Bord werfen, die einengen, unglücklich oder unzufrieden machen? Dadurch ändern wir unser eigenes Leben zum Besseren und bewahren unsere Kinder vor einem Leben in Restriktion und Enge.

Ein Leben ohne Grundannahmen ist nicht möglich, aber wir können uns entscheiden, welche Qualität unsere Gedanken haben sollen. Wir können jeden einzelnen Gedanken auf den Prüfstand stellen: Engt er ein oder weitet er? Stärkt er oder schwächt er? Macht er abhängig oder frei? Fördert er Misstrauen oder Verständnis?

Oft treiben Gedanken ihr Unwesen in uns, ohne dass wir uns dessen bewusst sind. Von unseren inneren Wahrheiten hängt es ab, ob wir uns als Opfer unserer Lebensumstände oder als Zauberin, als Zauberer unserer alltäglichen Erfahrungen fühlen. Kennen Sie das: Sie machen einen Spaziergang in der Natur und sehen nichts als Probleme oder Sorgen, mit denen Sie sich gerade beschäftigen? Nehmen Sie den Zauberstab der Achtsamkeit, berühren Sie Ihre Sinne, Ihre Gedanken, Ihre Emotionen, und öffnen Sie die Augen für das, was der Augenblick unwiederbringlich für Sie bereithält: Und plötzlich sehen Sie vielleicht die Strahlen der Sonne zwischen den Bäumen, die Tautropfen auf den Blättern, den Nebel über dem Feld. Sie riechen den Duft des Waldes und empfinden Dankbarkeit für die Schönheit der Natur und dafür, dass Sie *Teil des Lebens* sind. Sie freuen sich am Gesang der Vögel, und ihre verzauberten Gefühle lösen bedrückende und belastende Gedanken, lösen Angst und Sorge. Sie haben einen neuen Zustand des Seins gewählt und erfahren, wie Sie Ihren Zustand jederzeit verändern und neue Entscheidungen treffen können.

Wir sind als Menschen unendlich machtvoll, und wenn wir das begriffen haben, öffnen sich neue Wege, und glückliche Fügungen treten in unser Leben. Treffen wir diese Wahl der Selbstermächtigung jeden Tag neu für uns selbst und für unsere Kinder!

Doch kehren wir noch einmal zurück zu Schal und Mütze. – Lebt es sich nicht leichter und kraftvoller, wenn ich als Erwachsener denke: Auch wenn ich einmal meinen Schal vergessen habe, werde ich nicht krank. Ich bin gesund und widerstandsfähig – und das selbst dann, wenn in meiner Kindheit der Keim von Unsicherheit oder ängstlicher Vorsorge gelegt wurde? Heute kann ich mich neu entscheiden!

Was tun wir aber nun, wenn unsere Tochter bei minus sechs Grad keine Mütze aufsetzen will, werden Sie sich vielleicht fragen. Ist sie noch klein, sagen Sie ihr: „Es ist kalt, da setzt du eine Mütze auf." Und meistens reicht es auch schon, wenn Sie selbst eine Mütze aufsetzen. Die Handlung wird somit von Schuld und Ängstlichkeit abgekoppelt beziehungsweise im neuronalen Netzwerk gar nicht erst mit negativen oder pessimistischen Emotionen und Erwartungen ‚verdrahtet'.

Jede gepflegte Gewohnheit entlastet die Eltern von Kontrolle und Erziehungsmaßnahmen über Mechanismen von Angst und Schuld. Wer von Anfang an klare und liebevolle Anweisungen gibt, hat später kaum

Schwierigkeiten. Wurde das frühe Anlegen guter Gewohnheiten jedoch vernachlässigt, ist es in späteren Jahren manchmal nicht so leicht, das nachzuholen, was in den ersten Lebensjahren versäumt wurde. Jetzt fordert das Kind vielleicht Begründungen oder reagiert mit Trotz, und dann ist es gut zu wissen, dass Kälte nicht zwangsläufig auch zur Erkältung führen muss. Und mit ein wenig Fantasie bleibt dann doch die Mütze auf dem Kopf, ohne Ängste wecken zu müssen.

An dem Beispiel sehen wir, wie wir unsere Überzeugungen und Sprechgewohnheiten an den alltäglichen Aufgaben und Herausforderungen immer wieder neu prüfen und überprüfen können. Anstatt unbewusst zu reagieren, gestresst oder ärgerlich, und Schuldgefühle zu provozieren, haben wir andere Möglichkeiten zur Verfügung, wenn wir bereit sind, unsere gewohnheitsmäßigen Anschauungen und Verhaltensweisen zu hinterfragen. Kinder bemerken es, wenn wir bewusst handeln, während sie unsere gewohnheitsmäßigen Reaktions- und Handlungsmuster oft eher ignorieren oder ebenfalls reaktiv stereotyp auf sie antworten.

Neue Verhaltensweisen im Denken, Fühlen und Handeln zu erwerben, ist nicht möglich, ohne sich der alten bewusst zu sein – diese haben bei allem guten Willen, den wir für Veränderung aufbringen, den stärkeren Magnetismus. Eigene frühkindliche Erfahrungen sowie Wiederholung durch kollektive und tradierte Erziehungskonzepte lassen sich nicht einfach durch einen guten Vorsatz aus den Angeln heben.

Und weil Bewusstheit das effektivste Werkzeug zur Veränderung ist, schauen wir uns noch einige weitere Beispiele an, die ängstliche Konditionierung und Schuldzuweisung unschwer erkennen lassen:

Weil du immer so wild bist, hat dein Bruder sich verletzt. ... Weil du immer so albern bist, mag sie dich nicht. ... Weil du die Vase kaputt gemacht hast, bin ich jetzt ganz traurig. – Und gehen wir ohne Kommentar gleich weiter zur nächsten Stufe unseliger Verkettungen: *Weil du nie Ruhe geben kannst, geht es deiner Mama jetzt so schlecht. ... Weil du so immer so laut bist, ist Papa weggegangen. ...* ‚Da siehst du mal, was du angerichtet hast' – versteht das Kind – ‚du bist schuld, ... du hast es verursacht, ... deine eigene Krankheit ... und Muttis Unwohlsein ... und Vaters Zorn ... und das Unglück des Bruders.'

Was manchmal leichtfertig und unbedacht ausgesprochen wurde, kann unter Umständen in einem Kind lebenslange Schuldgefühle bewirken und Ängste veranlagen.

Werfen wir zum Schluss noch einen Blick aus kindlicher Innenweltperspektive auf dieses Thema, um traurige Verkettungen zwischen kindlichem Verhalten und Schulderleben, die durch unbedachte Äußerungen Erwachsener tagtäglich geschmiedet werden, noch tiefer erfahrbar zu machen. Schauen Sie selbst, wie weit das gehen kann, wobei ‚Mama' und ‚Papa' natürlich in jedem der folgenden Sätze beliebig austauschbar sind:

- Ich muss mich gut benehmen, sonst bin ich schuld, dass Mama sich für mich schämt ...
- Ich muss stark sein, sonst bin ich schuld, dass Papa nicht stolz auf mich sein kann ...
- Ich darf nicht weinen, sonst bin ich schuld, dass ich kein richtiger Junge bin ...
- Ich darf nicht stören, sonst bin ich schuld, dass Mama ihre Arbeit nicht schafft ...
- Ich muss fleißig sein, sonst bin ich schuld, wenn Mama traurig ist ...
- Ich darf keine schlechten Zensuren bekommen, sonst bin ich schuld, dass ich (für Papa) ein Versager bin ...
- Ich darf nicht frech sein, sonst bin ich schuld, wenn ich auf mein Zimmer muss ...
- Ich darf keine Widerworte geben, sonst bin ich schuld, wenn Mama nicht mehr mit mir spricht ...
- Ich muss lieb sein, sonst bin ich schuld, wenn meine Eltern sich trennen.
- Ich muss tun, was von mir erwartet wird, sonst haben Mama und Papa mich nicht lieb. Dann bin ich selbst schuld.

- Es wäre besser, es gäbe mich nicht, weil ich schuld bin, dass meine Mutter ein schlechtes Leben hat ...
- Es wäre besser, ich wäre nie geboren, weil ich schuld bin, dass mein Vater sich seinen Lebenstraum nicht erfüllen konnte ...
- Weil ich so frech war, haben sich meine Eltern getrennt. Ich bin schuld.
- Und wenn ich schuld bin, muss ich die Folgen tragen: *Das hätte ich mir selbst zuzuschreiben*, sagen sie – auch wenn doch eigentlich mein Vater oder meine Mutter Ursache dafür sind, dass ich Zimmerarrest (welch ein Wort!) bekomme ... oder nicht mitkommen darf, ... keinen Nachtisch bekomme ... oder früher ins Bett muss. Aber da denke ich jetzt noch nicht darüber nach, dafür bin ich wohl noch zu klein.

Verknüpfungen von enttäuschten Erwartungen oder missachteten Forderungen der Eltern oder von sogenanntem ‚Fehlverhalten' der Kinder mit Schuld sind für viele so selbstverständlich geworden, dass nur selten darüber nachgedacht wird. Eine scheinbar selbst verursachte ‚Das-kommt-davon-Bestrafung' ist ein ‚erfolgreicher' erzieherischer Mechanismus, der über Generationen gewirkt hat und darum tradiert wurde, sodass er heute noch immer im Kommunikations- und Sprachverhalten vieler Eltern und Erzieher sein Unwesen treibt, ohne hinterfragt zu werden.

Und als Folge davon tragen viele auch als Erwachsene noch tief in sich einen Glauben, dass ein schweres Schicksal, wenn es sie ereilt, die Bestrafung für ein Verhalten sein könnte, für das sie sich schuldig fühlen. Angst, Verantwortung zu übernehmen oder etwas falsch zu machen, Angst vor Versagen oder nicht gut genug zu sein, vor Ablehnung oder nicht geliebt zu werden, Angst vor Kritik oder auch das Bedürfnis, andere zu kritisieren, sind nicht selten Ergebnis eines Erziehungsstils, der mit Schuld und Schuldzuweisung arbeitet.

‚Ich muss lieb sein, ... muss tun, was man mir sagt, ... darf nicht frech sein, ... nicht laut sein, ... keine Widerworte geben, sonst bekomme ich Ärger, ... spricht Mutti nicht mit mir, ... hat Papa keine Zeit für mich, ...

bekomme ich Hausarrest ... oder kein Taschengeld' ist ein Keim für Unsicherheit, Selbstvorwürfe, Mutlosigkeit, übertriebene Anpassung oder hartnäckigen Trotz und Rebellion.

Jedes *„Entweder du tust, was ich dir sage, oder ...“* und *„Wenn du nicht hörst, dann ...“* ist immer ein energetischer Schlag in die Magengrube eines Kindes, in die Region des Solarplexus – das Zentrum für Kraft und persönliche Stärke.

„Aber wenn ein Kind etwas falsch macht, muss das doch Folgen haben, damit es sein Handeln verstehen lernt“, denken Sie jetzt vermutlich zu Recht. Und um Missverständnissen vorzubeugen und die Gesetzmäßigkeit von Handlungen und ihrer Folgen besser zu verstehen, wenden wir uns einem weiteren Beispiel zu: Wenn ich ein Glas herunterfallen lasse, geht es kaputt. Ich muss seine Scherben aufsammeln – und das möglichst schnell, damit sich niemand verletzt. Vielleicht verletzt sich aber auch jemand, der mir dabei helfen will. Bin ich dann schuld, dass er sich verletzt?

Betrachten wir unter dieser Fragestellung eine nicht ungewöhnliche Situation aus einem Familienalltag: Max sitzt unruhig am Tisch. Ein Glas fällt herunter. Ein Geschwisterkind, das die Scherben aufheben will, schneidet sich. Die Mutter reagiert prompt: *Siehst du, was du wieder angerichtet hast. Weil du nie still sitzen kannst und immer herumzappelst, hat Marie sich jetzt verletzt.*

Die Ereignisse werden zurückverfolgt über ‚Marie verletzt sich' – ‚Marie hilft' – ‚ein Glas fällt herunter' – ‚Max zappelt' und werden miteinander verknüpft: eine Verursachungskette, an deren Beginn eine Schuld steht. Schuld und Schuldige zu suchen, ist in unserer Gesellschaft so selbstverständlich geworden, dass man es manchmal kaum noch bemerkt.

Doch hat Marie sich nicht eher deshalb verletzt, weil sie noch nicht gelernt hat, wie vorsichtig man mit Scherben umgehen muss, oder weil sie einen Moment unaufmerksam war? Vielleicht wird Max jetzt bestraft und bekommt kein neues Glas Milch, oder er muss auf sein Zimmer gehen. Damit wäre das Schuldmuster bedient und wieder ein wenig mehr an seiner ‚Unvollkommenheit' gebaut. Doch könnte Max nicht auch auf anderem Wege die Folgen seiner Handlung verstehen und ‚sachgerecht' bereinigen?

Die Mutter bittet Max, gemeinsam mit ihr die Scherben zu beseitigen. Vorsichtig heben sie das zersprungene Glas auf und wischen den Boden. Die kleine Marie, die auch helfen will, schneidet sich dabei. Sie bekommt ein Pflaster und wird von Max und seiner Mutter getröstet. Sie wollen ihr das nächste Mal zeigen, wie man Glassplitter vorsichtig aufheben kann. Max bekommt ein neues Glas Milch, und die Mutter bittet ihn, jetzt still zu sitzen, damit nicht noch einmal ein Glas herunterfällt. Von Schuld ist nirgendwo die Rede, die Folgen einer Handlung und die Verantwortung dafür werden aber auf kindlicher Ebene durch aktives Tun verstanden.

Nachdem eine Freundin diesen Text über Schuldzuweisung und ängstliche Konditionierung gelesen hatte, sagte sie: „Da fühl' ich mich jetzt ganz bedrückt!" Sie erkannte, wie ihre eigene Vorsicht im Umgang mit anderen oft von der Sorge geleitet wurde, nicht gemocht zu werden, wenn sie aussprach, was sie wirklich bewegte – und tat sie es doch einmal, hatte sie hinterher oft ein ‚schlechtes Gefühl'. Wenn dann ein Gespräch oder gar eine Beziehung scheiterte, glaubte sie, dass sie daran schuld sei.

Wenn auch Sie sich durch die Beschäftigung mit dem Thema ‚Schuld' ein wenig bedrückt fühlen, dann spüren auch Sie gewiss etwas von einer Last, die entweder noch auf Ihnen selber lastet, oder die Sie vielleicht ganz unwissend auf Ihr Kind oder Ihre Kinder geladen haben.

Das Erleben von Schuld und Schuldigkeit ist seit Generationen tief in uns verankert. Es drosselt Kraft und Lebenssicherheit, fördert Kleinmut, Unsicherheit und Ängste. Ängste sind schleichendes Gift im System von Vitalität, Kreativität und Ausdrucksstärke. Auch wenn wir die Last, die mit jeder Schuldzuweisung mehr auf ein kindlich unbefangenes Gemüt drückt, nicht sehen können, weil ein Kind vielleicht mit zunehmender Anpassung statt mit Auflehnung und Trotz reagiert, so ist sie dennoch nicht geringer als ein Rucksack Steine, unter dem das strahlende Wesen eines Kindes und seine grenzenlose Freude auf dieses Leben in die Knie gegangen ist.

Erlösen wir uns selbst und befreien wir unsere Kinder von Schuld und Schuldigkeit! Geben wir unseren Beitrag zu freien und furchtlosen Lebensgemeinschaften, zu glücklichen, selbstbewussten, mutigen und selbstsicheren Kindern! *Eine Erziehung frei von Angst und Schuld ist das größte Geschenk, das wir Kindern machen können!*

Stopp, damit es so nicht weitergeht

Was können wir also tun, wenn wir ein eigenes Thema erkennen, das wir verändern oder auflösen möchten? Wenn uns Sprechgewohnheiten und Sprachmuster bewusst werden, wie Androhungen oder Erpressungen (*Wenn* du *nicht* gehorchst, *dann* … *Entweder* du tust, was ich dir sage, *oder* …) oder auch Schuldzuweisungen (*Das kommt davon, weil* … Da bist du *selber schuld*)? Natürlich als allerererstes ein sofortiges „Stopp!" setzen. Gebieten wir uns selbst: Aufhören mit Schuldzuweisungen, Angstkonditionierungen, Drohungen und Strafen!

Um dieses *Stopp* erfolgreich auch im Alltag zu realisieren, benötigt es – wie Sie vielleicht schon vermuten – mehr als einen guten Willen, denn unsere Reaktionsmuster und unsere Sprachmuster, der Umgang mit unseren eigenen Gedanken und Emotionen, unterliegen selbst einem konditionierten Verhalten, das es zu erkennen und zu unterbrechen gilt. Wer einen neuen Weg in diese Richtung für sich sucht, der kann folgende Schritte erproben:

- Eine klare Entscheidung treffen für eine Erziehung frei von Druck, Drohung, Strafe und Schuldzuweisung auf der Basis von Klarheit, Respekt und Mitgefühl.
- Diese Entscheidung täglich erneuern und bestärken, so lange, bis sie zu einer Selbstverständlichkeit geworden ist.
- Den eigenen Reaktionsmustern, Gefühlen, Gedanken und Sprachmustern Aufmerksamkeit schenken und wahrnehmen und erkennen, was ihnen zugrunde liegt. Die Inhalte dieses Buches geben immer wieder Anstöße hierzu.
- Neue Reaktionsmuster auf der inneren Ebene (Gedanken und Gefühle) und auf der äußeren Ebene (Sprechen und Verhalten) entwickeln, anweden und erproben.
- Wenn ‚altes' Verhalten aufkeimt, das wir überwinden wollen:
  Ein klares, entschiedenes und eindeutiges ‚Stopp!' setzen! Hier kann es hilfreich sein, sich zusätzlich eine Geste zu überlegen, die dieses ‚Stopp!' für uns selbst weiter verstärkt, unumstößlich und eindeutig macht.

Wenn wir neue Wege im Umgang mit unseren Kindern gehen, gehen wir gleichzeitig neue Wege hinein in unser eigenes Entwicklungspotenzial. Jedes bewusst gewordene gewohnheitsmäßige Handeln, jedes bewusst gewordene nicht selbst gewählte Gedankenmuster, jedes bewusst gewordene reaktive emotionale Muster bringt uns unserer inneren Freiheit und unserer Entscheidungsfreiheit ein Stück näher.

An die Stelle unbewusster Verhaltensweisen setzen wir frei gewähltes und selbst verantwortetes Verhalten. Je konsequenter wir diesen Weg gehen, umso mehr Zufriedenheit und innere Unabhängigkeit werden sich einstellen. Wir werden zurückgeführt an den Ort unserer inneren Präsenz, wo wir menschliche Größe erleben, die sich nährt aus der Gemeinsamkeit, Einheit und einer liebevollen Verbindung zu uns selbst und zu anderen.

Hilfe, ich bin nicht gut genug

Schau mal, wie gut Anton schon schreiben kann, ... Peters Zimmer ist immer so aufgeräumt, ... wie artig dein Bruder ist, ... auf Paula kann man sich wenigstens verlassen, ... die anderen toben auch nicht immer so herum, ... wie gut Moritz immer isst, der wird groß und stark, ... Cora macht sich auch nicht immer gleich schmutzig, ... du bist wie dein Vater, ... wie deine Mutter.

Kinder verstehen es sofort: Ich kann nicht gut schreiben, ... ich bin ein Chaot, ... ich bin nicht so, wie meine Eltern sich ein gutes Kind wünschen, ... ich enttäusche meine Eltern, ... auf mich kann man sich nicht verlassen, ... ich bin zu unruhig, ... bleibe klein und schwach, ... ich bin ein Schmutzfink, ... ich bin das, was meine Mutter an meinem Vater immer stört, ... das, was mein Vater an meiner Mutter ablehnt, ... Hilfe, ich bin nicht gut genug!!!

Der Vergleich wurde mit Marie geboren, der kleinen Schwester von Max: *Marie strahlt immer so, ... sie ist immer so fröhlich, ... so unkompliziert, ... ganz anders als Max damals war.* Überschreitet ein solcher Vergleich die Familiengrenzen, indem über Max zu jemand anderem gesprochen wird – vielleicht gar zu jemandem, der für Max eine besondere Bedeutung hat –, kann das ein Kind tief verletzen. Bei vielen Kindern wird durch solche Äußerungen die *Scham* geboren, und die ist im späteren Leben nur allzu oft ein massives Hindernis auf dem Weg zu Selbstachtung, Mut und Selbstverwirklichung.

Fühlen Sie sich für einen Augenblick in den kleinen Max hinein, der danebensteht und hört, wie die Mutter über seine Schwester spricht und wie sie über ihn spricht, ... wie er sich zurückgewiesen fühlt, ... nicht gut genug, ... wie er glaubt, dass seine Mutter die Schwester mehr liebt, weil sie so viel einfacher ist, so viel strahlender, so viel lieber als er. Kinder sind hochgradig sensibel für Vergleiche mit anderen und, wenn sie

Geschwister haben, auch für kleinste Unterschiede in der Zuwendung durch ihre Eltern, weil Vergleiche und Zuwendungsdefizite unmittelbar ihre Hauptnahrungsquelle angreifen beziehungsweise sie von dieser abschneiden: Nähe, Angenommen-Sein, Akzeptanz und Wertschätzung.

Vergleiche machen Kinder krank! Sie nagen oft ein Leben lang an ihrem Selbstwertgefühl – Verletzungen, tief eingegraben in ihrer Erinnerung. Jeder Mensch hat ein elementares Bedürfnis nach Angenommen-Sein, Respekt und Wertschätzung. Wird es von Eltern und Erziehern erfüllt, stärkt es unsere Kinder in ihrem persönlichen und einmaligen Ausdruck ihrer selbst – wollen sie doch als die wertvollen Wesen gesehen werden, die sie auf tiefster Ebene sind: ein einmaliger Ausdruck des Lebens, ein vollkommener Klang in der Schöpfung.

Vergleichen wir hingegen unsere Kinder mit Geschwistern, Mitschülern, Freunden, mit dem nicht akzeptierten Verhalten im gegengeschlechtlichen Elternteil, greifen wir ihr ursprüngliches, heiles und strahlendes Selbst an. Manche beginnen dann sich zu verändern, wollen zu denjenigen werden, die Wertschätzung und Anerkennung bekommen, verbiegen sich, verkapseln und verhaspeln sich in fremden Formen, nehmen Teile an, die nicht ihre eigenen sind, werden sich selbst fremd, nur um eines willen: geliebt, anerkannt und angenommen zu werden – wenn nicht als sie selbst, so doch wenigstens als diejenigen, zu denen sie sich verbiegen.

Ja, nein, lass das oder du darfst

„Man könnte die Menschen zu Göttern machen, würde man ihnen die Angst nehmen.“ (Friedrich Schiller) Die stärkste Angst im Leben ist die, nicht gut genug zu sein.

Nach einer wissenschaftlichen Untersuchung der Harvard University hört ein Mensch bis zu seinem 18. Lebensjahr durchschnittlich 180.000 mal das Wort „Nein“, das sind pro Tag im Durchschnitt 27 Neins!

Mithilfe kinesiologischer Testverfahren kann man über die Muskelspannung im Körper herausfinden, was einen Menschen stärkt und was ihn schwächt. Ein positiver Reiz führt zu einer starken Muskelreaktion, ein negativer Reiz hingegen zu einer schwachen. Die Muskelspannung kann ein Therapeut über einen leichten Gegendruck auf Arme, Beine oder Fingermuskeln testen.

Auf diese Weise kann man auf einfache Art seelische Stressfaktoren aufdecken, die bis in den Körper hinein sichtbar werden. Wenn wir zum Beispiel einen Menschen bitten, an ein schmerzhaftes Ereignis in seinem Leben zu denken, reagiert der Körper unmittelbar mit einem schwachen Muskel. Denkt er hingegen an ein schönes Erlebnis, reagiert er mit einem starken Muskel. Auch auf einzelne Worte, wie auf ein positives, verstärkendes ‚Ja‘ oder ein ablehnendes ‚Nein‘, reagieren die Muskeln entsprechend stark oder schwach.

Bei einiger Übung gelingt es auch, sich selbst zu testen. Ich teste mich manchmal selbst, indem ich meine Körperspannung beobachte. Ich habe festgestellt, dass sich meine Haltung verändert, wenn etwas in mein Leben tritt, das für mich bedeutsam ist, mich fördert, mich erfreut oder was mir einfach guttut. Ich spüre dann, wie ich mich innerlich aufrichte und gleichzeitig tiefer atme, als ich es normalerweise tue. Auch meine Mimik verändert sich, entspannt sich, oder ich bemerke, wie ich plötzlich lächele. Besonders durch den tiefer gehenden Atem bekomme ich ein eindeutiges Indiz. Über eine subtile Beobachtung der körperlichen Reaktionen auf Ereignisse, Aussagen oder Fragen kann so jeder in kürzester Zeit den eigenen Körper als Instrument zur Klärung einsetzen. Eine klare Ja- oder Nein-Antwort über einen eigenen Muskeltest, wie er sonst nur im therapeutischen Rahmen angewendet wird, kann dagegen manchmal eher verwirrend sein als klärend, weil wir zu eigenen Themen oft nicht ausreichend Distanz haben. Wer mehr Interesse an diesem Thema hat, dem empfehle ich weiterführende Literatur.[4)]

Das Wichtigste in diesem Zusammenhang ist zu wissen, dass jedes ‚Nein' den Körper schwächt und jedes ‚Ja' ihn stärkt! Unsere Worte hören nicht am Ohr des Empfängers auf, sondern wirken in seinen Körper hinein fort. Denken Sie einen Moment an den kleinen, noch in Entwicklung befindlichen Körper eines Kindes: *Erlaubnisse stärken, Verbote schwächen!* Destruktive Erziehungsstile, die in erster Linie mit Verboten, Reglementierungen, Zurechtweisungen und Nein-Botschaften funktionieren, führen geradewegs in ein mangelndes Selbstwertgefühl und zu eingeschränktem Selbstvertrauen!

Das kann ich nicht! ... Das traue ich mir nicht zu! ... Dafür bin ich nicht mutig genug, ... nicht geschickt genug, ... nicht stark genug! ... Das schaffe ich nie! ... Es hat sowieso keinen Zweck! ... Ich habe Angst, einen Fehler zu machen, ... es nicht richtig zu machen, ... zu versagen!

Die Angst zu versagen wird häufig in der Kindheit veranlagt und ist im späteren Leben das größte Hindernis auf dem Weg zu persönlichem Erfolg. Sie führt dazu, dass viele mögliche Erfahrungen in der Kindheit und später im Erwachsenenalter gar nicht erst gemacht werden, weil wir uns etwas nicht zutrauen oder glauben, andere könnten es besser.

Jeder Mensch hat von Geburt an einen Zugang zu einem Bewusstseinsfeld von Spontaneität und Kreativität, aus dem ihm jede nur mögliche Information, Idee, Eingebung oder künstlerische Inspiration zufließen kann – Voraussetzungen für ein erfolgreiches und selbst bestimmtes Leben. Halten wir unseren Kindern diesen Zugang offen und versetzen wir sie durch eine bejahende und angstfreie Erziehung in die Lage, unbefangen, mutig und ohne Selbstzweifel ‚die Sterne selbst vom Himmel zu holen'.

Gehorsam oder was sonst

Die Liste antiquierter Wörter ist lang – Wörter, die kaum mehr im aktiven Sprachgebrauch verwendet werden. Dazu gehören kurzlebige Modewörter, aber auch Wörter, die schlichtweg altmodisch sind, weil sie durch die Geschichte überholt wurden. Tonbänder sind ebenso unzeitgemäß wie ein Telegramm, die Musik Hunderter von Tonbandspulen haben wir auf einem kleinen Smartphone, und die Post erreicht uns in Sekundenschnelle per Mail. Statt mit Pferdekutschen zum Landurlaub in die Sommerfrische zu reisen, geht es mit einer Airline ans Mittelmeer, in die Emirate oder bis ans andere Ende der Welt.

Was unsere Vorfahren vor kaum mehr als einhundert Jahren schlichtweg als Utopie oder Science-Fiction bezeichnet hätten, wenn es das Wort damals schon gegeben hätte, ist heute möglich oder sogar selbstverständlich. Unsere Geschichte verändert sich mit rasanter Geschwindigkeit.

Aber wie sieht es mit der Geschichte in den Kinderzimmern aus? Vollziehen unsere Erziehungsgrundsätze und unser Erziehungsverhalten eine ähnlich schnelle Entwicklung? Sind Gehorsam, Artigkeit, Bravheit, Strafe, Zwang oder Erpressung antiquiert, oder ist für viele Eltern und Erzieher ein ‚gutes' Kind nicht immer noch ein ‚gehorsames' Kind?

Das Verständnis von Gehorsam kann dabei sehr unterschiedlich sein, beinhaltet aber zumeist Folgsamkeit den Handlungs- und Unterlassungsanweisungen den Erziehern gegenüber und darüber hinaus zumeist auch die Erwartung, dass deren innere Haltung – wie Anschauungen, Meinungen oder Urteile – übernommen und emotionale Grundhaltungen mit ihnen geteilt werden.

Die Bewertung von Gehorsam fällt nach sozialer Schicht und weltanschaulicher Gruppierung unterschiedlich aus. Während bei einigen der Wert persönlicher Freiheit und Selbstbestimmung an Bedeutung zunimmt, steht bei anderen noch immer Folgsamkeit im Vordergrund;

Autorität und Gehorsamkeit ist für sie erstrebenswert, Ungehorsam hingegen unerwünscht.

Ohne die Bedeutung von liebevoller Autorität der Erwachsenen und Folgsamkeit im Kindesalter grundsätzlich in Frage stellen zu wollen, möchte ich mit der Reflexion über Gehorsam das Festhalten an einem überkommenen und nicht hinterfragten Autoritätsanspruch aufweichen. Erinnern wir uns an dieser Stelle: Wurden Menschenrechte, Unabhängigkeit von Kolonialstaaten, Rettung von Menschenleben, die Emanzipation der Frauen sowie die Rechte der schwarzen Bevölkerung und vieles mehr nicht immer wieder durch zivilen Ungehorsam durchgesetzt? Setzt Zivilcourage nicht häufig gerade Ungehorsam voraus? Ungehorsam denjenigen gegenüber, die Kraft ihrer Macht oder Position Menschenwürde und Gerechtigkeit verletzen?

Ungehorsam ist immer auch der Mut zur inneren und äußeren Unabhängigkeit und Freiheit. Werden die sogenannten ‚ungehorsamen' Kinder, die sich der Übermacht Erwachsener nicht beugen wollen, mit großer Strenge gebändigt, für ihr Verhalten bestraft oder gar zu etwas gezwungen, bis sie eines Tages endlich ‚gezähmt' den ‚Ungehorsam' aufgeben – weil sie immer wieder erfahren mussten, dass er nichts als Ärger und Leid bringt –, geben sie gleichzeitig einen Teil ihrer inneren Unabhängigkeit und Eigenständigkeit auf und tauschen ihr mitgebrachtes Selbstverständnis als freie Wesen gegen Anpassung und Unterordnung.

Berücksichtigt Erziehung hingegen von Anfang an ein paar elementare Gesetzmäßigkeiten, auf die in diesem Buch in vielen Beispielen immer wieder hingewiesen wird, ist ein Umgang mit Kindern ohne großen Druck, Strenge und Strafe möglich. Dazu gehört auch, dass ein fundamentales Bedürfnis, das wir als Eltern und Erwachsene haben, befriedigt wird: Wir möchten, dass sich unsere Kinder in eine Struktur einfügen, die sie durch uns vorfinden. Je mehr Gestaltung und Rhythmus wir unserem Alltagsleben geben, umso selbstverständlicher ordnen sich Kinder in ein vertrautes Muster ein. Es gibt ihnen Halt und Zuverlässigkeit. Das setzt allerdings voraus, dass Eltern sich in grundsätzlichen Fragen, die den familiären Lebensalltag betreffen, weitgehend einig sind. Dazu gehören klare Absprachen, wie Zeitabsprachen, geregelte Essenszeiten, eine gemeinsame Freizeitplanung, ebenso wie Einigkeit über grundsätzliche Erziehungsfragen – und mehr als alles andere eine gepflegte Gesprächskultur und die Fähigkeit der Eltern, Konflikte zeitnah zu klären und loszulassen.

Wo jedoch eine Struktur sowie die Fähigkeit zu Klärung und Absprache fehlt, steigt die Nervosität der Eltern auf der einen und der Unruhe-Level der Kinder auf der anderen Seite, was den Ruf nach Gehorsamkeit laut und autoritäres Verhalten oft zu einem willkürlichen Akt werden lässt.

Eltern, die in ihrem Lebensalltag eine Form gefunden haben, in der sie sich selbst wohlfühlen, fällt es sehr viel leichter, auch ihre Kinder in diese Form einzubinden, als Eltern, deren Alltag mehr oder weniger chaotisch und planlos verläuft. Da werden auch die Kinder chaotisch und planlos, wenn sie nichts anderes kennenlernen können. Das führt bei vielen Eltern zu Enttäuschung und Frustration. Sie sind desillusioniert, wenn der Wunsch nach einer heilen Familie unerfüllt bleibt, und spüren die Leere, die ein nicht gelebtes Ideal in ihnen zurücklässt, meistens ohne dass sie sich der wirklichen Ursache bewusst sind.

Ein guter Familienzusammenhang zeichnet sich aus durch gemeinsame wiederkehrende Erlebnisse, durch das Erleben von Vertrauen, Zuverlässigkeit und Dauer. Neben den alltäglichen Ereignissen, Aufgaben und Belastungen im Leben des Einzelnen, den individuellen Rhythmen der Familienmitglieder, gibt es Gemeinsames, das alle verbindet und worauf man sich verlassen möchte. Dieses Gemeinsame muss gehegt und gepflegt werden wie ein schöner Garten, sodass er mehr und mehr erblühen und Früchte tragen kann. Wird diese Arbeit versäumt, beginnt das Unkraut zu sprießen. Und ein verwilderter Garten erfordert sehr viel mehr Pflege und Einsatz als ein von Anfang an gut gepflegter Garten.

Das trifft auf die Partnerschaft ebenso zu wie auf das Verhalten der Kinder. Nur leider ist es häufig so, dass erst dann, wenn es beinahe zu spät ist, Fragen zur Gartenpflege auftauchen.

Für denjenigen, der im Chaos der eigenen Lebensführung unterzugehen droht, werden auch die Kinder zur Belastung. Und je größer die Belastung durch einen unstrukturierten Lebensalltag und gleichzeitig eine lieblose Partnerschaft ist, umso unbeständiger wird auch das Verhalten den Kindern gegenüber – und damit auch das Verhalten der Kinder selbst, die auf die Unruhe ihrer Erzieher hilflos reagieren.

Wer mit eigenen Problemen randvoll beschäftigt ist, überlässt seine Kinder häufig sich selbst oder schiebt sie ab – und wenn sie durch eine willkürliche Laissez-faire-Haltung zu entgleiten drohen, fordert man Gehorsam, und ‚wenn es sein muss' mit Zwang und verbaler Gewalt. Wenn alles zu entgleiten beginnt, da sollen doch wenigstens die Kinder funktionieren!

Doch dann ist es zu spät – und mit jedem Druck, mit jedem Zwang zu Gehorsam, der ausgeübt wird, schließt sich die Falle mehr, die man sich selbst gebaut hat. Ein Kind, das sich äußerlich beugt, zieht sich innerlich zurück, und viele Eltern verlieren dadurch schon früh den liebvollen Kontakt zu ihrem eigenen Kind.

Bei einem guten *Erziehungs-Stil* sollte die Betonung weniger auf Erziehung als auf Stil liegen. Während *Erziehung* sich in erster Linie auf das Kind bezieht, bezieht sich der *Stil* auf den Erziehenden selbst und auf sein eigenes Handeln. Weder ein ‚Laissez-faire' noch ein autoritärer Erziehungs-Stil werden dem Bedürfnis eines Kindes gerecht. Kinder wollen sich orientieren und sanft geführt werden.

Kleine Kinder lernen durch Nachahmung, durch die Installation guter Gewohnheiten, durch Liebe und Vertrauen, durch klare Anweisungen, durch zugewandte Anleitung und Begleitung. In einer Zeit, in der viel Wissen über Psychologie, Entwicklungspsychologie und Lernpsychologie zur Verfügung steht, sollten Erwartungen, wie blinder Gehorsam, zur

Liste antiquierter Erziehungsmaßnahmen hinzugefügt werden. Eine solche Erwartung erübrigt sich ohnehin, wenn an seine Stelle Begleitung, Anleitung und Vorbild treten. Diese Worte beziehen sich in erster Linie auf die Eltern und ihren Erziehungs-*Stil* und entlasten die Kinder.

Grenzen schützen und wahren

„Aber Kinder brauchen doch Grenzen." Immer wieder begegnet uns diese populär gewordene Aufforderung in einer Zeit, in der Eltern häufig selber keine oder aber zu enge Grenzen in der eigenen Lebensführung kennen. *Kinder brauchen Grenzen* – Eltern, die sich über die Bedeutung eines solchen Satzes nie wirklich Gedanken gemacht haben, verstehen ihn nicht selten als Aufforderung zu Erziehungsmaßnahmen oder Legitimation, mit ihrem Eigenwillen den Willen des Kindes ‚in seine Schranken' zu weisen. *Doch Grenzen zu setzen, darf Grenzen nicht verletzen.*

Was verletzt die Grenzen eines Kindes? In erster Linie sind es die Handlungen, die sein Vertrauen missbrauchen: willkürliche Ge- und Verbote, Ungeduld und Kritik, Herabsetzung, Vergleich mit anderen Kindern und Bestrafung. All das verletzt seine Grenzen und damit gleichzeitig seine Würde.

Die Grenzen eines Kindes unterscheiden sich kaum von den Grenzen, die viele Erwachsene im eigenen Leben oft erst spät oder nie kennenlernen, weil sie in der eigenen Kindheit unter der Übermacht der Eltern keine Bedeutung hatten. Und dann neigen sie dazu, auch die Grenzen ihrer Kinder ungefragt und wie selbstverständlich zu überschreiten. Erst indem sie ihre eigenen Grenzen und die ihrer Partner, Freunde und Kollegen kennen und wahren lernen, lernen sie auch, die Grenzen ihrer Kinder wahrzunehmen und anzuerkennen. Sie zu respektieren und zu achten, statt eigene Vorstellungen von dem, wie ihre Kinder zu sein und zu funktionieren hätten, durchzusetzen, befreit sie selbst und ihre Kinder aus zwischenmenschlicher Verstrickung und gegenseitiger Abhängigkeit. Dann erübrigt sich vieles von selbst.

Grenzen zu setzen durch klare Anweisungen und gute Gewohnheiten, hat nichts mit Druck oder Strafe zu tun – und schon gar nichts mit Willkür oder Forderungen, die ein Kind nicht verstehen kann und die es in seinem Bedürfnis nach Selbstwert und in seiner Würde verletzen. Druck oder gar Zwang in der Erziehung zwingt ein Kind in eine nicht selbst gewählte Form und drückt es in seiner Vitalität und in seinem Lebenswillen zurück. Ohnmächtig müssen sich auch heute noch immer viele Kinder der Macht ihrer Eltern beugen. Um in der Familie zurechtzukommen, lernen sie eigene Bedürfnisse zu unterdrücken, denn erst wenn sie die Einstellungen ihrer Eltern und deren Bewertungsmaßstäbe internalisiert haben, können sie erneut Kongruenz zu ihnen herstellen, die sie verloren haben, als ihr Eigenwille und der ihn blockierende Elternwille aufeinandergestoßen sind.

Kinder sind lebendige Wesen, und Leben ist ein sich immanent entfaltender Prozess, der nicht gestört werden sollte. Denken wir in diesem Zusammenhang an eine Pflanze, deren gesundes Wachstum wir durch unfachmännische Eingriffe erheblich stören können, und daran, wie klein und kümmerlich sie bleiben kann, wenn eine andere Pflanze übermächtig danebensteht. Vielleicht schießt sie äußerlich in die Höhe, doch oft zu schnell und ohne Kraft.

Kinder zu *Objekten* von Erziehungsmaßnahmen zu machen, indem wir versuchen, sie nach eigenem Willen zu formen, ist immer zum Scheitern verurteilt! Ein Kind, das nicht sein und nicht werden und sich nicht entfalten darf, wie es in ihm angelegt ist, wird ein unglückliches Kind. Aber auch Eltern, die versuchen, ihr Kind in eine von ihnen intendierte Richtung zu drängen (*Schließlich meinen wir es ja nur gut und wissen besser, was gut für dich ist ...*) werden vermutlich enttäuscht sein, wenn sie irgendwann bemerken, wie wenig spontan, selbstbewusst, kreativ, rücksichtsvoll oder eigenverantwortlich ihr eigenes Kind ist. Oder sie müssen erleben, wie es genau in die von ihnen intendierte Gegenrichtung marschiert, schwierig wird oder haltlos.

Kinder sind freie Wesen, die mit unendlichen Möglichkeiten und einer Sehnsucht nach Leben, Freiheit, Selbstbestimmung und Entwicklung des in ihnen angelegten Potenzials in dieses Leben gekommen sind. In den ersten Jahren sind ihre Fähigkeiten noch begrenzt, und die Befähigung zu Umgangsformen und Kulturtechniken benötigt eine feinfühlige Anleitung und klare Regeln. Das gute Vorbild der Eltern, an dem sie erleben können, wie Leben in der äußeren Welt funktioniert, erleichtert den Anpassungsprozess und erspart fragwürdige Erziehungsmaßnahmen. Eltern, die ein stabiles Vorbild geben und durch verlässliches Handeln das Vertrauen ihrer Kinder erhalten, wird es auch leichtfallen, sie sanft zu führen und ihnen Grenzen zu zeigen, die sie wahrnehmen und wahren – an sich selbst und an anderen.

Gärtnern und lesen

Vor einigen Jahren wollte ich mir einen kleinen Gemüsegarten anlegen. Ich kaufte Samen, grub die Erde um und säte aus. Endlich wollte ich einmal selbst Salat, Möhren und Radieschen im eigenen Garten ernten. Der Erfolg war spärlich, um nicht zu sagen miserabel. So einfach, wie ich es mir vorgestellt hatte, war es wohl doch nicht. Da gab es wahrscheinlich ein paar Parameter, die ich vergessen hatte zu bedenken. Ich war schlichtweg naiv und unerfahren, was das Gärtnern anging, und hatte versäumt, um Rat zu bitten. Nach diesem ersten misslungenen Versuch habe ich aufgegeben. Gärtnern war nicht meine Aufgabe.

Mein Rat an alle zukünftigen Hobbygärtner ist, sich vor dem ersten Spatenstich ein wenig Hilfe zu holen, sich ein Buch zu kaufen, einen Kurs zu belegen oder Freunde, die bereits erfolgreich einen Gemüsegarten bewirtschaften, um Rat zu fragen. Welche Bodenbeschaffenheit benötige ich? Wie kann ich den Boden behandeln? Wann muss ich aussäen und welches Saatgut ist das beste? Wie dicht darf ich säen? Und womit muss ich düngen? Wie muss ich meinen Kompost pflegen? Schließlich soll doch alles Bio werden.

Rat und Hilfestellung, die man gerne annimmt, wenn es um den eigenen Gemüsegarten geht, sind hingegen im ‚Garten der Erziehung' oft nicht gerne gesehen. Mit Erziehung, damit komme man schon alleine klar; das sei doch das Natürlichste von der Welt, denken viele junge Eltern, da solle man sich überhaupt nicht so viele Gedanken machen – und andere denken erst gar nicht darüber nach. Und dann will man sowieso alles besser machen als die eigenen Eltern. Was soll da schon schiefgehen?

Schließlich ist man jetzt selbst ‚Eltern' und dadurch erziehungsberechtigt, unerfahrene kleine Menschenwesen in das Fachgebiet Leben einzuweisen wie ein Lehrmeister seinen Lehrling.

Mit einem Unterschied: Der Lehrling geht zu einem Meister in die Lehre. Ein guter Meister kennt sein Metier, hat es von Grund auf gelernt, reichlich Erfahrungen gesammelt, selbst einmal von anderen Meistern gelernt und schließlich den eigenen Meistertitel erworben. ‚Eltern' hingegen ist ein Titel, den man ganz ohne Mühe und Anstrengung erwerben kann, ohne jemals eine Gesellen- oder Meisterprüfung ablegen zu müssen. Er berechtigt, Kinder zu erziehen, auch wenn man sich niemals gefragt, geschweige denn dafür interessiert hat, nach welchen Wachstumsgesetzen Entwicklung überhaupt erfolgt und welche Bedingungen für gesundes Wachstum und gute Charakterbildung erforderlich sind.

Dass es sich hierbei nicht ausschließlich um das körperliche Wachstum handelt, ist Ihnen, liebe Leserin, lieber Leser, vermutlich längst klar!

Tatsächlich sind Glück und Zufriedenheit eines Menschen weniger vom Gut-genährt-Sein auf der physisch-materiellen Ebene abhängig als vom Gut-genährt-Sein auf der emotionalen, mentalen und spirituellen Ebene.

Wer als Hobbygärtner nicht weiß, welche prachtvollen und wohlschmeckenden Früchte er unter guten Bedingungen ernten kann, gibt sich unter diesen Umständen auch mit einem eher dürftigen Ertrag zufrieden. So ist die Frucht nun mal, denkt der unerfahrene Gärtner, damit muss man leben. Nun ist es allerdings so, dass es keine Hobbyeltern gibt. Ein Hobby kann man wechseln, wenn man keine Lust mehr dazu hat oder wenig erfolgreich dabei ist. Eltern hingegen bleiben Eltern – unter allen Umständen. Und manches Mal muss erst das Verhalten des eigenen Kindes darauf aufmerksam machen, dass Eltern-Sein eine anspruchsvollere Aufgabe ist, als man es sich zunächst vielleicht vorgestellt hat.

Wer jedoch bereit ist, die Entwicklungsgesetze und die Bedingungen kennenzulernen, um einen kleinen Menschen auf seinem Weg zur äußeren und inneren Größe, zu Weisheit, Schönheit und Kraft zu begleiten, wird ihm helfend zur Seite stehen können, sein volles Potenzial zu entfalten.

Wie können wir als Eltern den Boden für ein gesundes Wachstum vorbereiten und günstige Bedingungen für eine kindgerechte Entwicklung schaffen? Welche Voraussetzungen müssen gegeben sein, wenn wir in den Entwicklungsjahren unserer Kinder eine gute Basis legen wollen für eine spätere reife Persönlichkeit? Welches Handwerkszeug benötigen wir als Eltern und Erzieher?

Das beste Handwerkszeug als Begleiter unserer Kinder sind *wir selbst*. Es ist die eigene Persönlichkeit, die wir dadurch entwickeln, dass wir in Eigenarbeit unser höchstes Potenzial entfalten und das zur Seite räumen, was dieser Entfaltung im Wege steht. Das Dilemma vieler Eltern ist nur, dass sie bei Erziehungsfragen den Fokus ihres Interesses häufig mehr auf das Verhalten der Kinder richten als auf die eigene Person, die dabei nur allzu oft in den Hintergrund der Aufmerksamkeit rückt – und sich dann über Verhaltensweisen ihrer Kinder erregen, die sie bei sich selbst zuvor nicht wahrgenommen haben.

Doch wie wollen wir Kinder erziehen, wenn wir das Modell sind, an dem sie sich orientieren, wir dem Modell aber keine oder zu wenig Beachtung schenken? *Selbsterziehung* ist ohne Frage weitaus anspruchsvoller und mühsamer, als einem Kind durch Wegbegrenzungen, durch Gebote und Verbote, die Spur zu weisen, auf der es sich bewegen darf. Selbsterziehung ist eine *Aufforderung zu handeln* – geliebte und gewohnte Strukturen des eigenen Lebens zu überprüfen, das eigene Feld, das wir Charakter nennen, zu bewirtschaften – mutig das Gestrüpp der eigenen Gedanken zu durchforsten, das Unterholz zu durchlichten, die lehmige, klebrige oder steinige Erde unserer Emotionen zu klären, den schweren Erdboden unseres Unterbewusstseins zu pflügen und zu durchlüften und Licht ins eigene Innere zu bringen.

Selbsterziehung bedeutet auch, sich dem eigenen Beziehungs- und Kommunikationsverhalten zu stellen: Welche Worte benutze ich, welche Sprachmuster? Welche Energie transportiere ich über das Gefährt meiner Worte? Wie gehe ich mit meinem Partner um? Und mit mir selbst? Wie verhalte ich mich in Stress-Situationen? Was tue ich für meine emotionale Ausgeglichenheit und Friedfertigkeit? Bin ich bereit zu vergeben? Wie steht es mit meinem Empathievermögen? Wie entwickele ich meine Herzenskräfte – Liebe, Güte, Verständnis, Dankbarkeit und Wohlwollen? Und welchen Stellenwert haben diese Gefühle in meinem Leben?

Was von all dem, was ich denke, fühle und wie ich handele, ist es wert, behalten zu werden? Und welche Gedanken und Emotionen will ich neu erwerben? *Das Handwerkszeug einer guten und zeitgemäßen Erziehung* ist nicht länger der ‚Rohrstock' aus längst vergangenen Zeiten, auch nicht einer, der in Form von Kontrolle, Zwang, Androhung oder Strafe daherkommt, es *ist der Mensch, der wir selber sind!*

Ein kleines Kind hat noch keine festen Gedanken über die Welt und das Geschehen in ihr, es kennt noch keine Urteile und keine Vorurteile über seine Mitmenschen, keine Ablehnung, keinen Hass und keine Schuldzuweisung. Sein Verhalten, wozu auch sein Denk- und Sprachverhalten und seine emotionalen Reaktionsmuster zählen, ist noch nicht festgelegt, seine Wünsche und Träume noch nicht in Schranken gewiesen. *Alles ist noch möglich.* Und was möchten wir als Eltern, als Erzieher möglich machen?

Um Menschen zu bilden - denken wir in diesem Zusammenhang an das Wort Menschenbildung im Vergleich zu Kindererziehung -, sollten wir zunächst den Menschen selbst verstehen lernen. Und wie können wir das besser, als indem wir uns selber kennenzulernen?

Fragen Sie sich einmal: Sind Sie glücklich? Sind Sie zufrieden mit Ihrem Leben? Was fehlt Ihnen zum Glück? Was brauchen Sie für Ihre Zufriedenheit und Ihr Wohlgefühl? Welche Gedanken stärken Sie? Welche Gefühle geben Ihnen Kraft und Sicherheit? Welche Handlungen richten Sie auf?

Fragen Sie sich auch, welche Ihrer Gedanken, Emotionen und Verhaltensweisen Sie am Glücklich-Sein und an konstanter Zufriedenheit hindern. Was könnten Sie selbst verändern, welchen Lebensraum sich schaffen, um glücklich und zufrieden zu sein, ohne dass Sie einen anderen Menschen beeinflussen oder gar manipulieren müssen, weil Sie ihn für Ihr Glück und Ihre Zufriedenheit verantwortlich machen möchten? Das ist ohnehin auf Dauer ein erfolgloses Unterfangen, denn Glück kommt niemals von außen! Wir können es uns nicht auf einem Tablett servieren lassen. Auch die Suche nach einem idealen Partner, der uns glücklich machen soll, bleibt erfolglos, wenn wir ihm ohne eigene innere Zufriedenheit begegnen. Unsere Forderungen und Erwartungen werden auf Dauer unerfüllt bleiben.

Wie wichtig ist es gerade darum, unsere Kinder zu lehren, dass ihr Lebensglück von ihnen selbst abhängig ist und wir ihnen *durch unser Vorbild Wege zeigen,* die dorthin führen. Ein Vorbild sind wir bereits in dem Moment, in dem wir beginnen, uns ehrliche Fragen über uns selbst und unser Leben zu stellen. Wer sie wahrheitsgemäß beantwortet, lernt sich selbst besser kennen und damit auch die Kräfte, die durch Emotionen von Zufriedenheit oder Unzufriedenheit nicht nur im eigenen Leben, sondern auch im Leben der Kinder wirksam sind.

Unser eigenes Glück, unsere Zufriedenheit und unser Wohlbefinden sind ein guter Nährboden, auf dem sich ein Kind entwickeln kann. Wir sind der ‚Stoff', der es ernährt, unsere Art zu leben, zu handeln, zu fühlen, zu denken, zu kommunizieren. Wir tragen die Informationen in uns, die es in seine eigene Struktur einbaut. *Wir sind eine lebende Vorlage, das Modell für eine mögliche Art zu leben und zu sein in einem Feld unendlicher Möglichkeiten.*

„Aus dem Kind ist doch noch etwas geworden. So schlimm kann ja alles nicht gewesen sein." Kennen Sie solche Sätze, verbunden mit dem Hinweis darauf, dass der Sohn, die Tochter ja jetzt ganz ‚gut dastehen', einen Beruf haben, ein Haus, eine Familie, …?

Wenn wir mit dem äußeren Blick auf einen Menschen schauen, sehen wir auch nur Äußeres: das Haus, das Auto, die Stellung. Wir sehen ihn oberflächlich wie ein schön oder weniger schön gebundenes Buch. Wir sehen seinen Buchdeckel, die Bilder und die Schrift auf dem Einband. Wir sehen seine Größe und die Art der Bindung. Vielleicht hat das Buch sogar einen Goldschnitt. All das können wir wahrnehmen und uns davon blenden lassen, ohne nur ein einziges Wort über seinen Inhalt zu wissen. Erst wenn wir das Buch öffnen und zu lesen beginnen, erfahren wir mehr.

Beschäftigen wir uns mit dem Inhalt, den Zutaten, den Bestandteilen unseres Menschseins, tritt unser innerer Mensch mehr und mehr hervor. Ein Gewebe aus Gedanken, Emotionen, Wünschen, Ängsten, Lebensentwürfen, Enttäuschungen und vielem mehr wird sichtbar und gleichermaßen anschaubar wie unsere äußere Lebensform. Wir lernen uns selbst immer besser kennen und können dadurch auch andere immer besser verstehen. Mehr als der Bucheinband interessiert uns jetzt sein Inhalt.

Wir nehmen einen neuen, erweiterten Blickwinkel auf das Leben ein. Der innere Mensch muss vor uns stehen wie ein offenes Buch. Erst wenn wir als Eltern und Erzieher wissen, *wodurch* wir wirken, *womit* wir beeinflussen, *wie* unser Einfluss wirkt und *was* er bewirkt, welche Auswirkungen unsere Gedanken, Emotionen, Worte und Handlungen auf die Entwicklung unserer Kinder haben, können wir uns für den besten Weg entscheiden, den wir als Begleiter unserer Kinder gehen wollen. Wer einen blühenden Garten haben möchte, muss die Wachstumsbedingungen seiner Pflanzen kennen.

Das Leben der Eltern ist das Buch, in dem die Kinder lesen.
Aurelius Augustinus

Zeige mir, wie du es machst ...

In ihren ersten Lebensjahren lernen und folgen kleine Kinder uns durch Nachahmung. Nachzuahmen ist ihnen ein grundlegendes Bedürfnis. Während der Erwachsene sich Einsicht wünscht, bevor er bereit ist, sich neue Verhaltensmuster anzueignen, erweitert das Kind sein Verhaltensrepertoire durch Nachahmung auf der Basis von Liebe und Vertrauen. Aufmerksam folgt es dem, was Eltern und Erzieher tun, und tut es ebenso. So wird es bald deren Sprache sprechen und deren innere und äußere Bewegungen mitmachen und nachmachen. Alles, von dem wir möchten, dass ein Kind es tut, müssen wir zuerst tun! Wir handeln, und das Kind folgt, ganz ohne Strenge.

Ein kleines Kind braucht keine Erklärungen, warum und zu welchem Zweck es etwas tun oder lassen sollte. Mehr als alles andere auf der Welt braucht es die Sicherheit, die Konstanz und Verlässlichkeit, die ihm durch die Eltern vermittelt werden, sowie das tiefe Vertrauen, dass das, was sie tun und von ihm erwarten, sinnvoll und gut ist.

Nachahmung ersetzt äußere Autorität und blinden Gehorsam. ‚Ich *muss* tun, was Vater und Mutter sagen' wird zu ‚ich *will* tun, was Vater und Mutter machen, weil es das Beste ist, was ich tun kann, und weil ich so sein will wie sie, denn sie sind groß, und das ist es, was auch ich werden will.' Natürlich denkt ein Kind das nicht bewusst, aber unbewusst folgt es genau diesem einen Ziel: groß werden, erwachsen werden, tüchtig werden, unabhängig werden.

Neulich beobachtete ich in einem Geschäft eine Situation, in der ein kleines Kind von ungefähr zwei Jahren an den Haaren seiner Mutter zog. Es schien ihr weh zu tun, denn sie reagierte unerwartet heftig: *„Willst du mal sehen, wie weh das tut"*, rief sie ärgerlich und zog nun ihrerseits an den Haaren des Kindes. Das begann natürlich sofort heftig zu schreien, weil es unmittelbar die emotionale Energie der Mutter aufnahm. Jetzt wurde die Mutter noch ärgerlicher und redete auf das Kind ein. *„Warum machst du das? Sag mal, wieso machst du das?“* Auch andere Passanten waren inzwischen auf die Hilflosigkeit der jungen Mutter aufmerksam geworden.

Das Wissen über die Fähigkeit kleiner Kinder zur Nachahmung hätte ihr in diesem Augenblick vermutlich helfen können. Zieht uns ein Kleinkind an den Haaren, tritt oder schubst es, können wir ihm mit dem Verhalten antworten, das wir gerne sehen würden. Ein sanftes ‚Ei‘, über die Wange des Kindes gestreichelt, wird meist unmittelbar beantwortet, indem die Mutter oder der Vater jetzt ebenfalls gestreichelt wird. Das Kind ahmt nach, was wir ihm zeigen. So einfach ist es – und ersetzt eine Kette überflüssiger Verhaltens- und Reaktionsmuster, die meist nichts Gutes bringen.

Kindern wurde diese wunderbare Fähigkeit, nachzuahmen, wie eine Gabe mitgegeben, die Lernen mit der größten Selbstverständlichkeit einfach geschehen lässt. Kinder bilden Bewegungsmuster, Sprachmuster, Verhaltensmuster, die sie beim Erwachsenen wahrnehmen, nach und bilden sie dem eigenen Organismus ein. So richten Kinder sich auf durch Nachahmung, beginnen zu laufen durch Nachahmung, formen ihre ersten und alle weiteren Worte durch Nachahmung, bilden Gefühlsreaktionen durch Nachahmung und bedienen sich auch der Meinungen und Gedankenformen ihrer Vorbilder, die sie nachahmen. Der zutiefst unbewusste Akt der Nachahmung ist so perfekt in ihnen angelegt, dass Kinder innerhalb kürzester Zeit sitzen, stehen, laufen und sprechen lernen.

Dabei ist die Fähigkeit nachzuahmen keine intellektuelle, bei der ein Kind zunächst darüber nachdenkt, bevor es laufen lernt: ‚Aha, so macht es der Erwachsene, ... er hebt erst eine Ferse, ... löst dann den ganzen Fuß vom Boden, ... dann steht er nur auf einem Fuß, ... dann schwingt er das freie Bein nach vorne ...‘ Wir können gewiss sein, allein auf diese Art würde ein Kind niemals laufen lernen. Es überlegt auch nicht, bevor es spricht: ‚Da sagt jemand dieses oder jenes Wort, dabei formt er seine Lippen auf die ein oder andere Weise, also mache ich es auch so.'

Das Kind ahmt auf subtile und unbewusste Weise nach, bis hinein in die Muskelabläufe, bis hinein in die Organbildung, bis hinein in die Formung des Kehlkopfes, indem es sich in Empathie und vollem Vertrauen mit dem Wahrgenommenen – *wie in eins* – verbindet. Es nimmt alles, was es sieht, hört, fühlt oder auf eine andere Weise wahrnimmt, mit allen Sinnen in seinen kleinen Körper auf, macht es *gleichzeitig* innerlich mit, macht es zu seinem Eigenen und reflektiert es zurück. Wenn ich ein kleines Kind anlächele, lächelt es zurück. Es kann nicht anders. Die Erwachsenen, denen ein Kind anvertraut wurde, dienen ihm als Modell. Wer das weiß, spürt die große Verantwortung, die darin liegt, und sieht gleichzeitig die Chance, ein Kind mit Leichtigkeit und Unbeschwertheit zu führen.

Neulich war ich in einer Familie, in der ein kleines Mädchen seinen Bruder mit bösem Blick anfunkelte. „Ich werde gleich sauer!", drohte sie aus ihrem Kindergesicht heraus. Nicht die Worte machten ihre Äußerung zu einem erschreckenden Missklang, sondern ein ganzes Paket von Zeichen, welches von ihr in Richtung des Bruders gesendet wurde – aus Blick, Körperhaltung, Betonung und aggressiver Energie. All das wirkte sehr unkindlich, doch wenig später konnte ich in einer anderen Situation der ‚Kopiervorlage' begegnen, als die Mutter auf die genau gleiche Art einem ihrer Kinder drohte. Wir werden perfekt nachgeahmt, dessen können wir gewiss sein – auch mit den Seiten, mit denen wir manchmal lieber nicht gesehen werden wollen!

Disziplin, die sich Eltern wünschen, ist immer zugleich die eigene Disziplin. Wenn wir uns zum Beispiel wünschen, unsere Mahlzeiten friedvoll und mit Freude einzunehmen, sollten wir uns zunächst einmal selbst beobachten, bevor wir die Kinder maßregeln und das gemeinsame Essen jedes Mal in einem Desaster endet, weil die Kinder unruhig, ungeduldig und zappelig sind. So könnten wir uns jedes Mal fragen: Wie frei sind wir innerlich, wenn wir uns mit den Kindern zu Tisch setzen? Sind noch Hektik oder Stress der vergangenen Stunden in uns? Wo sind wir mit unseren Gedanken? Freuen wir uns auf das gemeinsame Essen und nehmen wir uns Zeit dafür? Sind wir bereit, alltägliche Sorgen loszulassen und aus dem, was uns gerade beschäftigt, für eine gewisse Zeit auszusteigen. Können wir uns entscheiden, den eigenen Gedankenfilm anzuhalten, um uns den Kindern und der Familie zuzuwenden? Wie soll ein Kind ein gemeinsames Mahl – das ja häufig die einzige Zeit des Tages ist, in der die ganze Familie zusammenkommt – schätzen lernen, wenn es ihm nicht durch die Eltern von Anfang an konsequent vorgelebt wird?

Manchmal wollen Eltern mit Druck erreichen, dass ein Kind ruhig am Tisch sitzt, und bemerken nicht, wie ihnen in den Kindern ständig *ihre eigene Unruhe* begegnet! Solange sie diese nicht auflösen, kann auch das Kind nicht anders und wird sie ihnen in sichtbarer Form zurückspiegeln. Wer sich aber fragt: „Welche Unruhe ist gerade in mir? Was belastet mich? Wie viel Spannung habe ich selbst mit an den Tisch gebracht?“, kann mit herausfordernden Situationen durch die eigenen Kinder besser zurechtkommen.

Erwarten wir von einem Kind, das Hektik, Nervosität oder Anspannung bei den Eltern spürt, still zu sitzen, missbrauchen wir sein Vertrauen. Es ist in einer Zwickmühle: Folgt es dem Entwicklungsgesetz der Nachahmung, wird es gemaßregelt oder gar bestraft. Gehorcht es dann unter Druck oder Angst, erlahmt die Nachahmung. Natürlich können wir mit Druck erreichen, dass ein Kind schließlich gehorcht, wenn aber das Ziel des Gehorsams das Gesetz der Nachahmung durchbricht – und das betrifft natürlich nicht nur die Tischsitten –, wird es unter Umständen aufhören nachzuahmen, weil Nachahmung ihm nichts Gutes bringt.

Dem Bedürfnis nachzuahmen, aus Angst vor Strenge oder Strafe nicht zu folgen, ist ein hoher Preis, den ein Kind zahlen muss, wenn der Druck der Eltern zu stark wird. Nachahmung ist eine zutiefst menschliche

Fähigkeit, die uns noch im Erwachsenenalter hilft, Neues zu erlernen und hilft, andere Menschen zu verstehen, indem sie uns zu Einfühlungsvermögen und Mitgefühl befähigt.

Reagieren wir ärgerlich auf Verhaltensweisen unserer Kinder, die wir bei uns selbst nicht wahrnehmen, geben wir die Verantwortung für unser eigenes Verhalten an die Kinder ab und machen sie zum Opfer unserer Projektionen. Das ist kein Einzelfall in der Erziehung, sondern trauriger Regelfall – solange, bis wir beginnen, diese Mechanismen im eigenen Leben zu erforschen. Konsequenz in der Erziehung heißt in erster Linie, konsequent zu sein mit sich selbst – eigenes Verhalten zu überprüfen, Angewohnheiten, Stimmungen und Launen bei sich selbst wahrzunehmen und den sich bildenden Worten zu lauschen, *bevor* sie der eigenen Kontrolle voreilig entfliehen. Für wen Selbsterziehung ein Fremdwort ist, sollte besser gänzlich darauf verzichten, Kinder unter dem Einfluss seiner Projektionen erziehen zu wollen.

Wir sollten uns bei allem, von dem wir uns wünschen, dass es unsere Kinder in den ersten Lebensjahren lernen, immer wieder bewusst machen: Sie lernen nicht durch Worte, nicht durch Erklärungen, nicht durch Gebote und nicht durch Verbote; sie lernen durch unser eigenes Verhalten mehr als durch alles andere. Und das begegnet ihnen auf Schritt und Tritt sowohl in äußerlich wahrnehmbarer Form durch unser Sprechen und Handeln als auch in Form unserer Gedanken, Gefühle und Gewohnheiten. All das ahmen Kinder vertrauensvoll nach, weil sie davon ausgehen, dass es gut ist. Wie einfach ist es, Kinder ins Leben zu begleiten, wenn Eltern das Bedürfnis ihrer Kinder nach Nachahmung von Anfang an in voller Verantwortung bedienen!

Wir übernehmen Verantwortung für unser Leben und für das unserer Kinder, indem wir bereit sind, Kontrolle über uns selbst zu übernehmen – über unser Handeln und unsere Gewohnheiten, über unsere Gedanken und Emotionen, über unsere Worte und unsere Reaktionen auf andere.

Was hält unserem prüfenden Erwachsenen-Auge stand? Was ist es wert, weitergegeben zu werden, und wessen sollten wir uns besser entledigen, bevor wir ihm im Spiegel unserer Kinder schmerzvoll begegnen müssen?

Wir leben mit unserer eigenen Hektik, Planlosigkeit, Faulheit, verbalen Schlaksigkeit, mit unseren Abhängigkeiten und schlechten Gewohnheiten solange ganz gut, bis sie uns im Partner oder in den eigenen Kindern gegenübertreten! Doch selbst dann sehen viele Eltern nicht den Ursprung dieser sie störenden Verhaltensweisen in sich selbst, sondern glauben stattdessen, ihre Kinder zu besseren Menschen erziehen zu müssen, indem sie jetzt ‚deren' Schwächen bekämpfen. Ist ‚der Karren erst einmal in den Dreck gefahren', wie man so treffend sagt, kann man ihn nur mit Anstrengung und Opferbereitschaft wieder herausziehen. *Gute Gewohnheiten in den ersten Jahren zu veranlagen, zahlt sich aus. Es erleichtert Eltern mühsame und oft unbefriedigende Erziehungsarbeit in späteren Jahren.*

Kinder *müssen* nachahmen. Gesunde Kinder können nicht anders; dadurch lernen sie! Mehr als alles andere geht es in den ersten Jahren um *Nachahmung* auf der einen und um *Vorbild* und *Vorleben* auf der anderen Seite. Werden kleine Kinder ausgeschimpft und hart angefasst, ahmen sie auch dieses Verhalten nach, indem sie selbst aggressiv werden, anfangen zu schreien, zu toben oder um sich zu schlagen. Je strenger und kompromissloser Eltern auf ein Kind zugehen, umso stärker ist die unmittelbare Reaktion. Wird dieser Rückstoß dann aber durch eine noch größere Intervention wie eine Strafe für das ‚freche Verhalten' unterbunden und der Nachahmungsprozess dem Kind auf die ein oder andere Weise gewaltvoll untersagt, wird das Kind von seinen eigenen Willensimpulsen abgeschnitten, bis es schließlich ‚gut erzogen' – und dabei sich selbst fremd geworden – ist.

Weil Nachahmung ein Grundbedürfnis jedes kleinen Kindes ist, können wir gänzlich auf autoritäres Verhalten durch Strenge und Strafen verzichten. Eine gesunde und liebevolle elterliche Autorität, die konsequent ein Verhalten vorlebt, das sie sich vom Kind wünscht, die Klarheit und Eindeutigkeit ohne viele Worte an die Stelle von Erklärung, Verhandlung oder Erpressung setzt, dient dem Kind als Orientierung, der es mit Liebe folgt.

Es wäre allerdings vermessen zu behaupten, auf einen Anspruch von Folgsamkeit in der frühkindlichen Erziehung gänzlich verzichten zu können. Manchmal bedarf es ohne Zweifel einer klaren Anweisung. Ihr wird ein Kind in der Regel Folge leisten, wenn sie sich als ein besonderes Moment auszeichnet, das nicht gewohnheitsmäßig den Alltag des Kindes bestimmt, weil es das Versäumnis guter und zuverlässiger Gewohnheitsbildung ersetzen muss.

Nachahmung ist die höchste Form der Anerkennung.

Oscar Wilde

Kinder brauchen Aufmerksamkeit

„Der will wieder nur Aufmerksamkeit“, sagte vor kurzem Max’ Mutter zu mir vor ihrem Kind, als er laut und heftig gestikulierend durch das Zimmer jagte. Sie wies ihn zurück und wendete sich anderen Dingen zu. Die Betonung ihrer Worte und die Wertung, die in dem kleinen Wörtchen ‚nur’ lag, ließen Max erleben, dass etwas mit ihm nicht in Ordnung war. Aufmerksamkeit zu wollen, ist in den Augen seiner Mutter nicht O.K. Es war nicht das erste Mal, dass sie so über ihn sprach. Und doch kann Max nicht anders. Denn da gibt es etwas, was die Mutter nicht weiß: Max braucht Aufmerksamkeit! Er benötigt sie zum Leben und für eine gesunde Entwicklung wie die Pflanze das Wasser! Durch sein Verhalten machte er auf etwas aufmerksam und forderte ein, was ihm ohne dieses Verhalten nicht ausreichend gegeben wurde.

Heute wissen wir: Worauf wir unsere Aufmerksamkeit richten, das wächst. Quantenphysiker behaupten sogar, dass die Welt durch unsere Beobachtung eine andere ist, als wenn wir ihr keine Aufmerksamkeit schenken, und dass wir in der Lage sind, die Realität durch die Ausrichtung unseres Bewusstseins nicht nur zu beeinflussen, sondern sie auf atomarer Ebene sogar zu verändern.

Nun bin ich kein Quantenphysiker, um dieses Thema hier weiter zu vertiefen, aber was ich mit Sicherheit sagen kann, ist, dass ein Kind sich verändert von dem Moment an, in dem ich es beobachte, und dass die Art und Weise seiner Veränderung davon abhängt, *wie* ich es beobachte – mit welcher Art der Aufmerksamkeit und mit welchen Gefühlen –, ob mit Wohlwollen und Zuneigung oder mit einem kritischen oder kontrollierenden Blick.

Ohne dass wir ein einziges Wort sagen, verändert sich ein Kind unter unserem Sehen: Vielleicht tut es die gleichen Dinge, die es zuvor getan hat, aber jetzt mit noch mehr Freude und Hingabe, vielleicht entspannt es sich und genießt unsere Nähe – vielleicht zuckt es aber auch zusammen oder wird fahrig und auffällig, wenn es unseren kontrollierenden Blick auf sich gerichtet fühlt. Nur mir *unserer Art zu sehen*, können wir das Verhalten eines Kindes beeinflussen – und nicht nur das, sondern gleichzeitig auch, wie es sich selber spürt, was es fühlt, welche Gedanken es bewegt und welche Absichten es hegt.

Wenn Sie sich selbst dabei beobachten, *wie* Sie auf Ihr Kind schauen, werden Sie erleben, wie machtvoll Sie sind und wie leicht es ist, ein Kind zu beruhigen, zu erfreuen oder zu lenken, wenn Sie sich selbst mit Ihrer eigenen positiven Aufmerksamkeit in das gemeinsame Feld des Erlebens einbringen, das sie mit Ihrem Kind verbindet.

Dieses gemeinsame Feld des Erlebens ist ein Wahrnehmungsraum, der uns mit den Dingen um uns herum und die Menschen untereinander verbindet. Stellen Sie sich einen Augenblick vor: Sie stehen auf dem Bahnsteig und warten auf einen Zug. Einige Meter entfernt von Ihnen fällt Ihr Blick auf einen anderen Reisenden. Sie schauen ihn neugierig an, weil Sie ihn schick finden oder auf eine andere Weise interessant, oder aber weil etwas an ihm Sie stört oder Ihnen unangenehm ist. Der Raum zwischen Ihnen und dem Beobachteten ist nicht leer. Er ist gefüllt mit der Energie Ihres Bewusstseins und auch das all der anderen, die diesen Raum auf unsichtbare Weise mit Aufmerksamkeit durchkreuzen.

Denken wir in diesem Zusammenhang an die Forschungen Masaru Emotos[5], der auf anschauliche Weise die Einflussmöglichkeiten des Bewusstseins zeigen konnte: Die Qualität des Wassers, das Gegenstand seiner Forschungen war, kann durch Gedanken und Emotionen beeinflusst werden. Es verändert sich hierdurch bis in seine molekulare Struktur – und damit auch in seiner Qualität –, ohne dass es materiell mit der Quelle der Information in Berührung kommt.

Menschen sind ständig miteinander verbunden. Wir beeinflussen uns gegenseitig durch die Art, wie wir aufeinander zugehen und übereinander denken. Der Raum, der uns verbindet, wird durch uns belebt. Machtvolle und erfolgreiche Menschen nutzen diesen Raum, indem sie ihre Präsenz und ihre Intentionen über ihre Körpergrenzen hinaus ausstrahlen. Nicht immer wird ihnen allerdings dabei bewusst, was sie tun und wie sie es machen.

Unbewusst nutzen viele Menschen diesen Raum. Besonders aggressive oder sexuelle Energie breitet sich schnell in ihn hinein aus. Wer zurückgezogen lebt und kaum Interesse für die Umwelt hat, wird diesen Raum vermutlich nur wenig beleben und kaum nutzen. Wir können uns ihm jedoch auch *absichtsvoll* zuwenden, wenn wir beispielsweise etwas erreichen wollen, wie ein vertrauensvolles Gespräch und gegenseitiges Verstehen.

Vielleicht fällt es uns zunächst nicht leicht, diesen uns umgebenden ‚nicht physischen' Raum, der uns mit der Außenwelt verbindet, bewusst wahrzunehmen, weil unsere Wahrnehmung erst durch unsere Erfahrung in ihm von uns selbst erschaffen wird. Am leichtesten nähern wir uns dieser Erfahrung, wenn wir uns in Gesprächen mit anderen einmal selbst beobachten. Fragen wir uns in einem solchen Moment, ob wir uns getrennt voneinander erleben und bloß Informationen austauschen, oder ob wir uns durch unsere Worte und über unsere Worte hinaus verbunden fühlen! Versuchen wir diese Verbindung herzustellen und auch zu spüren. Ist das geschehen, können wir beginnen, unsere Unterhaltung bewusst zu beeinflussen, indem wir uns in dem zunächst noch unbekannten Raum ‚bewegen'. Etwa so: Füllen Sie hierzu den unsichtbaren Raum zwischen sich und Ihrem Gesprächspartner mit Aufmerksamkeit, füllen Sie ihn mit Empathie und mit positiven Gefühlen, füllen Sie ihn mit Interesse und mit Präsenz und beobachten Sie, wie Sie sich gefühlsmäßig dem anderen annähern – ohne ihn dabei einzuengen, zu bedrängen oder zu beeinflussen! Versuchen Sie, all dies räumlich zu erleben und nicht nur in Gedanken zu benennen. Sie werden unmittelbar erfahren, wie Ihr Gespräch sich verändert, indem Sie Ihr Bewusstsein aus einer linearen Perspektive in ein räumliches Erleben hinein erweitern. Experimentieren Sie damit! Je mehr Erfahrung Sie dabei sammeln, umso mehr werden Ihre Fähigkeiten wachsen, diesen Raum, dem zunächst meist keine Aufmerksamkeit geschenkt wird, willentlich zu nutzen.

Je mehr wir ihn kennenlernen und mit positiven Gedanken und Gefühlen beleben, umso zufriedener werden wir. Es ist der Raum, der uns umgibt, den wir jederzeit mit uns und um uns herum tragen. Es hängt von uns ab, wie wir uns in ihm fühlen – schutzlos oder sicher und geborgen in uns und mit uns selbst.

Kennen Sie das: Sie betreten eine Wohnung und fühlen sich sofort wohl. Und Sie betreten eine andere Wohnung und fühlen sich unwohl. Das hat nichts mit dem Standard der Wohnung oder eines Hauses zu tun, sondern ausschließlich damit, wie die Wohnung belebt wurde und welche Energien dort aufgebaut wurden. Das kann man fühlen.

Eltern strahlen oft eine Energie aus, die Wärme schenkt, Geborgenheit und Vertrauen. Darum fühlen sich Kinder in ihrer Nähe wohl und sicher. Sie verbinden auch später noch dieses Gefühl mit Heimat. Aber auch das Gegenteil kann der Fall sein, wenn die Ausstrahlung kühl, abweisend oder unruhig ist. Prüfen Sie sich selbst: Was strahlen Sie aus und was möchten Sie ausstrahlen; ist es kongruent? Sind Sie zufrieden oder möchten Sie etwas verändern?

Die Atmosphäre um uns herum hat viel mit unseren Gedanken und Gefühlen zu tun. Positive Gefühle, wie Liebe, Güte, Freude, Wohlwollen, Wertschätzung oder Dankbarkeit, schaffen eine warme und heilende Ausstrahlung. Ist ein Kind aggressiv, hilft es oft schon, es in diesen Raum warmer Aufmerksamkeit hineinzunehmen. Wir erreichen dadurch oft mehr, als viele überflüssige Worte es vermögen.

Indem wir das Kind zunächst einmal wahrnehmen und ihm mitfühlende Aufmerksamkeit entgegenbringen, verbinden wir uns innerlich mit ihm. *Und erst wenn wir spüren, dass wir mit ihm in Kontakt sind,* sollten wir auf sein Verhalten reagieren. Das gelingt manchmal leichter, wenn wir uns hinknien oder das Kind auf den Schoß nehmen. Ein bloßes

Hinunterbeugen reicht da oft nicht aus. Wir müssen *auf die Ebene des Kindes* kommen; es muss merken, dass wir mit unserem Bewusstsein, mit unserem Gefühl, unserem verstehenden Blick oder unseren klaren Anweisungen bei ihm sind, dass wir *anwesend* sind, und dass es von uns in unserer Wahrnehmung ‚gehalten' wird. Das reicht manchmal schon, um ein Kind aus einer verfahrenen Situation herauszulösen. Falls es einer zusätzlichen Intervention bedarf, wird es uns aus dieser Position heraus leichter fallen, angemessen zu reagieren.

Der erste Schritt des In-Kontakt-Kommens, des Auf-die-Ebene-des-Kindes-hinunter-Gehens hat mehr Bedeutung als irgendwelche Rezepte, was dann zu tun sei. Ist dieser erste Schritt erst einmal vollzogen, kommt uns leicht eine kreative Idee, und wir sind davor geschützt, selbst in stereotype Reaktionsmuster zu verfallen. Doch nicht erst wenn es ‚brennt', sollte einem Kind Aufmerksamkeit und Interesse geschenkt werden. Kinder sind angewiesen auf uns, darauf, dass wir sie sehen, sie bestärken, ermutigen und wahrnehmen.

Bei allem, was wir als Erwachsene tun, wünschen wir uns Resonanz. Wir erfahren uns selbst und erreichen ein stärkeres Selbsterleben durch die Resonanz unserer Umgebung. Bekommenen wir für ein Projekt oder auf einem eingeschlagenen Weg keine Resonanz, verändern oder verlassen wir unseren Kurs – oder entscheiden uns ganz bewusst, eine Spur auch ohne Zustimmung weiter zu verfolgen.

Das kleine Kind, das seinen Erdenweg gerade erst angetreten hat, ist sich seines eigenen Kurses noch nicht bewusst. Gesehen und gehört zu werden, unser Interesse an ihm, unsere freudige Aufmerksamkeit, die wir seinem Sein und Tun entgegenbringen und die es an uns erlebt, lässt es seine eigene Wirksamkeit erfahren und ruft es mehr und mehr ins Leben. Geben wir unseren Kindern die Aufmerksamkeit, die sie brauchen, damit wir sie nicht durch unsere Unachtsamkeit dahin drängen, sie über Unruhe, störendes oder aggressives Verhalten einzufordern.

Auch Max hat eine Form von Aufmerksamkeit bekommen durch die abwehrende und ablehnende Äußerung seiner Mutter, jedoch mit umgekehrten Vorzeichen. Zunächst einmal wird er es vielleicht mit einem noch unruhigeren Verhalten weiterhin versuchen, an seine Nahrungsquelle der Aufmerksamkeit zu kommen, und – wenn er auch damit keinen Erfolg hat – vielleicht zunehmend aggressiv reagieren oder sich irgendwann in sich selbst zurückziehen.

Doch wie geben wir in rechtem Maße Aufmerksamkeit, ohne unsere Kinder zu kleinen Tyrannen zu erziehen?

Aufmerksamkeit, die ein Kind nährt, meint nicht, ein Kind einfach nur anzusehen, es von außen anzuschauen oder gar kritisch zu beobachten, meint nicht, mit dem Kind ‚leere' Zeit zu verbringen, auf sein Verhalten oberflächlich zu reagieren oder es andauernd zu belehren, während es auf seine Weise gerade eigene Erfahrungen sammelt. Nährende Aufmerksamkeit meint erst recht nicht, alles, was ein Kind tut, zu kommentieren oder gar zu beurteilen, ihm zu sagen, was uns nicht gefällt und was es ‚nicht gut' gemacht hat – aber auch nicht, es übermäßig zu loben für etwas, was es in unseren Augen besonders gut gemacht hat! Gerade ständiges und übereifriges Loben führt dazu, ein Kind immer weiter von sich selbst wegzuführen, weil es vielleicht irgendwann beginnt, Handlungen auszuführen um des Lobes und der Anerkennung willen.

Mit dem behaviouristen Lernpsychologen Frederic Skinner [6)], der Mitte des vergangenen Jahrhunderts seine Theorie der ‚operanten Konditionierung' entwickelte, hielten gezieltes Loben und Belohnung nicht nur verstärkt Einzug in unsere Schulen, sondern mit wachsender Popularität der sogenannten ‚positiven Verstärkung' auch in unsere Familien und in die Kinderzimmer. Schließlich vereinfachte es die Erziehung erheblich, als man erkannte, dass Verhalten durch Verhaltenskonsequenzen nicht nur kontrollierbar, sondern auch veränderbar ist, und dass sich durch positive Verstärkung erwünschtes Verhalten konditionieren lässt und die Häufigkeit des erwarteten Verhaltens zunimmt. Nicht, dass Lob und Belohnung etwas Neues im erzieherischen Alltag gewesen wäre, doch ihr gezielter

Einsatz machte ein einfaches und seit Jahrhunderten bewährtes Erziehungsmittel plötzlich zu einem manipulativen Werkzeug.

Verhalten mit einer Verhaltenskonsequenz zu belohnen oder zu bestrafen, verändert die spontanen und zunächst *durch nichts bedingten* Handlungen, Interessen und Verhaltensweisen eines Kindes, indem es beginnt, sein Verhaltensrepertoire an den Reaktionen seiner Umwelt zu regulieren. Wie einfach ist es doch, mit einem Eis, der Tafel Schokolade oder einfach nur mit wiederholtem Lob ein Kind zu lenken, wenn man nur einige wenige Bedingungen berücksichtigt, wie eine ausreichende Bedürfnisspannung und den zeitnahen Einsatz der Belohnung direkt im Anschluss an eine gewünschte Handlung.

Lob ist sicherlich ein an vielen Stellen dankbares und vielleicht manchmal sogar hilfreiches Erziehungsmittel. Doch bevor wir es oberflächlich einsetzen, sollten wir prüfen, welche Konsequenzen wir durch zu viel Loben bei einem Kind bewirken. Wie weit beeinflussen wir sein spontanes, selbstbestimmtes, sich selbst entdeckendes und durch nichts bedingtes Handeln? Schauen wir uns ein Beispiel einmal näher an: Wenn ein Kind wiederholt für ein ‚gutes' Bild, das es gemalt hat, gelobt wird, wird es vermutlich weiterhin versuchen, so zu malen, dass sein Produkt Anklang findet und es den erwarteten Beifall erhält. Es opfert seinen spontanen Ausdruck, sein kreatives und expressives Gestalten einem absichtlich angestrebten Resultat, indem es auf Wirkung bedacht ist. Gerade im Malen befriedigt das Kind ein elementares und naturgegebenes Bedürfnis, seinen immer klarer werdenden Wahrnehmungen und Entdeckungen der Welt sowie seinem Erleben einen einmaligen und unverwechselbaren Ausdruck zu geben. Und wie viele traurige Kinder gibt es, die schon in jungen Jahren behaupten, sie könnten nicht malen oder nicht gut genug malen – eine Äußerung, die ergebnisorientiert ist und eine nur schwer wiedergutzumachende Folge von Lob oder Kritik.

Dies ist nur ein Beispiel von vielen. Tag für Tag wird unseren Kindern gesagt, was sie ‚gut' machen und was sie ‚schlecht' machen. Die Aufmerksamkeit, die wir ihnen dabei geben, ist häufig an unsere eigene subjektive Bewertung und nicht selten an eine Absicht gekoppelt. Das bleibt nicht ohne Folge. Ein Kind beispielsweise, das immer wieder – mit einem Lachen oder verschmitztem Augenzwinkern – hört, dass es ein richtiger Kasper sei, wird dieses Verhalten wiederholen und vermutlich sogar perfektionieren. Durch Beifall wird sein spontanes Handeln zu einem konditionierten Verhalten.

Auch Kinder, deren Äußeres immer wieder in den Mittelpunkt der Aufmerksamkeit gestellt wird, entfernen sich mehr und mehr von sich selbst. Die bewunderten „strahlenden und leuchtenden Augen", in die wir in ihrer Reinheit, Unschuld und Vollkommenheit schauen dürfen, werden über kurz oder lang zu Augen, deren Blick bewusst eingesetzt wird. Das Kind lernt: Immer wenn ich auf eine gewisse Art schaue, habe ich Erfolg, zunächst bei den Eltern, dann bei den Lehrern, später vielleicht beim anderen Geschlecht. Wiederholtes Lob für äußere Merkmale führt geradewegs auf die Straße der Eitelkeit bis hin zur Sucht nach Bestätigung. Der Fokus der Selbstwahrnehmung wird mehr und mehr nach außen abgegeben: Nicht wie ich mich selbst erlebe, ist von Bedeutung, nicht wie ich selber fühle, sondern wie andere auf mich reagieren.

Doch achten wir darauf, auch nicht ins Gegenteil zu verfallen, wie ich vor kurzem eine Mutter sagen hörte: „Nur wegen deiner schönen Augen wirst du jetzt auch nichts bei mir erreichen!" Schauen wir stattdessen lieber öfter einmal dankbar in die Augen unserer Kinder: In ihnen sehen wir etwas leuchten, das nicht von dieser Welt ist. Indem wir mit Kinderaugen in Resonanz gehen – mit ihrer Reinheit, Unschuld und vollkommenen Offenheit – sehen wir in ihnen unsere eigene Klarheit, Vorurteilslosigkeit und Unbefangenheit. In Resonanz mit ihnen vermögen wir unser Handeln zu hinterfragen und gegebenenfalls auch zu korrigieren.

Wenn ein durch häufige Bewertung – im positiven wie im negativen Sinne – ‚fremd gesteuertes' Kind seine eigene Spur verliert und immer mehr auf die Reaktionen von anderen angewiesen ist, kann das dazu führen, dass es Aufmerksamkeit heischend, unruhig oder fahrig wird, in sich zurückgezogen, verbockt oder orientierungslos. Aufmerksamkeit, die ein Kind nährt, ist jenseits davon. Sie öffnet einen Bewusstseinsraum reiner, offener Wahrnehmung, in dem das Kind *ohne Bewertung sein darf.*

Einen Bewusstseinsraum öffnen

Worum handelt es sich, wenn wir hier von einem Bewusstseinsraum sprechen? Zunächst ist es tatsächlich die Erfahrung eines Raumes, nur dass er nicht von Wänden begrenzt, sondern von Bewusstsein umspannt ist.

Unserem alltäglichen, linearen und logischen Denken ist er zunächst einmal fremd, und wir müssen uns aktiv Zugang zu ihm verschaffen, wie es oben beschrieben wurde. Wem das gelungen ist, der hat eine neue Dimension der Bewusstheit erlangt, die er nie wieder missen möchte. Das Gute daran ist: Es ist ganz einfach! Wer täglich ein wenig übt, kann schon bald große Erfolge im Umgang mit seinen Kindern – aber auch mit seinem Partner, seiner Partnerin, mit Mitarbeitern oder Kollegen – verzeichnen. Ich möchte als Anregung eine kleine Wahrnehmungsübung geben:

- Beginnen Sie damit, Ihr Kind zunächst einfach liebevoll, wohlwollend und ohne jegliche Form kritischen Beobachtens wahrzunehmen. Versuchen Sie zu verstehen, was Ihr Kind gerade bewegt, ... was es will, ... welche Absicht es verfolgt, ... welche Sehnsucht es hat, ... was es braucht, ... und wenn es gerade zu Ihnen spricht, was es Ihnen aus seiner Perspektive mitteilen möchte.
- Schauen Sie mit offenem wohlwollenden Blick, hören Sie mit offenem mitfühlendem Ohr. Fragen Sie sich: Was fühlt mein Kind gerade jetzt? ... Wie fühlt es sich in sich selbst? ... Was erlebt es gerade? ... Welche Freude, welche Neugier, welche Lust, welche Not?

- Beantworten Sie diese Fragen nicht intellektuell. Interpretieren oder deuten Sie nicht, was Sie sehen, sondern fühlen Sie sich in Ihr Kind ein, schwingen einfach mit ihm mit, in seinem Rhythmus, auf seiner Frequenz – als ob Sie seine Form annähmen, seine Perspektive einnähmen.
- Stellen Sie sich jetzt vor, Sie sehen nicht nur Ihr Kind, sondern sehen gleichzeitig den Raum um das Kind herum, wie es sich in diesem Raum bewegt, ... spricht, ... handelt.
- Indem Sie diesen Raum um das Kind herum wahrnehmen, halten Sie Ihr Kind, umhüllen es mit Ihrer liebevollen Aufmerksamkeit. Sie teilen jetzt den gleichen Raum mit ihm, und für Augenblicke heben Sie Ihr Getrenntsein auf. Das Kind fühlt sich unmittelbar geborgen, ohne dass Sie es berühren, ohne dass Sie sprechen, einfach nur indem Sie es in Ihrer Wahrnehmung halten. Mit dieser Art eines ‚erweiterten Sehens' machen Sie Ihrem Kind ein großes Geschenk. Sie werden es unmittelbar erleben, wenn Ihr Kind in wenigen Augenblicken ruhiger, friedvoller, zufriedener, glücklicher wird.

Wenn Sie einige Male geübt haben, öffnet sich dieser Raum für Sie wie von selber. Sie ändern einfach Ihr Sehen, wie wenn man einen Schalter umlegt, und schon bald werden Sie vielleicht die meiste Zeit so sehen – nicht nur Ihr Kind, auch Partner, Freunde, Kollegen und sich selbst.

Wenn wir unsere Wahrnehmung, wie es hier beschrieben wurde, verändern, dehnen wir unseren Wahrnehmungsraum aus und wachsen in ihn hinein; unser Bewusstsein erweitert sich. Wir beginnen, uns selbst als Teil eines größeren Zusammenhangs zu begreifen und sehen den Kontext, der alle Beteiligten verbindet. Wir haben gleichzeitig Distanz und Nähe zu uns selbst wie zu anderen und wachsen in die ‚Form' hinein, die wir für unsere Kinder zu sein wünschen, denn wir sind das Modell, nach dem das Kind sich aus Liebe und nach eigenem Willen ausrichtet wie die Pflanze zur Sonne.

Wenn du mich wahrnimmst

Wenn du mich nicht wahrnimmst,
meinem Wesen keine Aufmerksamkeit schenkst,
du mich mit den Augen anschaust,
während dein Herz verschlossen ist,
kannst du mich nicht sehen.

Und wenn ich nicht gesehen werde,
fühle ich mich nicht geliebt von dir.
Und wenn ich nicht geliebt werde,
fühle ich mich ohne Bedeutung,
wertlos und ohne Sinn.

Wenn ich ohne Sinn bin,
existiert nur ein Schatten von mir.
Und ich bin unvollständig
hier auf der Erde.

Aber ich bin doch und warte,
poche an deine Tür,
will von dir gesehen,
von dir ins Leben gerufen werden.
Ich brauche deine Aufmerksamkeit
wie die Luft zum Atmen.
Sieh mich an,
sieh,
wer ICH wirklich BIN.

Ich bin nicht das Verhalten,
an dem du dich störst,
ich bin nicht mein Aussehen,
das du verändern möchtest,
ich bin nicht meine Worte,
die ich von dir gelernt habe,
ich bin nicht meine Unruhe,
die du in mein Herz gelegt hast.
Ich bin ein reines göttliches Wesen,
gekommen mit einem Auftrag
hier auf diese Erde.

Hilf mir,
ihn ins Leben zu tragen,
indem du mich anschaust und mich siehst,
mir Aufmerksamkeit schenkst und Achtsamkeit,
dass dein Blick nicht hängen bleibt an der Hülle,
die mich ins Leben getragen,
und die du gerade versuchst,
nach deinen Vorstellungen zu formen.

Hilf mir,
dass ich diesen Körper durchdringe
mit meinen ureigenen Impulsen,
meinen Ideen und Antrieben,
mit meinen Sehnsüchten
und Botschaften für dieses Leben,
für dich – und für die Welt!

Kapitelübersicht

Etwas über Kommunikation

Die Energie hinter unseren Worten

Immer wieder begegne ich Eltern, die sich schon seit Längerem mit Fragen zur Persönlichkeitsentwicklung beschäftigen; wie erstaunt bin ich dann, wenn ich sehe, dass sich ihr Sprachverhalten den eigenen Kindern gegenüber trotz allen Wissens kaum verändert hat. Sie tragen zwar neue Ideale bereits in sich, sind sich aber ihrer eigenen Worte und ihrer Sprachmuster oft kaum bewusst oder haben eine sehr einseitige Perspektive darauf. Erziehungsverhalten und Sprachverhalten sind eng miteinander verknüpft und werden oft über Generationen tradiert, ohne dass wir uns dessen im Einzelnen bewusst sind.

Sprache ist das verbindende Element zwischen uns. Sie ist die Brücke, über die wir einen anderen Menschen verstehen können, das Medium, über das wir uns selbst erfahren, und der Kanal, über den wir uns zum Ausdruck bringen können. Bevor wir uns mit den Worten, die unsere Sprache ausmachen, näher beschäftigen, schauen wir zunächst einmal dahinter, als könnten wir einen Vorhang öffnen zu der Kraft, die unsere Worte bewegt.

Wenn wir sprechen, handeln, singen, lachen oder uns bewegen, benötigen wir Energie. Wir erleben sie als ein mehr oder weniger starkes Gefühl vitaler Kraft, die auch unsere Körperfunktionen steuert und uns am Leben erhält. Auch zum aktiven Denken benötigen wir Energie, und unsere Emotionen sind kraftvolle energetische Ereignisse. Das kann jeder nachvollziehen, der einmal daran denkt, was Liebe oder Hass zu bewegen in der Lage sind.

Sind wir fit, gesund und frohen Mutes, erleben wir uns energiegeladen, während es uns zu anderen Zeiten an Tatkraft und Entschlossenheit fehlt. Je mehr Vitalität wir in uns verspüren, umso kraftvoller fühlen wir uns, umso zielgerichteter und entschlossener ist unser Handeln, und umso präziser sind in der Regel auch unsere Worte. Jeder befindet sich aufgrund seiner Gedanken, Emotionen, Interessen, Leidenschaften und Handlungen sowie seiner körperlichen Verfassung in einem spezifischen Zustand von Energie und webt daraus ein ganz individuelles und einmaliges Muster. Dieser Zustand ist jedoch kein dauerhafter; er unterliegt Schwankungen und kann sich im Laufe eines Tages verändern – sowohl durch äußere Ereignisse als auch aufgrund veränderter emotionaler und mentaler Ausrichtung.

Darüber hinaus hat jedoch jeder Einzelne so etwas wie ein mehr oder weniger beständiges Grundenergiemuster, das ihn in seinem Lebensgefühl sowie in seiner Wirkung auf andere Menschen beeinflusst. Durch eine neue innere Orientierung sowie eine Neuorganisation der Lebensumstände im Rahmen einer Persönlichkeitsentwicklung ist jedoch auch das veränderbar, sofern wir es wünschen.

Die Gesamtheit unserer körperlichen und seelischen Verfassung wirkt also nicht nur nach innen und beeinflusst unsere Vitalfunktionen, sondern strahlt auch nach außen. Unabhängig davon, wie gut wir uns gerade hinter einer Fassade zu verstecken versuchen, kann unsere Ausstrahlung freundlich und verbindlich oder feindselig und abwehrend sein – und viele Schattierungen dazwischen haben. Diese Ausstrahlung steht am Anfang jeder Kommunikation, die bereits beginnt, ehe ein einziges Wort gesprochen wurde!

Manchmal, ohne dass wir etwas sagen oder uns auf andere Weise äußern, erleben wir, dass es Tage gibt, an denen uns andere Menschen freundlich begegnen – zuvorkommend und Anteil nehmend – und die Welt scheint uns wie auf magische Weise mit offenen Armen zu empfangen. Dann wieder gibt es andere Zeiten, an denen uns nichts zu gelingen scheint, Menschen gehen uns aus dem Weg, sind unfreundlich oder reagieren ablehnend, und wir wissen nicht warum. Würden wir uns in einem solchen Fall unsere eigene Tagesbefindlichkeit einmal näher anschauen, anstatt ärgerlich auf andere zu reagieren, könnten wir es vielleicht verstehen.

Ich war vor kurzem im Haus einer jungen Mutter mit einem drei Tage alten Säugling. Die Mutter lag im Bett und war ein wenig schwermütig, wie das nach Entbindungen manchmal vorkommt. Ich kümmerte mich gerade um den Säugling, als die Hebamme kam. Ich öffnete ihr die Tür, und schon, als sie die Wohnung betrat und mich begrüßte, spürte ich ihre freundliche Ausstrahlung. Mit einem frischen „Hallo" trug sie Leichtigkeit und Freude wie eine reinigende Welle in die Wohnung und zauberte durch dieses eine Wörtchen ein Lächeln auf das Gesicht der jungen Mutter. Wodurch wurde diese Gefühlsveränderung bewirkt? War es nur das Wort ‚Hallo'?

Ein ‚Hallo' kann auf viele verschiedene Weisen gesprochen werden. Wer mag, kann es gleich einmal ausprobieren und wird sofort feststellen, dass es nicht das Wort selber ist, das Resonanz hervorruft, sondern die Gefühlsnuance, die Befindlichkeit, die energetische Ausstrahlung und die Intention, mit denen es ausgesendet wird und die auf der Frequenz des Wortes transportiert werden.

Durch ein einziges Wort kann sich ein ganzer Mensch offenbaren!

Wir teilen uns durch unsere Sprache beständig mit, und dadurch teilen wir gleichzeitig unsere eigene Befindlichkeit mit anderen – beabsichtigt oder unbeabsichtigt. Eine Botschaft, die wir senden, erreicht andere dabei nur zu einem kleinen Teil durch die Buchstabenfolge der Worte. Mehr als alles andere kommt sie zum Ausdruck durch unsere Intonation, offenbart sich durch Haltung, Gestik und Mimik, bekommt Kraft durch unseren Muskeltonus und den Grad unserer inneren Aufrichtung – im Falle der Hebamme auch durch ihren Schritt, die Art, wie sie beim Hereinkommen die Füße auf den Boden setzte – durch Schwere oder Leichtigkeit, durch den Glanz in unseren Augen und vieles mehr. Ein ganzes Paket von Zeichen, das wir im Alltag in unseren zwischenmenschlichen Kontakten zwar nicht immer im Einzelnen aufzuschlüsseln vermögen, das uns aber durchaus in vollem Umfang beeinflusst. Wenn alle Inhalte in diesem

Paket kongruent sind, erleben wir einen Menschen als authentisch und kraftvoll.

Während vieler Jahren, in denen ich mich mit Kommunikationspsychologie beschäftigt habe, bin ich immer mehr zu der Erkenntnis gekommen, dass wir gute Kommunikation nicht allein dadurch erlernen können, dass wir uns neue Sprachmuster und ein neues Sprachverhalten antrainieren, sondern die wesentliche Grundbedingung effektiver Kommunikation liegt darunter – im eigenen energetischen Zustand, wozu ich nicht nur unsere körperliche Befindlichkeit zähle, sondern mehr als alles andere den individuellen Haushalt unserer Gedanken und Gefühle.

Hier ist die Quelle, die unsere kommunikative Kompetenz und den Erfolg unserer Kommunikation beeinflusst. Es ist der Hebel, der unsere Beziehungen glücklich oder unglücklich macht, der unsere Kinder zu einem freudvollen und leichten Leben befähigt oder ihnen die Bürde ungeklärter ‚Energiehaushalte' der Eltern auflastet.

Herzenstüren öffnen

Kommunikation beginnt also bereits, bevor eine Absicht sich in Sprache manifestiert. Das Dilemma ist nur, dass sich dieser Moment des zwischenmenschlichen Kontaktes, der unseren Worten vorangeht und unseren Ausdruck färbt, sich meistens unserer Kontrolle entzieht, weil wir über seine Bedeutung nie nachgedacht haben.

Kennen Sie das: Sie haben sich vorgenommen, freundlich zu sein, höflich und verständnisvoll und wählen Ihre Worte absichtsvoll, und trotzdem scheitert die Kommunikation? In der Regel liegt es dann an einem inneren Gemütszustand, mit dem Sie in ein Gespräch hineingegangen sind – einem Ärger, den Sie nicht losgelassen haben, einer Kritik oder

Ablehnung, die Sie Ihrem Gesprächspartner gegenüber noch in sich tragen oder an Gefühlen und Gedanken, die mit dem Gesagten nicht übereinstimmen, vielleicht einer Unwahrhaftigkeit, mit der Sie Ihre wirkliche Meinung ‚hinter dem Berg halten' statt offen zu kommunizieren, was Sie gerade bewegt.

Damit sich diese erste Aktion nicht unserer Kontrolle entzieht, können wir vor jeder Begegnung, die auf uns zukommt, für einen Augenblick innehalten und uns fragen: Wie geht es mir gerade? Bin ich in meinem augenblicklichen Zustand eine Bereicherung für den anderen?

„Lasse nie zu, dass du jemandem begegnest, der nicht nach der Begegnung mit dir glücklicher ist!", sagte Mutter Theresa, deren Worte mich angeregt haben, mein eigenes Verhalten immer wieder neu zu justieren, egal wie ein anderer sich verhält und wann immer ich daran denke. Wenn wir nur ein wenig von dieser Absicht in uns tragen, wird unser Leben leichter und wir selbst glücklicher; denn nach dem Gesetz der Resonanz kehrt das Glück, das wir aussenden, ins eigene Herz zurück.

Und doch passiert es in Familien immer wieder, dass Paare es wie selbstverständlich voraussetzen, dass der Partner nicht nur die positiven, sondern auch die negativen Gefühle teilt. ‚In guten wie in schlechten Tagen' heißt jedoch nicht, dass man wie selbstverständlich jede negative Stimmung oder belastende Emotion über den anderen ausschütten und durch Schimpfen, Jammern, heruntergezogene Mundwinkel, Beleidigtsein, unüberhörbares Stöhnen oder sonstiges gequältes Verhalten die Atmosphäre in der Familie vergiften sollte.

Oft ist es ist nicht mehr als eine Frage der Entscheidung, sich von der Anhaftung an ‚herunterziehende Gefühle' zu lösen. Warum wollen wir etwas festhalten, das uns belastet? Wir bekommen weder Anerkennung dafür noch Bestätigung. Oder wollen wir andere nötigen, unseren Ärger mit uns zu teilen und Mitgefühl erzwingen? Keiner trägt Verantwortung für unsere Gefühle – nur jeder Einzelne selbst. ‚Geteiltes Leid ist halbes

Leid' stimmt in diesem Zusammenhang einfach nicht. Ich meine nicht, dass, wenn jemandem ein Unglück oder eine Krankheit widerfahren ist, dieser nicht auch einmal ernsthaft Trost und Mitgefühl braucht. Ich meine das alltägliche und wiederholte Jammern und Stöhnen über zu viel Arbeit, den leidigen Chef, die ungehörigen Kinder oder den eigenen Ärger. Je mehr wir über diese Dinge sprechen und sie auch noch ‚teilen', umso mehr Energie geben wir ihnen und umso bedeutender werden sie.

Gemeinsames Gejammer oder auch Kritik an anderen wird oft zur Freizeitbeschäftigung, und es gibt Paare, deren hauptsächliche Gemeinsamkeit darin besteht, sich über Probleme auszutauschen oder Kritik an anderen zu üben – selbst wenn dieses Verhalten die Lebensqualität nachhaltig angreift und beeinträchtigt. Sind Kinder im Haushalt, lernen sie von früh an, dass Arbeit mühsam, andere Menschen ungerecht, Beziehungen schwierig und das Leben hart ist.

Welches Weltbild wollen wir unseren Kindern mitgeben? Nur in seltenen Fällen wird darüber nachgedacht, dass es weniger von verbalen Belehrungen abhängig ist als vom gelebten Alltag zu Hause und davon, wie wir einander begegnen, wie wir uns selbst verhalten, welche Qualität wir unseren Gedanken und Gefühlen geben und auch davon, wie wir über andere Menschen denken und sprechen.

Selbst wenn das Leben in einer Phase mühsam und schwer ist, können Eltern sich bemühen, neben den belastenden Erlebnissen auch nach den schönen Dingen des Lebens Ausschau zu halten. Wer sich auch in schwierigen Situationen am Licht der Sonne, am Rauschen des Windes, einer blühenden Blume oder dem Lächeln eines Menschen erfreuen kann, veranlagt in seinen Kindern ein starkes Fundament, mit den Unwägbarkeiten des Lebens fertig zu werden.

Den Blick auf das Positive in allem zu richten, lässt sich trainieren. Darüber können wir heute in fast allen Zeitschriften und Magazinen lesen oder unter einer Vielzahl von Büchern zum Thema wählen. In Hinblick auf Erziehung ist es wichtiger denn je, dass wir uns damit beschäftigen:

Es hängt von uns ab, ob wir unsere Kinder zu lebensbejahenden und selbstbewussten Menschen erziehen, die sich selbst und andere achten, Herausforderungen annehmen und lernen, ihre Probleme zu lösen. Wer allerdings in den Sorgen des Alltags sein Herz verschließt, verlernt die Sonnenseiten im Alltäglichen zu sehen. Ein offenes Herz ist die Voraussetzung dafür, dass Glück, Freude und Freunde in unser Leben und in unsere Familie zu Gast kommen.

Öffne deine Herzenstüren und erlaube nicht,
dass etwas diesen Fluss unterbricht.
Halte die Türen weit geöffnet, damit Liebe und Licht
frei in dir und durch dich fließen,
und die Lebenskraft ständig in dir sichtbar ist.
Wenn deine Herzenstüren geschlossen sind
und der Fluss der Liebe und des Lichtes versiegt,
stagniert dein ganzes Leben …

Eileen Caddy [7)]

Wie man in den Wald hereinruft ...

Jede Interaktion zwischen zwei Menschen beginnt mit einem ersten Impuls. Ein lustloses, gefrustetes ‚Hallo' setzt die Kommunikation ebenso in Gang wie ein leichtes und freudiges ‚Hallo'. Wie reagieren Sie, wenn Sie mit einem mürrischen ‚Hallo' begrüßt werden? Was geschieht in Ihnen? Wie fühlen Sie sich? Wie offen sind Sie für den Austausch mit Ihrem Gegenüber? Freuen Sie sich darauf?

Die energetische Welle, auf der uns die Intonation der Worte erreicht, beeinflusst nicht nur unseren momentanen Gefühlsstatus, sondern kann sich bis in unsere Körperreaktion hinein fortbewegen. Wenn uns ein Mensch unfreundlich, launisch, schlecht gesonnen oder gar aggressiv begegnet, verändert sich – solange wir nicht gegensteuern – sofort unser Atemmuster und über unseren Atem auch unsere Herzfrequenz, unser Blutkreislauf und unser Hormonhaushalt. Die Qualität unseres Atemmusters hängt mit dem Ausmaß an Zentriertheit, Vertrauen und innerer Sicherheit zusammen und wird früh in der Kindheit durch das Kommunikationsverhalten der Eltern beeinflusst – in einer Zeit, in der ein Kind sich selbst noch nicht zu schützen vermag. In dieser Zeit wird das Fundament gelegt für die Grundstimmung und das Grundlebensgefühl eines Menschen.

Wir kommunizieren immer auf vielen Kanälen gleichzeitig, und unsere Worte sind lediglich ein kleiner Ausdruck von all dem, was uns gerade innerlich bewegt und in äußerlich hörbarer Form mitgeteilt wird. Die Antworten hingegen, die wir erhalten, beziehen sich oft auf alle Kanäle, auch die nonverbalen, und nicht selten wundern wir uns über eine Reaktion, die weit darüber hinausgeht, was wir mit Worten mitgeteilt haben. Manche bringen es sogar zu großer Professionalität, fordernde oder aggressive Botschaften ohne Worte – oder mit wenigen ‚süßen' Worten – zu senden, um dann beim Eklat sagen zu können: „Ich weiß gar nicht, was du hast! Das habe ich doch gar nicht gesagt!"

Je nachdem, wie man uns entgegenkommt – auch ohne Worte –, fühlen wir uns also gut oder weniger gut. Ein Mensch, der uns begegnet und denkt: ‚Du schon wieder, ich habe überhaupt keine Zeit, können wir das nicht später besprechen', bewirkt etwas völlig anderes in uns als ein Mensch, der signalisiert: ‚Ich freue mich, dich zu sehen, schön, dass du da bist, ich habe Interesse für dich.' Und unsere Gefühle, die durch das Gegenüber geweckt werden, beeinflussen in der Regel auch die Qualität unserer Antworten.

Was wir aussenden, kommt auf die eine oder andere Art und Weise auf uns zurück. Das wusste man schon zu Zeiten, als Kommunikation noch ein Fremdwort war. ‚Wie man in den Wald hineinruft, so schallt es heraus', sagt ein altes Sprichwort. Oder neuzeitlich ausgedrückt: Senden und Empfangen beeinflussen sich gegenseitig. Oder kybernetisch: Aktion = Reaktion. Im Spiegel der anderen können wir uns selbst erkennen, und niemand spiegelt uns besser als unser Partner oder unsere Partnerin und unsere eigenen Kinder. In der eigenen Familie haben wir unsere besten Lehrmeister bezüglich der Qualität unserer Kommunikation. Und wie schwer fällt es uns häufig gerade hier, die Reaktionen, die wir hervorrufen, zu akzeptieren und für unsere eigene Persönlichkeitsentwicklung zu nutzen! Die Bereitwilligkeit, zu lernen, ist proportional zu unserer Fähigkeit, den Herausforderungen, denen wir in der Familie begegnen, nicht auszuweichen.

Die Kommunikationspsychologie hat Modelle erarbeitet, die unsere Kommunikation vorhersehbar macht, oder genauer gesagt die Reaktionen, die wir durch unser eigenes Gesprächsverhalten hervorrufen. Ob es sich dabei um Gespräche mit einem Partner oder einer Partnerin handelt, mit Mitarbeitern, Kollegen, Freunden oder mit unseren Kindern, macht dabei kaum einen Unterschied. In dem Augenblick, da ein Gesprächspartner übergriffig wird – durch Aggression, Manipulation oder Abwertung –, reagiert der andere meistens mit Rebellion oder mit Rückzug. In beiden

Fällen kann es zu keiner Lösung kommen. Schauen wir uns hierzu ein einfaches, noch harmloses, Beispiel an. Es kann uns auf ein Muster hinweisen, wie es in Streitgesprächen häufig vorkommt: „Kannst du denn nicht einmal pünktlich sein!" Was steckt alles in einem kleinen Satz wie diesem? Das erste, was der Empfänger hört, ist ein *Vorwurf*: Ich bin nicht pünktlich, habe nicht richtig gehandelt, nicht so, wie es von mir *erwartet* wurde. Ich habe die Erwartung enttäuscht. Und das nicht zum ersten Mal (*nicht einmal*). Ich habe *wiederholt* einen *Fehler* gemacht, nämlich unpünktlich zu sein. In der Hierarchie der Sprechenden bin ich *unterlegen*, denn da gibt es jemanden, der mir sagt, was ich tun und nicht tun sollte und was er von mir erwartet. Und hinzu kommt, dass es *nur scheinbar* eine Frage ist. Eine offene Frage könnte ich schließlich ohne Druck mit einem Ja oder mit einem Nein beantworten.

Natürlich analysiert niemand, der sich nie mit den Fallstricken und Stolperfallen von Kommunikation beschäftigt hat, eine solche Aussage auf diese Weise, doch spontan und unbewusst reagiert er vielleicht trotzdem auf das ganze Paket, was da in Gestalt von sieben Wörtern gesendet wurde. Entweder er steigt in das angebotene Muster von *Vorwurf* und *Opferhaltung* (Du hast etwas falsch gemacht – darum geht es mir schlecht) ein: „Hör' du mal auf, immer so rumzumeckern! Du bist selber nie pünktlich! Erst letzte Woche habe ich stundenlang auf dich gewartet!" Oder er geht in die *Rebellion*: „Du hast mir überhaupt nichts vorzuschreiben, ich hab's satt, mir deine ewigen Vorwürfe anzuhören!" Oder er *verteidigt* sich: „Das stimmt ja gar nicht! Wann war ich das letzte Mal zu spät? Und außerdem kann ich heute gar nichts dafür, weil ..." Keine dieser Reaktionen führt zu einer kongruenten Kommunikation auf Augenhöhe.

Der erste Impuls (hier: *Kannst du denn nicht einmal pünktlich sein!?)* setzt einen Kreislauf in Gang, der sich in Beziehungen bei häufiger Wiederholung eines Sprachverhaltens aus Vorwurf, Opferhaltung und Scheinfrage – mit immer unterschiedlichen Themen – leicht zu einem Kommunikationsmuster verfestigt, das die Beteiligten wie in einem

Hamsterrad gefangen hält – bis einer irgendwann die Handbremse zieht und sagt: *„Stopp! So* geht es nicht weiter!"

Besonders im Umgang mit Kindern werden oft wie selbstverständlich Sprachmuster verwendet, mit denen sich der Erwachsene vorwurfsvoll, anklagend oder besserwisserisch an ein Kind wendet. Dass ein Kind dann mit Trotz, Zorn oder Rückzug reagiert, ist für jeden vorhersehbar, der sich mit den Grundmustern von Kommunikation beschäftigt hat. Wer bereit ist zu lernen und im Spiegel der Reaktionen, den er durch andere vorgehalten bekommt – und sei es durch das eigene Kind –, seinen eigenen Anteil zu entdecken, vermag aus freier Entscheidung, eine neue und konstruktive Gesprächsform zu wählen. Erwachsene sind hierzu imstande, ein Kind in der Regel nicht!

Es ist Aufgabe des Erwachsenen, einen unglückseligen Kreislauf zu stoppen, den sein eigenes Kommunikationsverhalten zuvor in Gang gesetzt hat. Ändert er sich, ändert sich auch das Verhalten des Kindes! Wir wissen heute: Wenn ein Kind schwierig ist, kann man durch beratende oder therapeutische Arbeit mit den Eltern das Verhalten des Kindes positiv beeinflussen, ohne es jemals persönlich sehen zu müssen. An erster Stelle stehen hierbei der Bewusstwerdungsprozess und die Einsicht der Eltern, dass sie selbst mit den Reaktionen und dem Verhalten ihres Kindes zu tun haben.

Kinder lernen am Modell, auch das Kommunikationsverhalten, und das wichtigste Modell sind zunächst die eigenen Eltern. Sie beobachten deren Verhalten und nehmen es bewusst und unbewusst in ihr eigenes Verhaltensrepertoire auf, um es an geeigneter Stelle selbst auszuprobieren und ‚wie ein Erwachsener' zu handeln. Haben sie mehrere Bezugs- und Erziehungspersonen, haben sie auch die Möglichkeit, eine Wahl zu treffen. Das geschieht in der Regel jedoch gänzlich unbewusst – aus Liebe und ohne die Konsequenzen der Wahl zu kennen.

Aber ich habe doch nur gesagt!

Tauchen wir noch ein wenig tiefer ein in die Strukturen von Kommunikation und verbleiben hierfür bei unserem Beispiel des Zuspätkommens: Manuel und Chiara sind ein Paar. Beide arbeiten. Während der Mittagspause treffen sie sich hin und wieder in einem Café. Ich saß am Nebentisch und wurde ungefragt Zeugin ihrer Begegnung. Ihrem Streitgespräch entnahm ich, dass Manuel innerhalb kürzester Zeit das dritte Mal zu spät zur Verabredung erschienen war. Chiara war wütend: „Kannst du denn *nicht einmal* pünktlich sein*?! Immer* musst du *zu spät* kommen. *Auf dich* kann *man* sich *überhaupt nicht verlassen!* Meinst du denn, ich hab' Lust, *immer* auf dich zu warten!" Sie war sichtlich ungehalten.

Und dann kam die Reaktion – heftiger als von ihr erwartet. „Aber, ich habe *doch nur gesagt ...*", konterte sie. Nein, sie hatte nicht *nur* gesagt! In dem, was sie sagte und wie sie es sagte, lag Angriff, Vorwurf, Verallgemeinerung und Geringschätzung. Und diese Eröffnung der Kommunikation, die mit einer Scheinfrage endete, bestimmte dann deren weiteren Verlauf.

Natürlich kann man Chiara verstehen. Einen Teil ihrer kostbaren freien Zeit verbrachte sie damit, auf Manuel zu warten, aber was sie daraus machte, verdarb dann auch noch den Rest ihrer Mittagspause. Versetzen wir uns einen Augenblick in sie hinein: Wir haben schon längere Zeit auf jemanden gewartet. Und das nicht zum ersten Mal. Wir sind ärgerlich. Und je länger wir warten, umso mehr Ärger staut sich in uns an und nimmt zunehmend unser ganzes Denken und Fühlen in Anspruch. Wer den Ärger sehen kann, sieht ihn vielleicht wie eine dunkle Wolke um Kopf, Hals oder in der Magengegend, die immer dichter wird und sich mit zunehmender Wartezeit regelrecht zusammenbraut – wie eine Gewitterwolke am Himmel. Und dann kommt der *vermeintliche* Verursacher dieser Wolke – und sofort regnet, donnert und blitzt es auf ihn herab.

Ist das wirklich notwendig? Wer will schon einen anderen Menschen mit *seinen eigenen negativen* Gefühlen belasten? Und wie in diesem Fall, vielleicht schon bevor er ihm Gelegenheit gegeben hat, über die Ursache seiner diesmaligen Verspätung zu berichten – die er doch gar nicht kennen kann, höchstens vermuten. *Er reagiert also auf seine Vermutung und auf die Bewertung seiner Vermutung.*

Doch was könnten wir stattdessen tun? Wohin mit Ärger oder Wut, wenn sie sich erst einmal in uns ‚breitgemacht' haben? Ein erster Schritt wäre getan, wenn wir unseren Ärger – oder ein anderes belastendes Gefühl – zunächst einmal als *unser eigenes Gefühl anerkennen.* Denn erst dann können wir entscheiden, ob wir unser System mit Ärger, Wut, Beleidigtsein oder Aggression belasten und vergiften wollen oder nicht. Denn genau das ist es, was wir tun, wenn wir am Ärger festhalten! Es ist ein großer Irrtum zu glauben, dass wir andere durch unseren Ärger ‚bestrafen' könnten. Wir verletzen die Grenzen des anderen *und* unsere eigenen Grenzen und bestrafen in erster Linie uns selbst.

Heute ist allgemein bekannt, dass negative Gefühle, wie Stress, Wut, Traurigkeit, Angst, Neid, Groll und viele mehr, einen großen Einfluss auf unser vegetatives Nervensystem haben. Sie lassen das Herz schneller schlagen, steigern die Ausschüttung von Hormonen, wie Cortisol, und erhöhen unseren Blutdruck. Über das autonome Nervensystem wird zudem auch noch unser Immunsystem beeinflusst. Ist es da nicht besser, die Zeit des Wartens lieber für etwas anderes zu nutzen? Wir könnten zum Beispiel darüber nachdenken, wie wir mit solchen Situationen, in denen Ärger aufkommt, in Zukunft umgehen wollen!

Indem wir zunächst einmal bereit sind, unseren Ärger als *unseren eigenen* zu fühlen, weil er ja ohnehin schon da ist, und ihn dadurch anzuerkennen, sind wir bereits aus dem negativen Gefühl herausgetreten, denn *Bereitschaft* und *Anerkennung* entstammen einer höheren Bewusstseinsebene als Ärger und Groll. Häufig löst sich dann im Augenblick der Selbstannahme der Ärger von selber auf. Anderenfalls projizieren wir ihn, weil wir ihn nicht fühlen wollen, auf einen scheinbaren Verursacher, ohne zu bemerken, wie er dann weiter in uns im Verborgenen sein Unwesen treibt. Zudem könnten wir kreativ mit einer Situation umgehen, die wir ohnehin nicht ändern können, und uns überlegen, was wir mit der unerwarteten freien Zeit tun wollen (statt sie mit Warten zu füllen).

Durch solche *inneren Interventionen* heben wir unsere Bewusstseinsqualität an und können uns dafür selbst *Wertschätzung* entgegenbringen, weil wir unser Verhaltensrepertoire vergrößert und eine neue Wahl getroffen haben. Dann beginnt sich auch unser Blickwinkel wieder zu weiten. Der einseitige Fokus auf den Ärger löst sich auf, und vielleicht beginnen wir uns infolge sogar dafür zu interessieren, wie es dem anderen geht und wie es zu seiner Verspätung gekommen ist.

In einem zweiten Schritt könnten wir uns dann für eine innere Haltung *entscheiden,* die wir selbst *wählen* und mit der wir unserem Gesprächspartner begegnen wollen. Statt unbewusst zu reagieren, gelingt es uns vielleicht, unsere emotionale Betroffenheit herunterzufahren und eine Ebene von Neutralität zu erreichen. Doch warum nicht gleich mit positiver Energie und guten Gefühlen eine Kommunikation eröffnen und unserem Gesprächspartner gegenübertreten – wie in unserem Beispiel dem Zuspätkommer? Würden wir dadurch nicht gleichzeitig auch selber über die Qualität unserer restlichen Mittagspause und die Qualität der Beziehung entscheiden?

Gefühle können wir willentlich erzeugen. Probieren Sie es aus! Doch Vorsicht: Wenn Sie das einmal erfahren haben, sind Sie auch für Ihre Gefühle verantwortlich.

Freiheit bedeutet zugleich Verantwortung. Wenn wir aufhören, spontan und unbewusst zu reagieren und stattdessen selbst bestimmt zu agieren, geht es uns und den Menschen in unserem Umfeld zunehmend besser. Das übt sich und geht nach einigen Malen immer leichter – und wird irgendwann zur Selbstverständlichkeit.

Selbstermächtigung und Verantwortung

Es ist eine Form der Selbstermächtigung, wenn nicht länger Ärger oder andere trennende Gefühle, sondern *wir selbst* darüber entscheiden, wie wir einem Gesprächspartner begegnen wollen. Den Erfolg werden wir schnell wahrnehmen, wenn wir beschließen, in Zukunft unsere Mitmenschen nicht mehr durch unsere eigenen negativen Gefühle zu belasten, selbst dann nicht, wenn wir glauben, der andere sei der Verursacher hierfür. Auf diese Weise können wir zumindest unangenehme Rückkoppelungen erfolgreich unterbinden und unsere Beziehungen werden sich zunehmend verbessern. Es gibt keinen Verursacher für unsere eigenen Gefühle! Es gibt höchstens einen Auslöser. Wir selbst sind die Ursache unserer Gefühle. Nur unser persönliches Energiefeld entscheidet darüber, wie wir mit den Ereignissen umgehen, die uns innerlich (in Form von Gedanken, Vorstellungen und Gefühlen) oder äußerlich begegnen!

Jeder kennt solche Menschen, die dauernd jammern und klagen, denen alles zu viel wird, die ihren Alltag nicht bewältigen, die ständig einen Schuldigen für ihre eigenen Gemütszustände und Befindlichkeiten suchen und die Verantwortung dafür abgeben. *Verantwortung für sein Leben zu übernehmen,* heißt an erster Stelle, Verantwortung für seine Gedanken zu übernehmen, auch für seine negativen Gedanken, und für die Gefühle, die durch diese Gedanken ausgelöst werden, die häufig zu weiteren zerstörerischen Gedanken führen. Wer keine Lust mehr auf diesen Kreislauf hat, hat jederzeit Gelegenheit, ihn zu stoppen, indem er beginnt, sich selbst zu beobachten und neue Entscheidungen für das ‚Mobiliar' seiner Innenwelt zu treffen.

Jeder, der in unser Leben tritt, ist ein Lehrmeister auf diesem Weg der Selbstermächtigung. Er zeigt uns, wie viele belastende Gefühle es noch in uns gibt. In der Begegnung mit anderen erfahren wir, wo wir uns noch als Opfer der Umstände erleben und wo wir Schuldzuweisungen nach außen projizieren. Wir erfahren, wann wir uns arrogant oder besserwisserisch verhalten. Der Erfolg oder Misserfolg unserer Kommunikation gibt uns Auskunft darüber, wenn wir ihren Verlauf hinterfragen. Wo *reagieren* wir, statt bewusst und positiv zu *agieren*?

Agieren bedeutet, überlegt zu handeln, selbst zu entscheiden, wie wir auf ein Ereignis, einen Vorwurf, eine Kritik reagieren wollen – auf die ‚schlechte' Laune eines Gesprächspartners oder auf eine ‚schlechte' Nachricht – mit welchen Gefühlen und mit welchen Verhaltensweisen. Wir haben die Wahl! Es liegt in unserer Hand.

Wenn es uns gelingt, Verantwortung für unsere Gefühle zu übernehmen und immer häufiger gute Gefühle zu wählen, fällt es uns auch immer leichter, eigene Anliegen deutlich und respektvoll zu formulieren. Wenn wir – wie im Beispiel von Manuel und Chiara – glauben, dass uns nicht der nötige Respekt entgegengebracht wurde, indem man uns warten ließ, erfahren wir, wie wichtig für uns Respekt und Wertschätzung sind. Also bringen wir sie dem anderen entgegen – im Alltag besonders auch den eigenen Kindern! – und er wird uns unmittelbar oder über kurz oder lang auch auf dieser Ebene begegnen.

Möchte ein Wartender die Situation, in der er sich durch das lange Warten befand, dem anderen mitteilen und ist bereits in Kommunikation geschult, kann er sagen: „Ich habe heute lange auf dich gewartet." Er *benennt* die Situation, bewertet aber nicht. „Wie kommt es, dass du so spät bist?" Er stellt eine *offene Frage* – wieder ohne Bewertung und ohne Vorwurf –, die seinem Gegenüber die Chance gibt, auf der Ebene eines kongruenten Austausches zu antworten. Wer mag, kann es selbst einmal versuchen, diese beiden Sätze neutral und ohne Beschwerde zu sprechen. Merken Sie, wie schwer das zunächst fällt? Achten Sie dabei auch auf versteckte Absichten. Wiederholen Sie die Sätze ein paarmal und korrigieren Sie dabei wiederholt den Tonfall.

Sobald wir solche kleinen Übungen im Alltag praktizieren, werden wir dafür schon bald mit Erfolg belohnt. Der Erfolg, den wir dabei erleben, ist das gute Gefühl von Unabhängigkeit, das sich einstellt, wenn wir

Abhängigkeiten und Verstrickungen lösen, die uns zuvor durch die Anhaftung an Vorwurf oder Kritik an ein Ereignis oder an eine Person gebunden hatten.

Kommunikative Kompetenz trainiert sich wie der Aufbau der Muskeln im Fitnessstudio. Wir lernen durch Übung und Wiederholung. Mit jedem Aufdecken und Verändern unserer Sprachmuster und unserer verdeckten Sprechimpulse verändern wir auch uns selbst! Und wir werden reich belohnt durch ein einfacheres und leichteres Leben. Und damit ermöglichen wir auch unseren Kindern ein Leben in einer freien und unbelasteten Atmosphäre, anstatt sie durch unbewusste, unkontrollierte und emotionsgesteuerte Vorwürfe, Erwartungen und Zurechtweisungen an uns zu binden und sie in ihrem Selbstverständnis als freie Wesen zu verunsichern.

Ehrlich sein ohne Vorwurf

Eine Beschwerde, Gejammer oder Angriff führt mit innerer Konsequenz in den meisten Fällen zu Abwehr, Rechtfertigung oder Gegenangriff. Wie leicht kann da mit wenigen anfänglich falsch gewählten Worten ein ganzes Gespräch und darüber hinaus ein ganzer Tag und langfristig eine ganze Beziehung vergiftet werden! Anknüpfen an die Vergangenheit ist auf Dauer immer ein ‚Beziehungskiller' – und das betrifft die Beziehung der Eltern untereinander ebenso wie die Beziehung zu ihren Kindern.

Vorwürfe, an den Partner gerichtet, sind jedoch noch harmlos im Vergleich zur Abwertung eines Kindes, das sich nicht wehren kann: *Kannst du denn nie aufpassen!? … Immer musst du alles umwerfen! … Auf dich kann man sich überhaupt nicht verlassen! … Da hast du mich schon wieder enttäuscht, … warst wieder nicht rücksichtsvoll genug, … hast wieder den gleichen Fehler gemacht, … kapierst du das denn nie!?*

Selbst wenn ein Kind in der Lage ist, sich äußerlich durch Trotz zu wehren, dem Abbau des inneren Selbstbildes, das mit jedem solcher oder ähnlicher Sätze an Kraft verliert, kann es nicht gegensteuern.

Wer einmal beginnt, auf seine eigenen Worte zu achten, wird meistens sehr schnell fündig, wie häufig sich Bewertung, Vorwurf und diese kleinen Wörtchen der Verallgemeinerung in seine Rede einschleichen. Schließlich machen sie es uns so einfach, unser Gegenüber tiefer in ein Schuldgefühl zu drücken. Das ist doch (unbewusste) Absicht - oder? Unsere Anklage erscheint uns nach wiederholter ‚Straftat' ja wirklich berechtigt zu sein! „Jetzt *hast du* mich *schon wieder* warten lassen!" Wen hören wir sprechen? Ein Opfer der Umstände, die keinen Handlungsspielraum lassen?

In der Begegnung mit anderen erfahren wir uns nur so lange als Opfer der Umstände, wie wir Schuldzuweisungen nach außen projizieren. „Ich habe jetzt schon des Öfteren auf dich gewartet und möchte dir gerne sagen, wie es mir dabei geht. Hast du einen Augenblick Zeit?", wäre da eine echte Alternative. Warum nur fällt die oft so schwer?

Ist unser Gegenüber jedoch nicht fähig, auf eine Ebene kongruenter Kommunikation einzusteigen, sollten wir manchmal besser schweigen, als ihn wortreich von etwas überzeugen zu wollen, was er nicht hören will, und damit selbst in unproduktives Sprachverhalten zu verfallen.

Und wer, wie im Beispiel der Wartenden, mehr Information erhalten möchte, kann auch eine Frage stellen: „Warum kommst du so spät?" Es ist allerdings ein Unterschied, ob wir an der Antwort interessiert sind - interessiert daran, wie der Tag für unseren Gesprächspartner verlaufen ist -, oder ob sich noch ein Hintergedanke wie ein unausgesprochener Vorwurf in der Frage verbirgt und wir die Antwort innerlich schon vorweggenommen haben: *Nein, du kannst nicht pünktlich sein. Es ist immer dasselbe mit dir. Du bist unfähig zur Pünktlichkeit.* Dann wird unser Partner entsprechend reagieren, und der Kontakt ist unterbrochen.

Offene Fragen gehören zum Handwerkszeug guter Kommunikation.

Scheinfragen führen in eine Sackgasse. Zudem ermöglicht eine offene Frage auch, eine ehrliche Antwort zu erhalten. Und wenn Ihr Gesprächspartner dann sagt, er habe erst noch einiges erledigen wollen oder nicht auf die Uhr geschaut, dann können Sie ihn um Wertschätzung und Respekt *bitten*. Und Achtung: Eine Bitte ist keine Forderung. Wir haben keine Macht über einen anderen, nur über uns selbst. Nur was ein anderer selbst zu geben bereit ist, kann eine Beziehung bereichern.

Jeder kann noch heute damit beginnen, selbst zu geben! Und welche Entscheidungen wir dann – aufgrund mangelnder Bereitschaft eines Partners – unsererseits treffen, bleibt uns selbst überlassen. Ist ein Gesprächspartner hingegen bereit, uns zuzuhören, können wir ihm mitteilen, wir es uns ergangen ist. So hätte auch Chiara sagen können: „Ich *war* richtig verärgert, weil ich in dieser Zeit etwas anderes hätte tun können!" Es ist möglich, selbst einen solchen Satz ohne versteckten Vorwurf im Hintergrund zu äußern. Als reine Mitteilung wird er vermutlich sogar das Gegenüber einladen, darüber nachzudenken, wie sich die Wartende gefühlt hat. *Wem es gelingt, sachlich und beschreibend über die eigenen Gefühle zu sprechen, hat die Anhaftung an diese Gefühle bereits gelöst.*

Welche Pakete wollen wir senden?

Durch unsere innere Aufmerksamkeit für unsere Bewertungen, Vorannahmen und emotionalen Reaktionsmuster werden wir sensibel für die verdeckten Botschaften, die wir senden, ohne es zu bemerken – und wodurch wir dann Reaktionen hervorrufen, die wir nicht erwartet haben. Schauen wir noch ein letztes Mal auf unser Beispiel der ärgerlich Wartenden, wie Vorwurf, Anklage, Beschuldigung, Mitleid heischen, Einsicht fordern, Entschuldigung erwarten in einem Paket von wenigen Wörtern gesendet werden kann. Und dieses ‚Paket' gibt dem Gespräch dann eine nicht beabsichtigte und überraschende Eigendynamik.

Und dann schauen wir einmal unsere eigenen Pakete an, die wir tagtäglich senden. Wer beginnt, sich selbst zu beobachten, wird vermutlich verwundert sein, was da häufig alles geschnürt wird. Gerade in Partnerschaften und im Umgang mit Kindern reicht manches Mal schon die Aufschrift auf einem Paket, die darauf hinweist, was darin ist. Denken Sie nur an den vorwurfsvollen Blick einer Mutter. Auch Stirnrunzeln, schweres Atmen oder Augen hochziehen sind solche Paketaufkleber.

Wenn wir uns einen guten Umgang und eine klare Kommunikation mit unseren Kindern wünschen, die Fähigkeit zu Empathie und Verständnis in ihnen anlegen möchten, sie befähigen möchten, Konflikte zeitnah und angemessen zu lösen, eigene Grenzen und die Grenzen anderer zu wahren, haben wir keine Wahl: Wir müssen es ihnen vorleben!

Neulich hörte ich einen Vater, der selber aufbrausend sein kann, zu seinem kleinen tobenden Sohn sagen: „So hör' ich dir gar nicht zu!“ Er selbst aber verlangt, dass man ihm zuhört, denn darum wird er laut. Wen wundert es noch, dass das Kind seinem großen Vorbild folgt!

Wenn wir der Entwicklung der Zeit nicht hinterherhinken wollen, müssen wir bereit und entschieden sein, uns zu verändern. Mit Robert Betz möchte ich sagen: „Raus aus den alten Schuhen“ [8)] und hinein in einen neuen, frischen und authentischen Umgang mit uns selbst und mit anderen. Es gibt so viel neues Wissen über Psychologie und Persönlichkeitsentwicklung – schauen wir nicht länger daran vorbei! Es geht um unser seelisches Überleben in einer Zeit, in der alte Ego-Programme ablaufen und sich die Morgenröte eines neuen Selbst- und Welterlebens zeigt. Wenn an die Stelle des ‚Ich *oder* Du' das ‚Ich *und* Du' tritt, wenn Gedanken des Miteinanders statt Gegeneinanders in Politik und Wirtschaft Einzug halten, wenn anstelle rivalisierender Religionssysteme ein Glaube an Liebe und Wahrheit tritt, hat unsere Erde eine Chance, eine neue Stufe auf der Leiter menschlicher Evolution zu betreten.

Jeder Einzelne hat einen entscheidenden Anteil an diesem Prozess, in dem er seine eigene Kritiksucht, Überheblichkeit und sein Konkurrenzdenken verwandelt in geistige Offenheit, Verständnis und die Bereitschaft zum Miteinander. Und wenn schließlich an Stelle überkommener Erziehungssysteme eine Erziehung tritt, die Begleitung ist auf einem von Eltern und Kindern partnerschaftlich gemeinsam beschrittenen Weg zur Freiheit, festigen wir diese nächste Stufe menschlicher Entwicklung, indem wir die uns folgende Generation hierzu befähigen.

Die Falle alltäglicher Bewertungen

Wir wissen: Jemand, der positiv und vertrauensvoll auf andere Menschen und auf Situationen zugeht, erfährt eine andere Resonanz als jemand, der das nicht tut. Immer hängt der Erfolg einer Kommunikation auch mit der Bewertung zusammen, mit der wir einem anderen Menschen begegnen oder auf ein Ereignis reagieren.

Solange wir leben, sind wir intellektuell und emotional eingebunden in eine polare Welt. Was auch immer uns begegnet, es gefällt oder missfällt uns, ist uns sympathisch oder unsympathisch, wir fühlen uns angezogen oder abgestoßen. Nehmen wir an, diese polaren Kräfte befänden sich auf einer Skala zwischen +100 und −100, würden wir uns nur äußerst selten oder vielleicht nie auf dem 0-Punkt absoluter Neutralität befinden. Immer ist der Grad unserer Anziehung beziehungsweise Abwehr irgendwo rechts oder links davon. Je weiter unser situationsabhängiger innerer Standpunkt dabei in die Einseitigkeit rutscht, umso mehr verlieren wir den Überblick und werden zu Gefangenen in einer selbst verursachten polaren Welt.

Wenn uns etwas extrem auf eine Seite zieht, wie es beispielsweise bei einer starken Anziehung der Fall ist, kann es zu Abhängigkeit und Sucht führen – von Stoffen ebenso wie von Handlungen oder von Menschen. Jeder Form von Abhängigkeit ist ein Wiederholungszwang immanent, wobei einseitige Anziehung bis hin zu Selbstaufgabe und Unterwerfung führen kann.

Extreme Antipathie, Widerstand oder Widerwille machen ebenso blind wie einseitige Anziehung. Das Bewusstsein polarisiert sich, und der Mensch reagiert emotional mit einer starken Abwehrhaltung in Form von Angst, Ärger, Ekel oder Aggression. Er identifiziert sich mit seinen sich selbst begrenzenden Gedanken und einschränkenden Gefühlen und verliert dabei die Sicht auf die Ganzheit.

Was ist es, das uns in diese Welt der Polarität hineinzieht? Unseren Emotionen, die sich in Form anziehender oder abwehrender Gefühlsnuancen äußern, geht etwas voraus, das uns häufig gar nicht zu Bewusstsein kommt. Stellen Sie sich einen Moment folgende Begebenheiten vor: Sie sitzen im Flugzeug über dem Atlantik und der Pilot kündigt Turbulenzen an ... Sie sind allein in einen Aufzug, als er plötzlich stockt ... Sie werden zur Prüfung in einen Raum hineingerufen, in dem fünf Prüfer auf Sie warten ... Ein großer Hund begegnet Ihnen auf einem einsamen Waldspaziergang und fletscht die Zähne ...

Jede dieser Situationen wird von Ihnen vermutlich auf sehr unterschiedliche Art und Weise bewertet. Wer regelmäßig fliegt, wird den Turbulenzen weniger gespannte Aufmerksamkeit entgegenbringen als einer, für den der jährliche Flug in die Ferien ohnehin schon immer von Sorge und Ängstlichkeit begleitet ist. Wer einmal für längere Zeit in einem Aufzug stecken geblieben ist, wird auf den unerwarteten Fahrstuhlstopp im Zwischengeschoss vermutlich anders reagieren als jemand, dem so etwas noch nie passiert ist. Wer schon einmal durch eine Prüfung gefallen ist, wird den Gang ins Prüfungszimmer anders bewerten als jemand, der aus vorangegangenen Prüfungssituationen Bestätigung und Anerkennung gewinnen konnte. Und wer schon einmal gebissen wurde, wird die Begegnung mit einem Hund als gefährlicher einstufen als der Hundeliebhaber, der zu Hause selbst einen Schäferhund hält.

Am Anfang einer Kette, die am Ende zu einem Handlungsimpuls führt, steht die Wahrnehmung einer Situation. Eng mit ihr verbunden ist die Bewertung des Wahrgenommenen, die den Gefühlen, die unserer Wahrnehmung im Bruchteil von Sekunden folgen, vorausgeht.

Unsere Bewertungsmuster sind zunächst eine Folge von Lernen und Erfahrung sowie von Beeinflussung durch andere. Erst unsere Bewertungen führen zu Gefühlen und emotionalen Reaktionen, die uns dann veranlassen, auf die eine oder andere Weise zu reagieren. ‚Fliegen ist gefährlich' ist eine bewertende Vorannahme, die im Fall einer Turbulenz den Angstschweiß auf die Stirn treiben kann.

Besonders in Bezug auf andere Menschen neigen wir zu Bewertungen. Jemand gefällt uns oder jemand gefällt uns nicht. Nun ist es allerdings meistens nicht so, dass es bei dieser Einschätzung bleibt, sondern infolge davon neigen wir dazu, gerade die Dinge an einem anderen wahrzunehmen, die unserer Bewertung entsprechen; es werden also gute oder weniger gute Daten gesammelt. Wäre es da nicht viel wichtiger, bei einem Menschen, dem gegenüber wir uns bereits ein Urteil gebildet haben, gerade auf die Dinge zu schauen, die uns ein vollständigeres Bild des Beurteilten beziehungsweise Verurteilten ermöglichten als unser einseitig gefärbtes, indem wir bewusst einmal auf die andere Seite unserer Bewertungsskala wandern? Daneben sollten wir uns gleichzeitig bewusst machen, dass unsere Bewertungen oft mehr über uns selbst aussagen als über den Menschen, dem sie gelten.

Gerade im Umgang mit Kindern neigen Eltern dazu – besonders, wenn noch Geschwisterkinder zum Vergleich da sind –, den Charakter eines Kindes durch ihre eigene frühe Beurteilung und Bewertung seines Verhaltens zu formen und diejenigen Verhaltensweisen, die im Hauptfokus ihrer Bewertung stehen, durch wiederholte Resonanz darauf immer mehr zu festigen. So werden Kinder zum Clown, zum Zappelphilipp, zur Heulsuse, zum Kaputtmacher, zum Störenfried und vieles mehr.

Der Kommunikationsprozess eröffnet sich also in dem Moment, in dem wir unseren Blick auf etwas richten. Etwas gefällt uns oder es gefällt uns nicht. Selten ist uns etwas gänzlich gleichgültig. Wenn zwei Menschen eine Situation oder einen anderen Menschen unterschiedlich wahrnehmen und beurteilen, werden sie auch unterschiedlich auf die Situation oder den anderen Menschen reagieren, was zu zwei völlig unterschiedlichen Kommunikationsverhalten führen kann.

Noch einmal: In dem Augenblick, wo ich ein Ereignis oder eine Person bewerte, beginnt die Kommunikation. Denn mein Gegenüber reagiert unmittelbar auf die Bewertung, zumeist schon, ohne dass ein Wort gesprochen wurde. Dieser Moment der Bewertung – einer Situation oder eines Menschen – ist entscheidend für unsere weitere Kommunikation. Und wenn Sie einmal darauf achten: Wir bewerten ständig – bis wir uns eines Tages neu besinnen.

Ich bin mehrere Wochen des Jahres in Spanien, und zwei der ersten Redewendungen, die ich lernte, weil ich sie so oft hörte, war: ‚Me gusta' und ‚no me gusta' (Mir gefällt und mir gefällt nicht). Niemals zuvor ist mir die offensichtliche Selbstverständlichkeit, alles und jeden zu bewerten, mehr zu Bewusstsein gekommen als hier.

Unsere *erste* Aktion in einem Kommunikationsgeschehen in Form einer Bewertung wird selten für den weiteren Verlauf einer Begegnung verantwortlich gemacht, und doch beeinflusst sie die Reaktion unseres Gesprächspartners und diese Reaktion wiederum rückwirkend auch uns selbst. Ein glücklicher oder ein tragischer Kreislauf, den wir selbst in Gang setzen, aber – und das ist das Gute daran – den wir auch selbst stoppen und selbst jederzeit verändern können.

Indem wir uns die Reaktionen, die wir erhalten, genauer anschauen, können wir mehr über uns selbst erfahren – nicht nur über unsere Emotionen und Stimmungen, sondern auch über unseren inneren kritischen Blick, unsere Ablehnung oder unser Wohlwollen, mit denen wir auf einen anderen Menschen zuvor zugegangen sind. Wenn wir im Umgang mit unseren Kindern ungeduldig oder ärgerlich werden, sollten wir uns deshalb immer zunächst fragen: Wie habe ich das Verhalten meines Kindes, das meine Ungeduld oder meinen Ärger *scheinbar* ausgelöst hat, zuvor bewertet? Und dann können wir weiter fragen: Gibt es eine andere Möglichkeit der Bewertung, die meine Ungeduld oder meinen Ärger zu beschwichtigen vermag? Nicht die anderen sind es, nicht unsere Kinder, die unsere Reaktionen auslösen, sondern ausschließlich unsere eigenen Bewertungen!

Ein kleines Kind kennt noch keine Bewertungen. Erst durch Nachahmung, Beeinflussung und Übernahme der Sicht der Erwachsenen beginnt es, sein anfänglich nach allen Richtungen offenes Sichtfeld einzuschränken. Zunächst nimmt es andere Menschen und äußere Ereignisse noch ungefiltert und frei von Gedanken und Vorurteilen wahr. Es sieht Dinge so, wie sie vor ihm erscheinen.

Der Erwachsene hat diese offene Sichtweise eines Kindes verlassen, die er dann manchmal ‚naiv' nennt, ohne zu bemerken, dass er selbst mit der so genannten Naivität auch einen Aspekt seiner Freiheit geopfert hat. Seine Wahrnehmungen fallen jetzt in ein Bewertungsraster, wodurch sie beurteilt werden und mehr oder weniger gutgeheißen oder abgelehnt werden. Sie werden zu einer Frage des persönlichen Standpunktes und der individuellen Perspektive auf die Dinge. Je extremer die Bewertungen des kritischen Verstandes ausfallen, umso eingeschränkter ist der Bewusstseinshorizont des Einzelnen.

Dem kleinen Kind sind diese Bewusstseinsgrenzen durch Beurteilung noch etwas vollkommen Fremdes. Wir Erwachsenen hingegen, die wir uns häufig so schlau wähnen, haben unserem Bewusstsein nicht selten enge Grenzen gesteckt, innerhalb derer wir es – und damit uns selbst – eingesperrt halten.

Wenn wir an dieser Stelle von unseren Kindern lernen wollten, könnte uns jede neu geborene Seele viel frischen Wind in unsere Welt aus vorgefassten Urteilen und Vorurteilen hineinbringen. Doch stattdessen sind Eltern meistens darauf bedacht, ihren Kindern so früh wie möglich ihr eigenes Wertesystem und Weltbild zu übermitteln und sie zu ‚kritischem' Denken anzuleiten, was leider allzu oft schon im Kindesalter zu Kritiksucht, übernommenen Vorurteilen und nicht hinterfragten Bewertungen bei ihnen führt. Dann sitzen sie mit uns in derselben Falle. Wir nennen das Vertrautheit und die Verengung des Bewusstseinshorizontes nennen wir Erziehung.

Richtig oder falsch ... gut oder böse?

Auch eine starke Orientierung der Eltern an festen Vorstellungen und an Erwartungen an ihre Kinder hängt eng mit ihren Bewertungen zusammen. Je höher die Erwartungen und Ansprüche an andere, umso extremer sind in der Regel die eigenen Bewertungsmuster – und gleichzeitig umso geringer häufig der erkennende Blick auf sich selbst. Kinder, deren Verhalten beständig dem kritischen Blick der Eltern und ihrer Bewertungsskala ausgesetzt sind, trifft es besonders schwer, denn diese Bewertungen sind zumeist hauptsächlich davon abhängig, was aufgrund tradierter Regeln von Kindern erwartet wird oder was Eltern gefällt oder missfällt.

In meinem Bekanntenkreis kenne ich eine Mutter, die sehr darauf bedacht ist, die Mahlzeiten mit viel Ruhe einzunehmen. Von Anfang an war das gemeinsame Mahl für die Familie ein besonderes Ereignis, auf das sich auch die Kinder freuten. Die unausgesprochene Botschaft war: Du darfst dir Zeit nehmen und dein Essen genießen. Die Mutter kochte gerne und bereitete das Essen mit Liebe zu. Sie hatte Freude daran, den Tisch für die Familie einladend zu decken, sodass er für alle eine Oase der Entspannung und des Genusses war.

Die Eltern hatten sich vorgenommen, immer eine positive Stimmung mit an den Tisch zu bringen – nicht nur, weil sie wussten, dass das Essen dann bekömmlicher ist, sondern auch, um für alle Beteiligten eine Auszeit von den alltäglichen Aufgaben zu gewährleisten. Sorgen oder Probleme wurden niemals am Tisch besprochen. Die Eltern sorgten zuerst für ihre Kinder. Sie hatten sie im Bewusstsein, auch wenn sie selber aßen, und gaben ihnen nie das Gefühl, dass etwas nicht in Ordnung wäre, wenn ihnen etwas nicht schmeckte.

So auch in diesem Fall nicht, als ihre Tochter – die zweieinhalbjährige Emma – ihr Essen, das sie bereits im Mund hatte, wieder auf den Teller spuckte. Die Eltern sprachen mit ihrem Kind und verstanden, dass es die Zwiebeln im Risotto nicht mochte. Meistens berücksichtigte die Mutter das bereits bei der Zubereitung, aber heute hatte sie nicht daran gedacht. Sie boten ihrem Kind eine Alternative an und forderten es auf, in Zukunft erst ein wenig zu probieren und das Essen nicht auszuspucken.

Wann immer ich in diese Familie kam, saßen die Kleinen meistens erstaunlich ruhig am Tisch, und wenn sie fertig waren, durften sie aufstehen und spielen. Erst dann begannen die Eltern ein gemeinsames Gespräch. Ich freute mich immer auf die angenehme Atmosphäre, wenn ich dort zu Gast war.

Nehmen wir jetzt für einen Augenblick an einem anderen Tisch Platz. Hier wurde das Essen mehr oder weniger lustlos zubereitet und der Tisch ohne Liebe gedeckt. Die Eltern nehmen hungrig Platz, beginnen zu essen und sogleich über dieses und jenes zu sprechen – und auch Probleme zu wälzen. Sie verlieren dabei die Kinder aus ihrem Bewusstsein. Die fühlen sich nicht gehalten, finden auf dem Tisch nichts, was ihnen schmeckt, beginnen herumzuzappeln, aufzustehen und durchs Zimmer zu laufen. Sie bekommen Ärger, weil die Eltern sich beim Essen gestört fühlen.

Außerdem sollen Kinder lernen, dass man beim Essen sitzen bleibt, ist ihr Grundsatz. Die Eltern essen, kümmern sich weiter um sich selbst, die Kinder stehen wieder auf und bekommen noch mehr Ärger. Die Spirale aus Unruhe und Zurechtweisung dreht sich weiter. Als die Eltern fertig sind, haben die Kinder kaum etwas gegessen, aber: *Jetzt ist es zu spät, … jetzt gibt's nicht mehr, … jetzt geht's ab ins Bett.* Die Kinder sind noch hungrig, *aber da sind sie ja selbst schuld.*

Wie wird in diesen beiden Fällen das Verhalten der Kinder bewertet? Im ersten Fall finden die Kinder eine Situation vor, in der sie sich wohlfühlen. Die Eltern agieren verständnisvoll, selbst als Emma das Essen ausspuckt. Die Mutter reagiert weder beleidigt, weil ihre Kochkünste verschmäht wurden, noch strafen die Eltern das ‚ungehörige' Verhalten. Im zweiten Fall hingegen wird die Unzufriedenheit der Kinder als Belästigung wahrgenommen, und es wird nicht nach der Ursache gesucht. Die Störung wird als Fehlverhalten der Kinder interpretiert, weshalb den Eltern der eigene Ärger gerechtfertigt erscheint ebenso wie auch ihr Handeln in Form ärgerlicher Worte oder Strafe. Essen wird auf diese Weise zur regelmäßigen Stresssituation für die ganze Familie.

Die unterschiedlichen Bewertungen der Situation – sowohl die Bedeutung der Mahlzeiten für die Familie als auch die Bewertung des Verhaltens der Kinder – führen zu unterschiedlichen emotionalen Reaktionen und schließlich zu unterschiedlichem Handeln.

„An sich ist nichts gut noch böse, das Denken macht es erst dazu." Dieses Botschaft William Shakespeares aus seinem Hamlet wurde zu einer Zeit, in der ‚gut' und ‚böse' noch fest in den klerikalen Glaubenssätzen der Kirche verankert waren, vermutlich nur von wenigen verstanden. Doch in den letzten Jahrzehnten haben Psychologie und Neurowissenschaften unser Verständnis für diese Zusammenhänge erweitert. ‚Gut' und ‚böse', ‚richtig' oder ‚falsch' sind fiktive Annahmen, die abhängig sind vom eigenen Standpunkt, der persönlichen Einschätzung, dem kulturellen Umfeld, den eigenen Toleranzgrenzen und vielem mehr. Sie sind Erfindungen eines begrenzten Bewusstseins, eingeschlossen in eng gesetzten Bewertungsmustern und begrenzenden Voranahmen.

Im Internet kursiert eine kleine Geschichte über einen Studenten – sein Name soll Einstein sein –, der seinem Professor nachweist, dass es das Böse nicht gibt. „Gibt es die Dunkelheit?“, fragte der Student den Professor. Der Professor antwortete: „Natürlich gibt es die Dunkelheit!“ Darauf sagte der Student: „Sie irren sich, Herr Professor. Die Dunkelheit existiert nicht. Sie ist in Wirklichkeit Mangel an Licht. Das Licht lässt sich untersuchen, die Dunkelheit nicht. Die Dunkelheit lässt sich ermitteln aufgrund der Lichtmenge, die in einem Raum vorhanden ist. Dunkelheit ist ein Begriff, den der Mensch erfunden hat, um zu beschreiben, was geschieht, wenn kein Licht vorhanden ist.“ Dann fragte der Student weiter: „Und, Herr Professor, gibt es das Böse?“ Der Professor antwortete: „Natürlich gibt es das Böse. Wir sehen Gewalt und Verbrechen auf der ganzen Welt. Diese Dinge sind böse.“ Worauf der Student entgegnete: „Das Böse existiert nicht, Herr Professor. Oder wenigstens nicht aus sich selbst. Das Böse ist schlicht die Abwesenheit Gottes. Es verhält sich damit wie mit dem Glauben oder der Liebe, die wie das Licht oder die Wärme existieren. Das Böse ist das Ergebnis dessen, dass der Mensch Gott nicht in seinem Herzen gegenwärtig hat. So, wie er Kälte empfindet, wenn es an Wärme fehlt, oder Dunkelheit, wenn kein Licht da ist.“ Daraufhin nickte der Professor mit dem Kopf und schwieg.

Wer Gott in seinem Herzen trägt und Licht in seinem Bewusstsein, schaut nicht auf das ‚Fehlverhalten‘ eines Kindes, sondern sieht und reagiert auf die Möglichkeiten, die dem Kind darüber hinaus zur Verfügung stehen. Liebe und menschliche Wärme, die wir aussenden, vermehren diese Qualitäten in uns selbst und in unseren Kindern. Verstehen wir einen Aspekt Gottes – dem modernen Zeitgeist folgend – auch als ‚allumfassendes Bewusstsein‘, können wir uns ihm nähern, wenn unser eigenes Bewusstsein sich aus den engen Grenzen menschlicher Polarität befreit hat.

Denken Sie noch einmal an die Skala von +100 bis –100. Je weiter wir durch unsere Bewertungen und unser kritisches Denken zu der einen oder anderen Seite tendieren, umso eingeengter sind unsere Wahrnehmung und die Möglichkeiten unserer Reaktionen. Jetzt stellen Sie sich für einen Augenblick vor, wie Sie sich selbst oberhalb der Strecke befinden, auf der unsere Skala symbolisch angesiedelt ist. Oberhalb des 0-Punktes befindet sich ein weiterer Punkt – wie die Spitze eines gleichschenkligen Dreiecks. Diesen Punkt nehmen Sie mit ihrem Bewusstsein ein. Was sehen Sie jetzt? – Sie sehen die ganze Skala und verstehen, wie eine Handlung oder ein Ereignis unterschiedlich bewertet werden kann, je nachdem aus welcher Perspektive ein Mensch schaut – und wie Sie so die Möglichkeit haben, einen einseitigen Blickwinkel zu verlassen oder probeweise einmal einen anderen einzunehmen.

Es ist ein kaum wiedergutzumachendes Handeln, wenn wir in einem Kind ein Bewusstsein wecken für seine eigene ‚Fehlerhaftigkeit'. Nicht nur, dass wir ihm dadurch unsere eigene begrenzte Wahrnehmung ‚einzupflanzen' versuchen – wenn wir genau hinschauen würden, sähen wir, wie die Unbefangenheit, der Mut und die Selbstverständlichkeit, mit der ein Kind sich zum Ausdruck bringen möchte, in solchen Momenten wie zusammenschrumpft.

Sein noch ‚unbeschriebenes' reines und freies Wesen, das gerade dabei ist, den heranwachsenden Körper zu ergreifen, weicht zurück, und an die frei gewordene Stelle treten erlernte und sich verselbstständigende Reaktions- und Verhaltensmuster. Und was erst einmal Wurzeln geschlagen hat, ist später nur unter größten Mühen wieder zu entfernen. Je größer die Pflanze gewachsen ist, umso stärkere Interventionen sind notwendig. Manchmal reicht ein Leben hierfür nicht aus, die Folgen dieser Saat des Nicht-gut-genug-Seins wieder abzustreifen.

Auf die Frage seiner Jünger, wer der Größte im Himmelreich sei, rief Jesus einmal ein Kind herbei und sprach zu ihnen: „Wahrlich, ich sage euch, wenn ihr nicht umkehrt und werdet wie die Kinder, so werdet ihr nimmermehr in das Reich der Himmel hineinkommen." [9] Nicht unsere Kinder sind es, die lernen müssen, sich an unsere häufig willkürlichen Vorstellungen vom Leben – und wie es zu sein hat – anzupassen, sondern wir Erwachsenen sollten die einmalige Chance nutzen, von ihnen zu lernen, unser Sichtfeld wieder zu öffnen, es mutig und furchtlos zu erweitern, um wieder unvoreingenommen auf alles und jeden zugehen zu können.

Statt andere zu bewerten, selbst ein wertvoller Mensch zu sein und immer mehr zu werden, der empathisch und verständnisvoll auf das Wertvolle im anderen blickt, ist das Geheimnis und der Zauber unbelasteter Beziehungen und einer Erziehung zur inneren Freiheit. Es geht nicht um Gut oder Böse, es geht immer nur um ein mehr oder weniger entwickeltes Bewusstsein. *Je mehr wir unseren eigenen Bewusstseinshorizont erweitern, desto weniger müssen unsere Kinder den ihren verengen.*

Orientierung durch liebvolle Konsequenz

‚Aber wir können doch einem Kind nicht alles durchgehen lassen und immer nur Verständnis zeigen', mögen Sie jetzt zu Recht einwenden. Wenden wir uns darum noch einmal der kleinen Emma zu, die in einem Alter ist, in dem sie ihre Grenzen kennenlernen will und hierzu allerlei ausprobiert: Neulich beobachtete ich, wie sie beim Abendessen ein Stück Brot herunterwarf, nachdem sie offensichtlich satt war. Sie guckte dabei ein wenig schelmisch, weil sie durch vorausgegangene Reaktionen auf diese oder ähnliche Handlungen wohl schon erfahren hatte, dass man so etwas nicht tun sollte. Auch zieht sie manchmal Blumen aus einer Vase und wirft sie auf den Boden.

Um auf Emmas Verhalten angemessen reagieren zu können, ist es wichtig zu verstehen, dass es für Emma zunächst einmal keinen Unterschied macht, ob sie einen Ball, ein Stück Brot oder eine Blume wirft. Sie erfährt: Einen Ball zu werfen ist erlaubt, ein Stück Brot oder Blumen zu werfen ist hingegen nicht erlaubt. Vielleicht wiederholt sie den Vorgang des Werfens mit verschiedenen Gegenständen, um die Konsequenz ihrer Handlung zu erfahren und sukzessive auch ihre Bedeutung zu verstehen.

Der ‚Fehler', den wir als Erwachsene oft machen, besteht in der Annahme, ein kleines Kind hätte bereits das gleiche Verständnis wie wir: dass Essen etwas anderes ist als ein Ball, dass man mit Nahrung nicht spielen sollte und man den Boden putzen muss, wenn ein geschmiertes Brot darauf landet. Wie soll ein Kind das verstehen? Einen Ball muss man doch auch nicht gleich wieder aufheben, und eine Blume macht den Boden nicht schmutzig wie ein Brot – all das erscheint dem Kind zunächst wie eine unverstandene Welt, die es zu begreifen sucht.

Was passiert, wenn wir jetzt beginnen, das Kind frühzeitig für sein Verhalten zu strafen? Es empfindet Schmerz und wird trotz Strafe sein Handeln häufig so lange wiederholen, bis es die Reaktionen schließlich verstehen kann – und, wenn in dieser Zeit viel Widerspruch in ihm geweckt wurde, womöglich auch noch darüber hinaus. Eine Handlung mit Strafe zu quittieren, fördert kein Verstehen. Wäre es da nicht besser, ein Kind die Konsequenzen seiner Handlungen erleben zu lassen, wie ich es vor kurzem im Haus von Emmas Eltern erlebte: „Du bist satt. Gut, dann bist du jetzt fertig." Sie nahmen den Teller fort – *ganz liebevoll, ohne Druck und Abgleiten in Ärger oder emotionale Hilflosigkeit.* „Bei uns spielt man mit dem Essen nicht", sagte die Mutter noch.

Eine nicht ganz ungewöhnliche und eher verbreitete Reaktion finden wir jedoch in folgenden Varianten: „Wenn du das noch einmal machst, dann ... " Dann darf das Kind zunächst weiteressen und wirft wieder etwas herunter ... Es wird erneut zurechtgewiesen und darf deshalb jetzt keinen Nachtisch mehr ... Und weil jetzt sowieso alles zu spät ist, wirft es gleich noch einmal etwas auf die Erde und erfährt nun durch einen Schwall ärgerlicher Worte, dass es ‚böse' ist … und wenn es dann tobt, wird es bestraft, oder wenn es ganz herzzerreißend weint, bekommt es vielleicht doch noch seinen Nachtisch – „aber nur dieses eine Mal noch und wirklich zum allerletzten Mal" –, indem die Eltern auf die eigene Großzügigkeit hinweisen.

Wäre es da nicht besser, viele Worte, Ärger, Weinen und Trotz durch eine einfache und klare Handlung zu ersetzen, durch die das Kind erfährt: Immer wenn ich Essen herunterwerfe, verstehen meine Eltern, dass ich keinen Hunger mehr habe. Und außerdem sagen sie mir, dass man mit Essen nicht spielt.

Die Eltern haben die *liebevolle Führung*; darauf sollte sich das Kind verlassen können – zumindest solange es klein ist. Und diese Führung ist nicht willkürlich, sondern *klar, eindeutig und berechenbar*. Ihre erzieherische Konsequenz sollte daher auch immer von Liebe und Verständnis begleitet sein und nicht im Sinne von Strafe kommuniziert werden. Der Hinweis auf einen leckeren Nachtisch beim nächsten Essen wirkt da manchmal Wunder. Und dann hebt man gemeinsam das Brot auf und wischt die Fettflecken mit einem Tüchlein vom Boden. Die ganze Handlung dauert auf diese Weise nicht viel mehr als eine Minute und hinterlässt Eindruck.

„Wenn du das noch einmal tust, dann …", ärgerlich den Teller wegreißen … oder ein Kind bestrafen, dehnt die leidliche Situation aus und der Ärger wirkt fort. Liebevolle Konsequenz hingegen gibt Orientierung – besonders, wenn sie von Klarheit, Verständnis und Zuwendung getragen ist. Das Kind kann sich auf die Eltern verlassen: Sie wissen, was gut ist, und handeln überlegt und ohne Willkür.

Kein Mensch tut etwas ohne Absicht, auch kein Kind, selbst wenn diese oft noch gänzlich unbewusst bleibt. Als ich neulich sah, wie Emma wiederholt eine Rose aus der Vase zog, um sie auf die Erde zu werfen, bot ich ihr eine Absicht an, bevor sie die Blume aus der Hand gab: „Willst du an der Blume riechen?“ Sie schien zu überlegen. „Riech mal daran, wie sie duftet ... und jetzt stell die Blume zurück in die Vase“, reichte aus, eine provozierende Handlung zu unterbrechen. Emma roch an der Blume und stellte sie zurück, und ich fügte hinzu: „Wenn sie im Wasser steht, dann duftet sie auch morgen noch.“

Was habe ich gemacht? Ich habe drei Erfahrungen, die sich bereits ein paar Mal wiederholt hatten – Blume aus der Vase ziehen, ... auf die Erde werfen, ... ärgerliche Reaktion durch Erwachsene – entkoppelt und habe eine neue Verbindung hergestellt: Emma nimmt die Blume aus der Vase und riecht an ihr. Dann stellt sie sie zurück in die Vase. Diese neue Handlung wird jetzt vermutlich ein paar Mal wiederholt, und dann bleiben die Blumen im besten Fall in der Vase.

Auch dem heruntergeworfenen Brot hat die Mutter eine gute Absicht hinzugefügt: „Du hast keinen Hunger mehr.“ Sie bot dem Kind damit zugleich ein Sprachmuster an, mit dem es seine noch ‚unbewusste' Absicht in Zukunft verbalisieren kann: „Ich habe keinen Hunger mehr, ich möchte nicht mehr essen.“

Wir vergessen oft, dass kleine Kinder eine Verbalisierung ihrer Bedürfnisse erst erlernen müssen, um damit Handlungen zu ersetzen, die uns manchmal unmotiviert erscheinen und auf die wir verständnislos reagieren. Seien wir feinfühlig, hilfsbereit, verständnisvoll, unterstützend und liebevoll, sodass aus einem heruntergeworfenen Brot oder der herausgezupften Rose kein ‚böses' Kind wird.

Kapitelübersicht

Etwas über Gefühle

Im Wechselbad der Gefühle

Menschen sind fühlende Wesen. Das macht die Vielfalt des Erlebens unseres Menschseins aus. Nirgendwo sonst erfahren wir so viel Glück, Freude und Zufriedenheit, aber auch so viel Leid, Hilflosigkeit und Ohnmacht, wie auf der Ebene unserer Gefühle. Menschen lieben und streiten, binden und trennen sich, treffen Entscheidungen aufgrund ihrer Gefühle.

Gefühlsbildung ist also durchaus ein wichtiger Aspekt in der Erziehung, der nicht nur wegen der Überbewertung von Intellekt und Logik an Bedeutung verloren hat, sondern auch deshalb leicht übersehen wird, weil man meistens davon ausgeht, dass Gefühle naturgegebene Tatsachen und ohnehin nicht zu beeinflussen sind. Die meisten Menschen glauben noch immer, Gefühle seien ausschließlich davon abhängig, in welchem Zustand sich ein Mensch gerade befindet, was er erlebt und was in seiner Umgebung geschieht. Dass dem nicht so ist, dürfte durch die vorangegangenen Abschnitte dieses Buches deutlich geworden sein. Wegen der Dringlichkeit einer Entwicklung hin zu emotionaler Stabilität und innerer Zufriedenheit – und weil Gefühle uns im Verbund mit unseren Glaubenssätzen wie ein Navigator durchs Leben leiten –, möchte ich dem Umgang mit Gefühlen ein extra Kapitel widmen. Denn nur wer selbst zufrieden ist, kann auch Zufriedenheit in seinen Kindern veranlagen.

Im Wechselbad der Gefühle erleben wir Sympathie oder Antipathie, Lust oder Frust, Glück oder Schmerz, Liebe oder Hass, Angst oder Vertrauen. Auf einer breit gefächerten Gefühlspalette sind diese und alle weiteren Nuancen emotionalen Erlebens in Misch- oder in Reinform zu finden. Einige dieser Gefühle sind uns angenehm und wir fühlen uns wohl mit ihnen. Andere sind unangenehm, verkrampfen und wir fühlen uns unwohl. Wovon nun hängt es ab, wie wir uns fühlen? Wir wissen es: Nicht von den Ereignissen, die uns begegnen, hängt es ab, sondern ausschließlich von uns selbst und davon, wie wir diese Ereignisse bewerten.

„Wenn da aber etwas Trauriges oder Ärgerliches in mein Leben tritt ...“, möchte da vielleicht doch noch der ein oder andere einwenden. Dann sagt das zunächst einmal noch gar nichts darüber aus, wie wir uns fühlen *müssen*. „*Du* machst mich traurig“ stimmt grundsätzlich nicht. Wir selbst machen uns traurig, weil wir eine Situation so interpretieren, dass sie uns traurig machen kann. Erst indem wir einem Ereignis eine Bedeutung zuschreiben, reagieren wir mit einem Gefühl.

Das Stimmungsbarometer

Im Januar 2012 sind nach Berichten von Welt-online fast 700.000 nichts ahnende Facebook-Nutzer Teilnehmer an einer Studie geworden, die untersuchte, wie Gefühlsstimmungen unwissend beeinflusst und gesteuert werden können. „Facebook-Daten bilden die größte Feldstudie in der Geschichte der Menschheit“ soll laut Welt-online vom 14.9.2014 auf der Seite des Facebook-Data-Science-Teams[10)] zu lesen sein. So können wir durchaus davon ausgehen, ein relevantes Ergebnis im Rahmen dieser Untersuchung erhalten zu haben. – Es geht mir an dieser Stelle nicht darum, den ethischen Aspekt solcher Studien zu diskutieren, sondern das Ergebnis selbst näher zu beleuchten.

Es wurde festgestellt, dass Facebook-Teilnehmer zu positiven Stimmungen und Beiträgen neigen, nachdem sie selbst positive Nachrichten erhalten haben. Nach dem Erhalt negativer Nachrichten hingegen äußern sie sich eher negativ. Sie lassen sich also durch die emotionalen Stimmungen ihrer ‚Freunde‘ beeinflussen – wie sich in den ausgewerteten Kommentaren zeigte. Und da die Stimmungen durch Wortbeiträge kommuniziert werden, werden natürlich auch Gedankeninhalte und Vorstellungen durch die sogenannte Gruppenenergie gelenkt.

Die Beeinflussbarkeit der Menschen ist durch die Geschichte hinlänglich bekannt. Wie sehr sie aber auch den modernen Menschen betrifft, konnte durch die Studie in großem Umfang belegt werden. Für Werbeindustrie, Mode- und Trendentwicklung ist die Nutzung des ihr zugrundeliegenden psychologischen Wissens inzwischen längst zu einer Selbstverständlichkeit geworden. Warum nur glauben viele, in Familie, Partnerschaft und bei der Erziehung der eigenen Kinder, noch immer ohne dieses Wissen auszukommen? ‚Die Gedanken sind frei' stimmt hier wie dort *zunächst* einmal nicht. Durch unsere Gedanken und Gefühle sind wir mit anderen in Energiefeldern verbunden, auf die wir *mit unserem Alltagsbewusstsein* keinen Zugriff haben, der uns vor Beeinflussbarkeit schützen könnte.

Übertragen wir das Ergebnis der Facebook-Studie auf das Stimmungsbarometer in einem Familienzusammenhang, fällt es nicht schwer, sich vorzustellen, wie Stimmungen und Meinungen einzelner Familienmitglieder auch die anderen infizieren können. Die Richtung der Beeinflussung hängt dabei unter anderem auch mit der sozialen Stellung sowie dem Grad individueller Stärke beziehungsweise Schwäche zusammen, die ein Einzelner in einem System hat.

Gute Gefühle und kraftvolle Impulse nehmen wir vermutlich gerne und dankbar auf; schlechte Stimmungen in unserer Umgebung hingegen belasten auch uns – und das kann sogar so weit gehen, dass wir manchmal nicht mehr unterscheiden können, ob es die eigenen oder die Gefühle eines anderen sind, die da in uns herumkreisen. Besonders Kinder sind oft nicht dazu in der Lage und extrem von den Stimmungsschwankungen ihrer Eltern abhängig.

Schlechte Gefühle sind die wirklichen Krankheitserreger, mit denen man sich ansteckt. Und da kann man nicht vorbeugen – nicht so lange man ein Kind ist!

Wer die Verantwortung für das Stimmungsbarometer im häuslichen Zusammenhang trägt, sind ohne Zweifel und zu einhundert Prozent (!) die Erwachsenen, sind die Eltern und – später in Kindergarten und Schule – die Lehrer und Erzieher. Wenn ein Lehrer morgens eine Klasse betritt, muss er an der Tür alle persönlichen Sorgen, Probleme oder Ärgernisse hinter sich lassen; das heißt nicht, sie zu verdrängen, er muss sie nur für ein paar Stunden auf die Wartebank setzen, um sich ihnen zu einem späteren Zeitpunkt erneut zuzuwenden und sie bestenfalls zu lösen. – Und wie sieht es in der Familie aus? Wie viel Kontrolle haben in einer durchschnittlichen Familie ein Vater oder eine Mutter über ihre persönlichen Befindlichkeiten – im Verhältnis untereinander und besonders im Umgang mit den Kindern? „Da bin ich doch zu Hause" ist keine Begründung dafür, ungefiltert jede Übellaunigkeit auszuleben. Sollten nicht auch dann eigene Probleme in den Hintergrund treten, wenn wir mit unseren Kindern oder unserem Partner gemeinsame Zeit verbringen?

Das gilt ganz besonders für die ersten Lebensjahre, wenn das Kind noch vollkommen von den Stimmungen in seiner Umgebung abhängig ist und es Gefühlsregungen ebenso nachahmt wie Worte und Handlungen. Die Erwachsenen sind für die Messergebnisse auf dem eigenen *und* dem Gefühlsbarometer der Kinder verantwortlich.

Für unsere Gefühle tragen immer nur wir selbst die Verantwortung – niemals ein anderer! Und doch ist es immer wieder das, was viele glauben: Sie machen andere für ihre Gefühle verantwortlich – den Partner oder die Kinder – und sagen: „Ich wurde verletzt, geärgert, enttäuscht, verlassen, gedemütigt, übersehen, nicht ernst genommen, ausgeschimpft, bevormundet, ... ich reagiere doch bloß auf das, was man mir angetan hat."

Das ist einer der größten Irrtümer der Menschheit und hält uns in Abhängigkeit und Kleinheit. Keiner kann uns ärgern, enttäuschen oder beschimpfen, wenn wir es nicht zulassen. Wir wurden nicht verletzt, geärgert, enttäuscht, *wir sind* verletzt, verärgert, enttäuscht, ... und reagieren dann gemäß unserer eigenen Emotionen, die *in uns* sind, wütend oder traurig oder verbockt wie ein Kind. Wir selbst haben diese Emotionen *in unserem System,* und sie wurden lediglich *ausgelöst* durch ein Ereignis oder durch einen anderen Menschen.

Unser Emotionshaushalt ist sehr individuell. Als Mensch sind wir zu jeder Emotion fähig und keine ist uns unbekannt. Und doch ist das Mischverhältnis bei jedem Menschen ein anderes. Es ist davon abhängig, welche vorrangigen Gefühle wir als Kind bei den eigenen Eltern kennengelernt haben, welche Gefühle in der Kindheit wiederholt aktiviert und angeregt wurden und auch welchen wir im Erwachsenenalter Aufmerksamkeit widmen.

Auf diese Weise kann eine Emotion sich vollsaugen wie ein Schwamm mit immer neuen Informationen und Erfahrungen, die der Emotion entsprechen – und sich in uns ‚breitmachen'. Besonders Emotionen, die uns an andere und an Vergangenes binden – wie Ärger, Hass, Neid, Eifersucht, Ängstlichkeit, Misstrauen, Niedergeschlagenheit, Frustration und viele mehr – machen uns anfällig für ähnliche Schwingungen. Wer diese Emotionen kaum in sich trägt, weil er positiven Gefühlen, wie Gelassenheit, Freude, Liebe oder Dankbarkeit, mehr Aufmerksamkeit schenkt, ist weitgehend gefeit gegen emotionale ‚Angriffe' von außen, die herunterziehen und wieder einmal mehr auf die eigene Stimmung drücken.

Werden Gefühle in uns ausgelöst, können wir im Grunde jedem dankbar sein, der uns zeigt, was wir in uns tragen. Nur wer sich kennenlernt, kann sich selbst von emotionalen Altlasten befreien und weiterentwickeln. Reagieren wir spontan ärgerlich, aggressiv, beleidigt oder beleidigend auf einen Partner, eine Partnerin oder auf unsere Kinder, verletzen wir nicht nur andere, sondern auch uns selbst, und geben dadurch gleichzeitig anderen Macht über uns, indem wir sie für unsere Stimmungen verantwortlich machen. Das ist ein unseliger Kreislauf, der aufgebrochen werden muss, wenn wir Glück und Zusammenhalt in einer Familie nachhaltig fördern und den Kindern ein Vorbild sozialer und kommunikativer Kompetenz sein wollen.

Und wieder geht es nicht um die Kinder, die wir erziehen, belehren oder zurechtweisen müssen, wenn sie fahrig oder bockig oder aggressiv sind; sie sind lediglich unser Stimmungsbarometer, und wir sollten ihnen danken und uns beeilen, uns selbst zu ändern, damit das ‚Fieber' bei ihnen nicht zu hoch steigt!

Emotionale Überlebensstrategien

... bin ich schuld, wenn du dich ärgerst?

Stellen Sie sich für einen Augenblick vor: Sie haben ihr Kind schon mehrfach zum Essen gerufen. Es kommt nicht, weil es gerade in seinem Spiel versunken ist. Das ist ihm in diesem Augenblick wichtiger als das Essen. *Sie* sind ärgerlich; es hat doch gehört, dass Sie warten, wieso reagiert es nicht! ... Ihre kleine Tochter stößt ein Glas um und sein Inhalt ergießt sich über wichtige Unterlagen, die Sie gerade auf den Tisch gelegt haben. *Sie* sind ärgerlich, wieso musste sie wieder so herumhampeln! ... Max steht am Abend immer wieder aus seinem Bettchen auf, weil er noch nicht müde ist. *Sie* ärgern sich, wollten Sie sich doch längst anderen Dingen zuwenden und ihre freie Zeit genießen. Der Ärger entsteht zunächst einmal *scheinbar* ohne Ihr Zutun und wird ausgelöst durch ein ‚ärgerliches' Ereignis. Vielleicht sagen Sie dann: „Ich ärgere mich, *weil* ..." und geben dem Ärger hierdurch eine Berechtigung. Damit sind Sie nicht alleine. Die meisten Menschen machen es so, weil sie keinen anderen Weg kennengelernt haben.

Und doch gibt es einen, und den sollte jeder kennen, dem Kinder anvertraut wurden, weil gerade ärgerliche und besonders zornige Gefühle nicht nur uns selbst verletzen, sondern am allermeisten unsere Kinder. Wie unser eigener Körper unter diesen Gefühlen mit Verspannung reagiert, ebenso antwortet auch der Körper eines kleinen Kindes auf Ärger oder Zorn in seiner Umgebung. Seine Muskeln spannen sich reflexartig an und der Atem stockt, nachdem es unerwartet heftig angesprochen oder kritisiert wurde. Sein vegetatives Nervensystem reagiert mit allen Symptomen, von denen man heute weiß, dass sie unter Stress aktiviert werden.

Psychologische und physiologische Mechanismen wirken dabei eng zusammen: Ein Kind, das sich emotional angegriffen und seelischen Schmerz fühlt, möchte sich schützen und verspannt sich. Man könnte auch sagen, es panzert sich. Für einen Moment erstarrt es innerlich – und mit den Muskeln verkrampfen sich auch die noch im Wachstum befindlichen Organe. Wird ein Kind häufig durch ärgerliche und aggressive Worte oder andere Formen von emotionalen Reaktionen und Übergriffen durch die Eltern beschimpft oder bedrängt, geschieht das Zusammenziehen der Muskulatur jedes Mal schneller. Ich habe vor kurzem ein Kind beobachten können, das durch das strenge Herbeirufen bei seinem Namen zusammenzuckte, noch ehe es in irgendeiner Weise zurechtgewiesen wurde. Hier hatte sich unter vorangegangenen Erfahrungen bereits ein Reflex von Verkrampfung und Anspannung gebildet.

„Meine Waffe ist das Wort“ [11)] sagte Nelson Mandela und zeigte uns die Macht seiner Sprache, die er wortgewaltig im Kampf um Freiheit und soziale Gerechtigkeit einsetzte. Aber Wortgewalt begegnet uns auf der anderen Seite auch in Form manipulativer Beeinflussung, wie wir sie aus Propagandareden kennen, die den Menschen bis in seinen Willen hinein lähmen und neu ausrichten können.

Körperliche Züchtigung in Form von Schlägen ist heutzutage per Gesetz verboten, doch wie sieht es mit verbalen Schlägen aus? „Körperliche Bestrafungen, seelische Verletzungen und andere entwürdigende Maßnahmen sind unzulässig“, lautet das in Paragraf 1631 des BGB gesicherte Recht des Kindes auf eine gewaltfreie Erziehung. Es benennt neben körperlichen Strafen auch „seelische Verletzungen und andere entwürdigende Maßnahmen“. Und gerade diese erfolgen im herkömmlichen Erziehungsalltag durch die ‚Waffe des Wortes‘ öfter, als uns vielleicht bewusst ist. Dazu gehören neben verbaler Aggression auch Abwertungen von Verhalten, Leistung oder äußerer Erscheinung sowie jede andere Form verbaler Demütigung.

Kinder, die häufig große Strenge oder Strafen erfahren müssen, reagieren mit Trotz und Zerstörungswut oder kapseln sich vielleicht irgendwann ab und reagieren kaum noch oder gar nicht mehr. Je mehr dann versucht wird, ihre Schutzmauer gewaltsam durch Worte oder Handlungen zu durchbrechen, umso stärker wird sie.

... kann ich noch fliehen, wenn ich Angst habe?

Es gibt in der Verhaltenspssychologie drei bekannte Möglichkeiten, auf eine Gefahr zu reagieren: *Flucht, Angriff* oder *Erstarrung.* Manche Tiere flüchten, wenn sie angegriffen werden, während andere zum Gegenangriff übergehen oder erstarren wie das Kaninchen vor der Schlange, für das Flucht ohnehin vergebens wäre, da eine Schlange ihm in jedem Fall durch ihre Schnelligkeit überlegen wäre. Im Laufe der Evolution hat auch der Mensch diese Reaktionsmuster von *Kampf, Flucht* oder *Erstarrung* als Strategien erworben. Bei Gefahr kämpft er in der Regel um sein Überleben, doch wenn Kampf keinen Erfolg verspricht, wird er vermutlich flüchten oder aber sich zurückziehen und in eine Art ‚Erstarrung' gehen, in der er vorgibt, es gäbe ihn gar nicht. Dabei ist es zunächst einmal egal, ob ein Mensch körperlich oder seelisch angegriffen wird.

Angriff und Grenzüberschreitung durch Eltern, wie sie besonders durch verbale Aggressionsformen häufiger vorkommen, als sich manch einer vielleicht vorzustellen vermag, erlebt das Kind als drohende Gefahr. Wenn der Löwe brüllt, verstummen die anderen Tiere der Savanne vor Schreck. Ein verbaler Angriff von Vater oder Mutter löst diesen Schreck auch in einem kleinen Kind aus. Wird es beschimpft, angeschimpft oder ausgeschimpft (wir haben viele Wörter dafür), nimmt es die ärgerliche Emotion auf und reagiert reflexartig. Kämpferische Kinder schreien oder toben dann ebenfalls oder wehren sich auf andere Art mit körperlichem Einsatz. Besonders in den ersten Jahren können sie noch nicht zwischen Gefühl und Handlung unterscheiden. Wenn sie dann als Folge von Anspannung um sich schlagen, mit etwas um sich werfen oder mit einem Geschwisterkind in Streit geraten, reagieren sie ihrerseits kämpferisch und aggressiv auf den verbalen Übergriff. Sie wollen sich wehren und abwehren und ahmen zudem die Stimmung und das Verhalten der Erwachsenen auf ihre Art nach, die sich in dem Augenblick selten darüber bewusst sind, dass ihnen ihr Kind nur ihre eigene augenblickliche Gemütsverfassung auf eine sehr anschauliche Weise zurückspiegelt.

Wenn ein Kind im Laufe der Zeit bemerkt, dass es sich nicht wehren kann, weil ihm seine kämpferischen Reaktionsformen nicht erlaubt sind, wird es vielleicht versuchen davonzulaufen, und wenn es auch das nicht darf, weil es ‚gefälligst zuhören soll', wird es möglicherweise irgendwann in eine Form von Erstarrung gehen, in der es wie in einer Art Autismus abwartet, bis die Gefahr vorüber ist.

Egal ob *Kampf*, *Flucht* oder *Erstarrung*, es sind reflexartige physiologische und psychologische Reaktionsmuster, die häufig in früher Kindheit angelegt werden. Von der kindlichen Psyche als gefährlich eingestufte Situationen durch unbedachte Handlungen Erwachsener können zu traumatischen Erfahrungen werden, die im Langzeitgedächtnis eines Menschen gespeichert und auch nach Jahren noch reaktiviert werden können.

Immer wieder kommt es vor, dass solche Muster in späteren Beziehungen erneut ausgelöst werden und man dann die Reaktion eines Partners oder einer Partnerin nicht verstehen kann, weil man spürt, dass sie unverhältnismäßig zur aktuellen Situation ist. In so einem Fall könnte es hilfreich sein, sich die frühen Erfahrungen der Kindheit einmal genauer anzuschauen.

Die Bindungserfahrungen in der Kindheit wirken im Erwachsenenalter fort. Sind sie durch unberechenbares Verhalten der Eltern wie durch

Aggression oder wiederholte Bestrafungen belastet, reicht später die unbewusste Erinnerung an Stress auslösende Reize, wie ein Gesichtsausdruck, ein Wort, ein Blick, eine ‚falsche' Frage, eine Farbe, ein Geruch oder ein Geräusch, um sie erneut zu aktivieren. Ein Bewusstsein über diese Mechanismen ist der erste Schritt, um unverstandene Reaktionsmuster erfolgreich zu durchbrechen.

... hast du mich noch lieb, wenn ich dir kein Küsschen gebe?

Übergriffigkeit und Grenzverletzung durch Ärger oder Aggression ist vielleicht das offensichtlichste Verhalten, das Kindern nachhaltig Schaden zufügen kann. Emotionale Übergriffigkeit zur Befriedigung eigener emotionaler Bedürfnisse durch Kinder kommt da viel leiser daher. Wenn ein Kind diese Bedürftigkeit Erwachsener befriedigen soll, indem man von ihm Zuwendung, Verständnis oder Zärtlichkeiten erwartet, die über Freiwilligkeit und das kindliche Bedürfnis nach emotionaler und körperlicher Geborgenheit hinausgehen, sind die Grenzen zu Missbrauch fließend.

Von früh an sollte man die Grenzen eines Kindes wahrnehmend erfühlen und liebevoll achten. Nur so können Kinder ein starkes Selbstbewusstsein entwickeln, das ausstrahlt, statt sich scheu zurückzuziehen, weil man ihre Grenzen ungefragt und wie selbstverständlich immer wieder neu überschreitet. Das ist nicht mehr als eine Frage von Einsicht und Entscheidung. Selbstannahme, Selbstakzeptanz und ein liebevoller Umgang mit sich selbst befreien von der Bedürftigkeit, andere hierfür benutzen zu müssen.

... hast du auch Zeit für mich, wenn ich nicht krank bin?

Umgekehrt fehlt es oft an elterlicher Zuwendung in Form von Empathie und Verständnis für das kindliche Erleben, an dem Vermögen, die Welt eines Kindes einmal aus seinen Augen zu betrachten, sowie es an Liebe mangelt in Form liebevoller Zuwendung und zärtlicher Berührung, die nichts für sich will, Geborgenheit gibt und dem Kind ein – durch nichts im späteren Leben zu ersetzendes – Gefühl der Sicherheit schenkt.

Doch mit der Liebe ist es so eine Sache. Viele haben es verlernt zu lieben und erleben Liebe nur noch in einem Ideal oder als Erwartung an andere. Liebe offenbart sich aber erst im Akt des Gebens. Wer gelernt hat, Liebe in sich zu empfinden und von ihr zu geben, vermag auch zu erkennen, wenn sie ihm selbst uneigennützig geschenkt wird.

Der Alltag ist oft randvoll mit Aufgaben. Für solchen Luxus wie Liebe habe man nicht auch noch Zeit, hörte ich neulich jemanden sagen. Die Bemerkung klang zwar humorvoll, trug jedoch sicherlich mehr als nur ein Fünkchen Wahrheit in sich. Damit ein oft eng gesetzter Zeitplan erfüllt werden kann und auch die ersehnte Freizeit der Eltern nicht zu kurz kommt, müssen Kinder oft von früh an im Zeitraster Erwachsener takten und funktionieren. Sie erfahren das Leben als nie endende Schleife von Erwartungen, Pflicht und Regelwerk und erhalten Korrektur und Aufmerksamkeit, wenn sie diese Schleife durcheinanderbringen.

Das Erleben kleiner Kinder ist jedoch noch ein gänzlich anderes als das der Erwachsenen. Sie leben vollständig im Strom ihrer gegenwärtigen Erfahrungen und Vergangenheit und Zukunft haben kaum Bedeutung. Die Welt offenbart sich ihnen in erster Linie durch Handeln und Tun. Sie erscheint ihnen wie in einem wunderbaren Traum, den das analytische Denken Erwachsener noch nicht in seine Einzelbestandteile zerlegt hat.

Die Hirnforschung konnte verschiedene Bewusstseinszustände in unterschiedlichen Altersstufen anhand der Hirnströme im EEG nachweisen.[12)] Das Gehirn Neugeborener bis zu einem Alter von ungefähr zwei Jahren zeigt mit einer elektromagnetischen Aktivität von 0,5 bis 4 Hertz pro Sekunde einen Frequenzbereich, in dem sich der Erwachsene befindet, wenn er schläft (Deltawellen).

Von ungefähr zwei bis fünf Jahren zeigt sich eine Frequenz der Gehirnwellen von ungefähr 4 bis 8 Zyklen, was dem Traumbewusstsein Erwachsener entspricht (Thetawellen). Es ist das Alter, in dem Eltern in der

Regel mit ihrem ‚Erziehungswerk' beginnen. Die Eindrücke der Außenwelt werden von den Kindern in diesen Jahren kritiklos und ohne zu hinterfragen aufgenommen. Was sie in dieser Zeit hören, sehen und erfahren, erreicht direkt ihr Unterbewusstsein, in dem es abgespeichert wird.

Zwischen fünf und acht Jahren, der Zeit der Einschulung und der ersten Schuljahre, erhöht sich die Frequenz auf 8 bis 13 Zyklen (Alphawellen). Schrittweise entwickelt sich der analytische Verstand und das Kind beginnt aus seinen Erlebnissen und Erfahrungen Schlüsse zu ziehen. „Dabei ist die innere Welt der Fantasie unter Umständen noch genauso real wie die äußere Wirklichkeit." [12)]

Nach acht Jahren nimmt die Frequenz weiter zu, und Kinder gehen im Laufe der folgenden Jahre kontinuierlich in den Betawellenzustand Erwachsener über (ab 13 Zyklen pro Sekunde). „Ab dem 12. Lebensjahr schließt sich meistens die Tür zwischen bewusstem und unterbewusstem Denken." [12)]

Doch schon lange zuvor, während der ersten Lebensjahre, werden Kinder oft regelrecht in ein Erwachen in die beta-orientierte Erwachsenenwelt hineingezwungen: *Sie sollen sich beeilen, zielorientiert handeln, besser aufpassen, gefälligst verstehen* – und so stehen sie oft von früh an unter Druck und übernehmen den Bewusstsein verengenden Stressmodus Erwachsener, der sie aus ihrer Traum- und Fantasiewelt frühzeitig herausreißt, von einem tieferen Verstehen und einfühlsamen Zusammenklingen mit der Welt abhält, einseitig auf lineares Denken ausrichtet und ganzheitliches Lernen verwehrt.

Manche Kinder können erst entspannen, wenn sie krank werden. Dann erfahren sie elterliche Zuwendung und erleben, wie es ist, wenn man Zeit für sie hat – oder im besten Fall, wie sich Liebe anfühlt. Denn ohne Liebe und Verständnis für die Welt des Kindes ist zwar Wachstum, aber kein Gedeihen möglich.

Konzentriert sich uneigennützige Zuwendung und elterliche freie Zeit auf Zeiten des Unwohl- oder Krankseins, kann es dazu führen, dass Kinder der Krankheit bedürfen, um an ihre Hauptnahrungsquelle, die elterliche Liebe, zu kommen – und zudem die Gehirnwellenaktivität der oft allzu ‚Frühgeförderten' für kurze Zeit zurückfahren können.

... tröstest du mich, auch wenn ich keinen Lolli möchte?

Viele Erwachsene kennen es: Das Frustessen, das Essen als Belohnung oder zum Trost, um Ärger, Stress, Traurigkeit oder Einsamkeit nicht fühlen zu müssen. Natürlich ist das ursprüngliche Gefühl dadurch nicht verschwunden, aber man spürt es vorübergehend nicht, wenn es in den Hintergrund geschoben und von Genuss und Lust am Essen überlagert wird. An die Stelle eines authentischen Gefühls tritt eine Ersatzhandlung und infolgedessen ein Ersatzgefühl – und die Welt erscheint zunächst einmal wieder in Ordnung zu sein.

Gegen solche kurzfristigen singulären Interventionen gibt es sicherlich nichts einzuwenden, doch wenn sie regelmäßig geschehen und ein Mensch niemals gelernt hat, mit echten Gefühlen, auch wenn sie schmerzhaft sind, umzugehen, wird die Ersatzbefriedigung zur Gewohnheit und die verdrängten Gefühle zeigen sich vielleicht lediglich in wiederkehrenden Stimmungen, deren Ursache man sich nicht erklären kann.

Eltern können es meistens nur schwer ertragen, wenn ihre Kinder traurig sind oder Schmerz verspüren. Doch anstatt ihnen durch aktives mitfühlendes Handeln die ersehnte Zuwendung und Trost zu geben, bieten sie ihnen oft schnell etwas Süßes an oder machen eine Versprechung, um sie zu trösten oder zu beruhigen. Im Babyalter reicht da bereits der Schnuller, um den Ausdruck einer Emotion erfolgreich zu unterbinden und die Eltern zu entlasten.

Nicht traurig sein! ... Ist doch gar nicht so schlimm! ... Schau mal, was ich für dich habe! ... Schnell ist ein Lolli zur Hand, ein Eis versprochen oder der Fernseher angeschaltet. Kinder, die regelmäßig durch materielle statt durch emotionale Zuwendung Trost oder Anerkennung erhalten, mögen dazu neigen, auch als Erwachsene noch unangenehmen Gefühlen lieber auszuweichen, sie ‚herunterzuschlucken' oder schnell durch andere Eindrücke und Ablenkungen zu überlagern – statt wahrzunehmen, was in ihnen los ist und was ein Gefühl ihnen mitteilen könnte.

Dass eine Ablenkung in Ausnahmefällen auch mal hilfreich sein könnte, soll nicht infrage gestellt werden, und es wäre anmaßend, solche Möglichkeiten aus dem Alltag gänzlich verbannen zu wollen, doch ersetzen sie nicht die ehrliche Zuwendung, die immer an erster Stelle stehen sollte. Kinder, die lernen, dass gewisse Gefühle – wie zum Beispiel Ärger oder Traurigkeit – nicht erwünscht, verpönt oder gar tabu sind und die lernen, dass es auf der anderen Seite Gefühle gibt, für welche sie Anerkennung bekommen, werden über kurz oder lang in bestimmten Situationen nicht mehr unbefangen ihr primäres Gefühl wahrnehmen können.

Da uns jedoch gerade Gefühle dabei helfen, etwas über uns selbst, über eine Situation oder empathisch über einen anderen Menschen zu erfahren, fühlen wir uns hilflos, wenn wir Gefühlen, die uns dabei helfen könnten, immer wieder aus dem Wege gegangen sind und die Verbindung zu ihnen verloren haben.

In den Jahren, in denen sich die Gefühlsbildung entwickelt, lernen Kinder eigene Gefühle wahrzunehmen, zu unterscheiden und auszudrücken. Das ist ein sehr individueller Prozess – und dass der Mensch am Ende Gefühle bei sich selbst und infolge auch bei anderen differenziert erkennen kann, ist überhaupt nicht selbstverständlich. Es gibt nicht wenige Menschen – zurzeit geht man von ungefähr zehn Prozent aus –, die es schwer haben, unterschiedliche Gefühle wahrzunehmen und unfähig sind, sie mit Worten zu beschreiben. Auch können sie Gefühle kaum von körperlichen Empfindungen unterscheiden und erleben sie nicht als unabhängige Qualität.

Erst im Jahre 1973 bekam dieses Phänomen einen Namen: ‚Alexithymie' nannte man, was das ‚Nicht-lesen-Können' von Gefühlen bedeutet, was manchmal auch als ‚Gefühlsblindheit' bezeichnet wird. Sie liegt vor, wenn Menschen Schwierigkeiten haben, Gefühle zu unterscheiden, zu beschreiben und auszudrücken. Sie erleben sich entweder als ‚gut drauf' oder als ‚schlecht drauf', ohne ein differenziertes Gefühl, das einen augenblicklichen Zustand beschreiben könnte, wahrnehmen oder äußern zu können.

Menschen mit Alexithymie machen es den ihnen Nahestehenden nicht leicht. Wer seine Gefühle teilen möchte, leidet oft sehr unter dem mangelnden Einfühlungsvermögen eines Partners und hat häufig das Gefühl, ihn mit Worten nicht erreichen zu können. Je differenzierter er mit seiner Sprache wird, um seine eigenen Gefühle zu beschreiben, umso weniger versteht ihn der andere. Wie soll dieser begreifen, wofür bei ihm keine Erfahrung vorliegt? Besonders schmerzhaft ist es, wenn man sich die Reaktionen eines Partners mit Alexithymie – der oft gar nicht weiß, was man von ihm will – nicht erklären kann.

Die genaue Ursache für diese mangelnde Wahrnehmung kennt man noch nicht. Man vermutet aber, dass sie in der Kindheit liegt, wenn notwendige Entwicklungsschritte in der Gefühlsbildung nicht getan wurden. Differenzierte Gefühle bilden sich im Kontakt mit der Umwelt. Wo Gefühle tabu sind oder unverstanden bleiben, mag die Gefühlsentwicklung ins Stocken geraten oder sich sogar zurückbilden. Probleme in der Kommunikation oder traumatische Erfahrungen können die Ursache hierfür sein.

Wahrnehmen, was wir fühlen

Eltern, die einen guten Umgang mit ihren Gefühlen erworben haben oder bereit sind, ihn neu zu erwerben, helfen auch ihren Kindern, unbefangen und differenziert ihre Gefühle wahrzunehmen und auszudrücken. Gute Gefühle stehen uns meistens nicht im Weg, wie aber sollten wir dabei mit weniger guten oder gar den sogenannten ‚schlechten Gefühlen' verfahren? Es kommt darauf an, diese Gefühle zunächst einmal unbefangen wahrnehmen zu können und dabei sich selbst *mit diesen Gefühlen* zu akzeptieren – und auch zu achten. (Denken Sie nur einmal an ein Gefühl wie ‚Scham' und wie schwer das manchmal sein kann.) Ist diese Selbstannahme erst einmal erfolgt, fällt es uns auch leichter zu hinterfragen, was ein Gefühl uns sagen will; denn es hat zumeist eine Botschaft für uns.

Schämen wir uns zum Beispiel, könnte uns unsere Scham auf eine Handlung hinweisen, die wir das nächste Mal anders und besser machen möchten. Doch das können wir nur erkennen, wenn wir zuvor das Gefühl akzeptieren, das uns unser Handeln bewusst machen kann. – Scham könnte uns aber auch auf einen Aspekt mangelnder Selbstannahme hinweisen und uns lehren, in Zukunft besser zu uns und unseren Handlungen zu stehen, egal was ein anderer darüber denken mag. – Vielleicht macht sie uns aber auch bewusst, dass wir uns manchmal anders verhalten, wenn wir beobachtet werden, als wenn wir alleine sind, weil wir anders gesehen werden wollen, als wir uns normalerweise verhalten. Was im Einzelfall vorliegt, kann nur jeder persönlich herausfinden, wenn er sich einem Gefühl stellt und ihm erlaubt, dass es sein darf, statt es auf schnellstem Wege zu verdrängen.

Wer ein Gefühl verstanden hat, braucht es nicht länger zu verbergen oder in den Hintergrund zu schieben. Unangenehme Gefühle verlieren dadurch ihre ‚Gefahr' und lösen sich nach Selbstannahme und Verständnis im besten Fall schnell von selber auf. Wer sich jedoch den sogenannten negativen Gefühlen gegenüber taub stellt, aggressiv wird oder sich regelmäßig ablenkt, sollte sich nicht wundern, wenn die Botschaft irgendwann lauter und deutlicher wird.

Indem wir unsere Zuwendung und unser Verständnis für unsere eigenen Gefühle erhöhen, können wir gleichzeitig selbst erfüllen, was wir häufig von anderen vergeblich erwarten: dass sie unsere Gefühle verstehen. Denn dabei werden wir nicht selten enttäuscht. – Bringen wir deshalb *selbst* den eigenen Gefühlen die Aufmerksamkeit und Achtsamkeit entgegen, die wir uns von anderen erhoffen. Gefühle wollen wahrgenommen werden; sie sind wie ein Kind, das an eine Tür pocht. Dann erst können wir sie gehen lassen, wenn sie durch unsere Akzeptanz nicht schon von selbst gegangen sind, um neue und ‚bessere' Gefühle zu wählen.

Ungeliebte Gefühle anzuerkennen und ihnen zu erlauben, da zu sein, heißt jedoch nicht, sie zu pflegen, zu hegen oder gar zu kultivieren, in dem Sinne: ‚Wenn ich schon nicht der oder die Klügste, Schönste, Erfolgreichste oder Kraftvollste bin, sollen alle anderen wenigstens wissen, wie schlecht es mir geht – nämlich schlechter als allen anderen.' Wir alle kennen Menschen, die ständig über ihre Enttäuschungen oder ‚verletzten' Gefühle sprechen möchten und sie anderen – ob sie sie hören wollen oder nicht – ungefragt mitteilen. Nur darüber zu klagen, hilft oft wenig weiter; es kommt darauf an, die Gefühle *in uns* zunächst einmal in Reinform selbst wahrzunehmen und uns dann mit diesen Gefühlen, auch den zunächst scheinbar unangenehmen, zu akzeptieren.

Das Reden über unsere Gefühle kann diese Wahrnehmung nicht ersetzen. Meistens geschieht sogar genau das Gegenteil: Wir suchen nach einem Verursacher für unsere Gefühle und geben die Verantwortung für sie ab, bevor wir sie überhaupt verstanden haben. Gelingt es uns hingegen, ein Gefühl zunächst einmal als *unser eigenes* anzunehmen, fällt es uns auch leichter zu fragen, was es uns sagen könnte. Wir brauchen es nicht länger zu verleugnen, nicht wegzudrängen, nicht wegzureden oder durch Reden aufzubauschen, sondern wir haben es verstanden, integriert, verwandelt und gelöst.

… wenn dann doch der Kragen platzen will

Doch wie sieht das im Alltäglichen aus? Sind uns da nicht all diese Gefühle manchmal bloß im Weg? ‚Der Alltag muss doch funktionieren', denken Sie vielleicht, ‚da habe ich nicht auch noch Zeit, mich meinen Gefühlen zuzuwenden.' Aber die Gefühle sind ohnehin da, ob wir sie wollen oder nicht. Solange wir sie nicht in uns ‚abgetötet' haben, begleiten sie uns auf Schritt und Tritt. Wir können ihnen nicht aus dem Weg gehen. Wäre es da nicht besser, einen guten Umgang mit ihnen zu erlernen, sodass sie uns erfreuen statt uns zu belasten?

Schauen wir uns eine nicht ganz ungewöhnliche Alltagssituation einmal näher an: Wir haben viel zu tun, zu viel – wie so oft – und mehr, als der Tag Stunden hat! Beruf, Familie, Freizeit, Papierkram, Termine, Einkauf, Kochen, Haushalt – und dann noch die Kinder mit ihren Wünschen und Notwendigkeiten, der Partner oder die Partnerin mit ihren Bedürfnissen und Anforderungen und wir selbst mit unseren eigenen Beziehungs- und Erziehungsansprüchen. Das ist einfach manches Mal alles zu viel! Und gerade dann, wenn man es am wenigsten brauchen kann, werden auch noch die Kinder unruhig, anspruchsvoll und laut, beginnen zu quengeln, zu streiten und unseren Arbeitsablauf zu stören. Die eigene Unruhe nimmt zu, schließlich hat man noch etwas vor und braucht auch mal Zeit für sich! Der Toleranzlevel sinkt und der Frustrations- und Aggressionslevel steigt. Da könnte einem glatt ‚der Kragen platzen' – und dann platzt er manchmal auch, und die lang angehaltene Kontrolle ist dahin.

Aus Erfahrung weiß so manche Mutter und so mancher Vater schon, *bevor* es so weit gekommen ist, wann eine emotional aufgeheizte Situation nicht gut ausgehen und vermutlich mit Tränen, Schimpfen und noch mehr Unfrieden enden wird, wenn nicht frühzeitig etwas geschieht. Doch was könnte denn geschehen, um einer sich anbahnenden Explosion aus dem Weg zu gehen, ohne dabei ‚einen Hals zu bekommen', weil ‚der Kragen halt nicht platzen' darf?

Emotionen sollten uns nicht ‚im Halse stecken bleiben', darum hören wir ja auch oft: Gefühle müssen heraus! Aber wohin damit, wenn wir nicht alleine sind? Wir haben schließlich kein Recht, sie anderen ‚um die Ohren zu schlagen' – schon gar nicht den eigenen Kindern – und sie damit zu verletzen; denn das tun wir, wenn wir Emotionen ungeklärt und unkontrolliert über unsere Umgebung ausgießen. Was also könnten wir tun?

Wir könnten entschieden und mutig auf der emotionalen Autobahn eine Kugel anhalten, die bereits im Rollen ist – wie wenn man mit einem Auto, in dem man sitzt, spontan die Richtung wechselt, weil man sich verfahren hat: Wir besinnen uns, machen uns klar, wo wir uns gerade befinden, treten auf die Bremse und drehen das Steuer, um den Wagen sicher unserem Ziel entgegen zu lenken. Hat uns eine Emotion in eine kommunikative Sackgasse geführt, und gelingt es uns dann, uns bewusst für eine Neuorientierung unserer emotionalen Ausrichtung und für neues Verhalten zu entscheiden, tun wir nicht nur etwas für andere, sondern am allermeisten auch für uns selbst. Statt uns passiv Gefühlen auszusetzen, die scheinbar ohne unser Zutun in uns ‚aufgetaucht' sind, *entscheiden wir uns aktiv* für das, was wir in den nächsten Minuten erleben wollen.

Wann immer es uns gelingt, einer Emotion Einhalt zu gebieten, die uns und andere belastet, erleben wir innere Stärke und ein verstärktes Ich-Bewusstsein. Und je öfter wir erfahren, wie gut wir uns nach einem couragierten und selbstbestimmten Eingreifen in die Eigendynamik unseres Gefühlshaushaltes fühlen, umso leichter geht es. Wer sich rechtzeitig für einen Augenblick zurückzieht und aus einem Geschehen ausklinkt, das gerade dabei ist, sich zu verselbstständigen, kann die Kontrolle über eine Situation zurückerlangen. Dafür müssen wir nicht einmal einen Raum verlassen, wir können uns *in uns selbst* zurückziehen und brauchen zunächst nichts weiter zu tun, als unsere wachsende Unruhe, unseren Stress oder unseren Ärger mit ein wenig *innerem Abstand* wahrzunehmen. Das bringt meist sofortige Entspannung, besonders wenn wir uns dann noch entscheiden, ein paar Mal sanft und tief zu atmen, um uns in die Präsenz zurückzuholen.

Über den Atem können wir unsere Aufmerksamkeit vom äußeren Geschehen, das gerade unser ganzes Wahrnehmen und Erleben ‚gefangen nimmt', abziehen und wieder auf uns selber lenken. Wer geübt ist, kann über die Spur des Atems vielleicht sogar für Augenblicke den Ort inneren Friedens aufsuchen, der allgegenwärtig in uns ist, uns aber nur dann bewusst wird, wenn wir ihm Aufmerksamkeit schenken. Das ist nur eine kleine Intervention, aber mit großen Folgen. Probieren Sie es aus!

Und vergessen Sie dabei nicht, sich zunächst *mit Ihren Gefühlen zu akzeptieren.* Nur wer sich selbst annimmt, kann unangenehme, sich selbst und andere belastende Gefühle verwandeln – statt so tun, als gäbe es sie nicht oder als seien sie bei all dem Stress, den wir gerade erleben, die natürlichste Sache von der Welt. *„Ich liebe und akzeptiere mich, selbst wenn ich verärgert bin"*, ist ein Satz, der uns schnell entlasten kann. Wir können die Entlastung unmittelbar spüren, die uns durch diese Form der Selbstannahme zuteilwird. Danach sollten wir uns unserer Macht bewusst werden, die wir haben. Wir wissen: Wir sind einem Geschehen nicht hilflos ausgeliefert; es liegt in unserer Hand, die Wahrnehmung und Bewertung einer Situation in uns zu verändern und eine sich immer höher schraubende Spirale aus Unruhe, Stress und wachsendem Unmut zum Stillstand zu bringen.

Wir erreichen das, indem wir neue Gedanken zu dem, was wir gerade erleben, ausprobieren und damit neue Impulse setzen. Gehen wir dabei ruhig kreativ und spielerisch mit unseren Anschauungen um. Hier einige Beispiele einer Mutter, die mir erzählte, welche Gedanken ihr geholfen haben, in extremen Stresssituationen wieder ‚herunterzukommen': *„Es ist wie es ist … mitten im Leben eben."* – *„Ich will einfach mal loslassen und mit dem Strom schwimmen, statt mich zu widersetzen, … mal schauen, wie sich das anfühlt."* – *„Vielleicht läuft ein anderer Plan ja auch besser.*

Es muss ja nicht immer alles nach meinen Vorstellungen und meinen Erwartungen gehen, wie etwas sein sollte, ... mal schauen, was passiert, wenn ich jetzt nachgebe." – „Damit werde ich doch mit Leichtigkeit fertig, ich bin schließlich hier, um zu wachsen!"

Sie sehen, da gibt es viele Möglichkeiten, Ereignisse zu bewerten. Der Fokus weitet sich, wenn wir beginnen, in scheinbar festgefahrenen Situationen neue Gedanken fließen zu lassen. Auf diese Weise finden wir zurück in die eigene Kraft und gewinnen wieder Kontrolle über das Leben.

Macht, die frei macht

Anstelle eines Gedankens an die eigene Ohnmacht, an das Ausgeliefert- und Opfersein in schwierigen Lebenssituationen – sei es durch äußere Ereignisse oder auch durch ein inneres Geschehen, wie das Hochkochen von Stress, Unzufriedenheit oder anderer unangenehmer Gefühle – können wir einen Gedanken an unsere Macht als einen neuen Glaubenssatz formulieren und tief in uns verankern. Und das tun wir, indem wir uns im Laufe eines Tages immer wieder dieser Macht bewusst werden und *bereit sind,* sie innerlich auch zu *fühlen* und uns zu sagen: „Es liegt *in meiner Macht,* mein Leben und meine Beziehungen zu gestalten. Es liegt *in meiner Macht,* friedlich zu reagieren, auch wenn alles um mich herum in Chaos zu versinken droht. *Ich bin unendlich machtvoll.*"

Selbst wenn wir es zunächst nicht glauben: Durch wiederholtes Aussprechen, die Bereitschaft, machtvoll zu sein, sowie ein sich daran anschließendes Gefühl von wachsendem Selbstverständnis und Selbstbewusstsein, von Freiheit und innerer Größe, das wir auf diese Weise willentlich in uns erzeugen können, wird uns auch reale Macht im besten Sinne mehr und mehr zuwachsen. Wer sie pflegt wie einen Keimling, dessen Saat er durch eigene Entscheidung gelegt hat, wird freier von

Abhängigkeiten und dem Unvermögen, Situationen nach eigenem Wunsch und zum Wohle aller Beteiligten zu gestalten.

Wenn wir zudem nicht versäumen, unsere Gefühle zu hinterfragen, können sie für uns zu einem weiteren Lehrmeister auf dem Weg der Persönlichkeitsentwicklung werden. Wenn zum Beispiel Stress, Ärger oder Ungeduld uns bedrängen und sich auch in unserem Kommunikationsverhalten niederschlagen, könnten wir uns fragen: *Bin ich zu sehr auf mich selbst fixiert und nehme zu wenig die Bedürfnisse der anderen um mich herum wahr? Bin ich zu sehr auf feste Vorstellungen fixiert und gebe der Entwicklung einer Situation zu wenig Raum? Bin ich zu ungeduldig, weil ich mir und anderen nicht ausreichend Zeit lasse? Habe ich mir zu viel vorgenommen, und was davon kann ich streichen?*

Solche oder ähnliche innere Recherchen, mit denen wir unsere Gefühle durchleuchten, geben uns Auskunft über unsere Bedürfnisse und Motivationen, über unsere Absichten und Einschränkungen, und wir lernen uns selbst immer besser kennen. Erst wer sich kennt, kann entscheiden, welche Verhaltensweisen er beibehalten und welche er verändern möchte – und sich zum Wandel entschließen. Denn wer will schon ein Verhalten festhalten, mit dem er keinen Erfolg hat und nicht glücklich ist? Doch dafür muss zunächst der Zusammenhang zwischen glücklich oder unglücklich sein, erfolglos oder erfolgreich sein und dem eigenen konditionierten Verhalten erkannt werden. Je mehr wir über uns selbst erfahren, umso mehr können wir auch unsere Projektionen auf andere zurücknehmen. Und je mehr wir das getan haben, umso seltener wird Ärger und Unmut in uns und in den Menschen um uns herum aufkommen.

Erwachsene sind in der Lage, durch bewusstes Eingreifen in ihren emotionalen Energiehaushalt und die eigenen Handlungsimpulse eine Situation zu entschärfen. Kinder sind es noch nicht; sie sind lediglich ein Spiegel der emotionalen Zustände und Verhaltensweisen ihrer Eltern und Erzieher. Und trotzdem machen diese sie manchmal für ihre eigene

Unzufriedenheit, Unruhe oder Hektik verantwortlich. *Eine Schuldzuweisung an ein Kind für die eigenen Befindlichkeiten ist ein Missbrauch von Schutzbefohlenen.*

Der inneren Unruhe und unangenehmen Gefühlen zu begegnen ist einfach, und die Umsetzung – mithilfe von Selbstbeobachtung, Annehmen, Atmen und Hinterfragen – dauert nur wenige Minuten. Nur die Überwindung, es auch zu tun, ist ein Schritt, der niemandem abgenommen werden kann.

Wer die Verbesserung seiner Lebensqualität durch solche kleinen Interventionen, wie sie hier beschrieben wurden, wahrnimmt, dem werden sie immer leichter fallen und immer selbstverständlicher werden. Irgendwann muss jeder den ersten Schritt tun, wenn er einschränkende und sich selbst und andere belastende Verhaltens-, Erziehungs- und Beziehungsmuster verändern möchte.

... und wenn das alles nicht so leicht geht

Wenn Sie allerdings Ärger oder andere niederdrückende Gefühle, wie Stress, Frustration, Unlust oder Traurigkeit, nicht so leicht und schnell loswerden können, wie es hier beschrieben wurde, weil sie bereits zu einer Grundhaltung geworden sind, ist es umso wichtiger, die Gefühle zunächst einmal anzuerkennen und ihnen zu erlauben, da zu sein. Wir wissen bereits: Unsere Gefühle möchten gesehen werden und nicht einfach in unser System zurückgedrängt werden, um da in Form von Bauchschmerzen, verspannten Muskeln oder Schlimmerem ihr Unwesen zu treiben. Sagen Sie zu sich: *„Ich bin ärgerlich! Ich bin so ärgerlich, weil ...!“* Legen Sie ruhig – sofern Sie alleine sind – den ganzen Ärger in Ihre Worte und lassen ihn nach außen fließen. Wiederholen Sie den Satz mehrfach. Geben Sie dem ärgerlichen Gefühl die Anerkennung und Aufmerksamkeit, die es braucht. Befreien Sie sich davon, bevor es in Ihrem Körper stecken bleibt. Dabei können Sie sich auch bewegen, herumlaufen oder, sofern es Sie entlastet, auch einmal laut werden oder die Fäuste ballen – so lange, bis es ganz still in Ihnen wird!. Spüren Sie sich selbst in Ihrer Ganzheit und nehmen Sie die Veränderung wahr, die in Ihnen geschieht. Vielleicht lächeln Sie jetzt sogar, weil Sie ein Gefühl *integriert und verwandelt* haben, statt es aus Angst von sich zu stoßen. All das kann natürlich auch nur im Geiste geschehen, rein virtuell und leise. Jeder braucht da etwas anderes. Bauen Sie sich Ihren eigenen kleinen Notfallkoffer, um die Kontrolle über Ihr Leben nicht aus der Hand zu geben. Ein solches Vorgehen befähigt Sie, später zwar noch über Ihren Ärger zu sprechen, aber Sie müssen ihn nicht mehr auf einen anderen Menschen übertragen oder gar auf ihn ‚abladen', weil Sie ihn als Ihren eigenen erkannt und akzeptiert haben und er sie bereits verlassen hat.

Haben Sie Ihren Unmut gelöst, ohne andere für seine Freisetzung benutzt zu haben, geben Sie sich selbst im Stillen Anerkennung und setzen *eine neue Absicht,* wie sie auch in Zukunft frühzeitig mit Ärger, Ungeduld oder anderen bedrückenden Gefühlen umgehen wollen.

Oft reicht zur Lösung von Stress, Ärger oder Frust auch die folgende kleine Übung: Setzen Sie – nachdem Sie ein Gefühl liebevoll als Teil Ihrer Ganzheit akzeptiert haben – eine *Intention,* indem Sie laut oder leise zu sich sagen: *„Ich lasse jetzt all meinen Stress, all meinen Ärger, all meine Sorgen (oder was immer Sie gerade belastet) los. Ich will zurück in meine Kraft."* Atmen Sie dann mit leicht geöffnetem Mund lange aus, als könnten Sie dabei zusehen, wie diese Gefühle entweichen. – Dann atmen Sie mit geschlossenen Augen ein bis hinunter in Ihr Herz oder Ihren Solarplexus oder noch tiefer. Atmen Sie ein Gefühl ein, das Sie statt des ausgeatmeten *frei wählen.* Dadurch zentrieren Sie sich und finden zurück in Ihre Mitte, die Sie unter Stress, Ärger, Ungeduld oder anderen – Sie aus der eigenen Mitte drängenden – Emotionen verloren haben. Zwei, drei

Atemzüge – und Sie sind bereit für eine neue Begegnung, ohne diese von Ihrer Seite zu belasten.

Ich selbst mache es häufig so, dass ich mich vor einer neuen Begegnung zentriere und positive Gefühle, wie Liebe, Güte, Vertrauen oder Freude, in mir wachrufe. Und wer sich noch immer wundert, ob das möglich ist, der sollte es bald einmal ausprobieren, sofern er es bis jetzt noch nicht getan hat. Wir können tatsächlich Gefühle willentlich erzeugen! Das ist etwas Wunderbares, weil wir plötzlich merken, wie viel Kontrolle wir über uns haben. Statt einen anderen Menschen mit Groll, Wünschen, Forderungen, Anschuldigungen, Erwartungen oder Sorgen zu überfallen und ihm dadurch eine Einladung zu reichen, sich auf einer nicht-integren Bewusstseinsebene mit uns auszutauschen, schaffen wir durch unsere guten und zugewandten Gefühle Raum, in dem ein ehrlicher und authentischer Austausch stattfinden kann, und Zeit, in der sich eine Begegnung entfalten kann.

Das Telefon klingelt, der Partner, die Partnerin kommt heim, die Kinder erwarten uns, eine Begegnung mit dem Chef steht uns bevor, vielleicht ein klärendes Gespräch zu Hause, in der Firma: ausatmen, loslassen – einatmen, zentrieren – positiv ausrichten, lächeln – und den Gesprächspartner mit offenem Herzen empfangen. Wir werden reich belohnt, weil wir Türen zu öffnen vermögen, *die Türen des Herzens*.

Fassen wir die einzelnen Schritte zusammen:

- Sich selbst mit seinen Gefühlen und seinem Handeln beobachten und eine Position des inneren Abstandes einnehmen.
- Wenn ein Gefühl auftaucht, das uns oder andere belastet, bedrängt, verunsichert oder abwertet, es zunächst einmal wahrnehmen und als unser eigenes anerkennen. Verantwortung für das Gefühl übernehmen.
- Sanft und tief einatmen, dabei die Aufmerksamkeit von außen nach innen lenken, sich zentrieren und im Körper spüren.
- Sich selbst annehmen: *Ich akzeptiere mich, selbst wenn ich gerade unzufrieden bin. Meine Unzufriedenheit ist im Augenblick ein Teil von mir. Meine Selbstannahme und meine Liebe zu mir selbst vermag alles zu lösen und alles zu wandeln.*
- Das Gefühl hinterfragen und verstehen, was ihm zugrunde liegt und was es uns sagen oder lehren kann (wie auf S. 147). Die Ursache in uns selbst erkennen und die Situation neu bewerten (wie auf S. 151 unten).
- Unzufriedenheit und belastende Gefühle sanft ausatmen: *Ich lasse jetzt all meine Unzufriedenheit, all meinen Stress, meinen Ärger und all meine Sorgen (oder was mich sonst gerade belastet, gefangen nimmt und von meiner inneren Größe fernhält) los. Ich will zurück in meine Kraft.*
- Neu und frei gewählte Gefühle einatmen.
- Das Verhalten neu ausrichten und sich der eigenen Macht bewusst werden: *Es liegt in meiner Macht, mein Leben und meine Beziehungen friedvoll und zum Wohle aller Beteiligten zu gestalten.*
- Die Richtung wechseln: Neues Gefühle und neues Verhalten ausprobieren und die Ergebnisse wahrnehmen.

Frei von Angst sein

Wir haben in der Facebook-Studie gesehen, wie sich Stimmungen in einer Gruppe von Teilnehmer zu Teilnehmer übertragen und weitertragen. Die Familie ist für Kinder die erste und wichtigste Gruppe im Leben, und die Eltern sind es, die die Atmosphäre in ihr entscheidend beeinflussen und prägen. Kinder ahmen nach, was ihnen geboten wird – mehr als alles andere Gefühle und Grundannahmen über das Leben.
„Aber wenigstens in der Familie will ich mich doch zeigen, wie ich bin."
Fragen wir uns, bevor wir auf diesen Einwand jetzt eine Antwort geben: Wer sind wir denn? Wer sind wir wirklich? Wie viel innere Größe können und wollen wir generieren? Wie viel Macht und Kontrolle über unser eigenes Leben sprechen wir uns zu?
„Unsere größte Angst ist nicht, unzulänglich zu sein. Unsere größte Angst ist, grenzenlos mächtig zu sein. Unser Licht, nicht unsere Dunkelheit, ängstigt uns am meisten. Wir fragen uns: Wer bin ich denn, dass ich so brillant sein soll? Aber wer bist du, es nicht zu sein? Du bist ein Kind Gottes. Es dient der Welt nicht, wenn du dich klein machst. Sich klein zu machen, nur damit sich andere um dich herum nicht unsicher fühlen, hat nichts Erleuchtetes. Wir wurden geboren, um die Herrlichkeit Gottes, der in uns ist, zu manifestieren. Er ist nicht nur in einigen von uns, er ist in jedem Einzelnen. Und wenn wir unser Licht scheinen lassen, geben wir damit unbewusst anderen die Erlaubnis, es auch zu tun. Wenn wir von unserer eigenen Angst befreit sind, befreit unsere Gegenwart automatisch die anderen." [13)]

Nelson Mandela zitierte dieses Gedicht von Marianne Williamson in seiner Antrittsrede zum Präsidenten von Südafrika, das seitdem mehrfach um den Globus gewandert ist. Welche Angst ist es denn, die uns davon abhält, unser Licht scheinen zu lassen?

Es ist die Angst des Egos, das sich rechtfertigt, wehrt, angreift, zurechtweist, überreden will – die Angst des Egos, die bloßstellt, tadelt, kritisiert, straft, Recht haben will – die Angst des Egos, die über andere bestimmen will, manipuliert, Vorwürfe macht und glaubt besser zu sein, klüger zu sein, großzügiger oder ordentlicher zu sein als andere. Es ist die Angst des Egos vor Kleinheit und Bedeutungslosigkeit, die immer wieder aufs Neue Gefühle von Unzufriedenheit, Ärger, Neid, Missgunst, Eifersucht, Ungeduld und vieles mehr verursacht, wenn die innere Größe nicht angenommen und kraftvoll integriert wird.

Noch einmal Marianne Williamson: „Wenn wir von unserer eigenen Angst befreit sind, befreit unsere Gegenwart automatisch die anderen." Befreien wir uns selbst, indem wir uns von begrenzenden Vorstellungen und trennenden Emotionen lösen, damit auch unsere Kinder frei von Angst und Kleinheit in ihre wahre Größe treten und in ein erfülltes Leben!

Nur wer sich selbst befreit, findet auch zurück in seine Macht. Und die zeigt sich in den Gefühlen, Gedanken und Handlungen, *die wir wählen*! Wer verlernt hat zu wählen, hat sich selbst verloren. Und weil wir alle mehr oder weniger erzogen wurden, haben wir alle – mehr oder weniger – Teile von uns selbst verloren. Doch wer wirklich will, kann sich selbst zurückgewinnen und den Kindern Vorbild sein für ein selbst verantwortetes und selbst gewähltes Leben!

Kapitelübersicht

Etwas mehr über Bewusstsein

Kollektive Bewusstseinsfelder

Das menschliche Bewusstsein ist, wie wir durch Geschichte, Propaganda, Werbung, Diplomatie und jede andere Form von Manipulation wissen, keine abgeschlossene Instanz, die frei ist von äußerer Beeinflussung. Alles ist ständig mit allem verbunden und Menschen beeinflussen sich gegenseitig.

Die Möglichkeit und das Ausmaß der Beeinflussbarkeit ist, wie wir gesehen haben, eine Frage der Gruppe, der wir uns zugehörig fühlen. Das kann man besonders gut an Jugendgruppen, sozialen Schichtungen oder Religionsgemeinschaften sehen, deren Unterscheidbarkeit in Wortschatz, Kleidung, Freizeitgestaltung und gruppenspezifischen Interessen zum Ausdruck kommt. Gruppenübergreifende Beeinflussungen kommen selten vor. Darüber hinaus ist unsere Bereitschaft, uns beeinflussen zu lassen, abhängig von unseren Zielen und Idealen, die wir haben, und den Vorbildern, die wir wählen.

Die erste soziale Gruppe, der Kinder sich verbunden fühlen, ist die Familie, und die größten Vorbilder sind zunächst immer die eigenen Eltern. Und dabei ist es vollkommen gleichgültig, wie Eltern sich verhalten, was sie denken oder welche Gefühle sie pflegen. Kinder können die Qualität elterlichen Verhaltens weder einschätzen noch deren Folgen ermessen. Sie haben nicht die Fähigkeit zu vergleichen, haben noch keine eigenen Anschauungen und Ideale entwickelt. Darum sind die eigenen Eltern der nicht hinterfragte Wegweiser, dem die Kinder folgen, egal ob es sich bei dem Fahrweg ins Leben um eine Autobahn oder um einen Schotterweg handelt. Welchen Weg wollen wir weisen?

Schauen wir uns in Bezug auf wechselseitige Beeinflussbarkeit innerhalb einer Gruppe zunächst einmal näher an, was die neuere Wissenschaft zu diesem Thema sagt: Spätestens seit Carl G. Jung, der den Begriff des ‚Kollektiven Unbewussten' prägte, ist die Vorstellung von Bewusstseinsfeldern, die miteinander in Resonanz stehen, einer breiteren Öffentlichkeit zugängig geworden. Dabei handelt es sich um kollektive Vorstellungsmuster, die das individuelle Bewusstsein beeinflussen. Der Biologe Rupert Sheldrake sprach in diesem Zusammenhang von ‚morphischen Feldern', und der Familientherapeut Bert Hellinger zeigt Beziehungsgeflechte in seinen ‚Familienaufstellungen' und entwickelt Lösungen, indem er mir diesen Feldern interagiert. Allen gemeinsam ist, dass sie von unabhängigen Strukturen im nicht sichtbaren Raum ausgehen, die das Bewusstsein der Menschen – zunächst meist unbewusst – beeinflussen. Ebenso kann der Einzelne jedoch, zum Zwecke seines persönlichen Entwicklungsfortschrittes, bewusst mit diesen Strukturen in Verbindung treten.

Der Arzt und Psychiater David Hawkins hat in diesem Zusammenhang mithilfe kinesiologischer Testverfahren ‚Bewusstseinsqualitäten' klassifiziert, die im Rahmen persönlicher Entwicklung durchlaufen werden, und erläutert, wie kollektive Bewusstseinsfelder wirken, denen sich Menschen, entsprechend ihren mentalen und emotionalen Strukturen, zugehörig fühlen. Durch ihre individuellen Ausdrucksformen treten sie mit ihnen in Resonanz, nähren sie mit Gedanken und Gefühlsenergien und werden rückwirkend von ihnen beeinflusst.

Was wir aussenden, kommt – wie wir schon in Bezug auf unser Kommunikationsverhalten feststellen konnten – auf die eine oder andere Weise auf uns zurück: Wenn wir Gefühle von Freude, Leichtigkeit und Zuversicht in uns erzeugen, werden auch unsere Erfahrungen in der Regel von Freude, Leichtigkeit und Zuversicht geprägt sein. Wenn wir Freundlichkeit und Zugewandtheit aussenden, kommt uns zumeist auch Offenheit, Freundlichkeit und Zugewandtheit entgegen. Und umgekehrt funktioniert es ebenso: Wer ablehnend, skeptisch oder aggressiv auf einen anderen Menschen zugeht, wird vermutlich Reaktionen hervorrufen, die abwehrend, kritisch oder beleidigend sind. Und das geschieht häufig auch, wenn wir ablehnende Gefühle einem anderen Menschen gegenüber nur in uns tragen, ohne sie zu äußern.

Das sind Schicksalsgesetze – bewusst oder unbewusst hat das jeder schon erfahren! „Wer Wind sät, wird Sturm ernten", ist in der Bibel zu lesen. Und der römische Philosoph Cicero sagte es auf seine Weise: „Wie du säst, so wirst du ernten" – und das zu einer Zeit, als ein Vokabular aus der psychologischen Praxis, wie Resonanz, Affinität oder Kongruenz noch Fremdwörter waren. Beklagen wir uns über Missachtung, schlechte Behandlung oder ähnliches durch andere, ist es sinnvoll, einmal das Feld unserer eigenen Gedankensaat anzuschauen, es umzupflügen oder zumindest zunächst sein Unkraut zu jäten.

Als *unbewusst* Handelnde sind wir Teil eines Feldes, das gleiche oder ähnliche mentale und emotionale Frequenzen im nicht sichtbaren Raum miteinander verbindet. Erst wem diese Strukturen in freier Wahl zur Verfügung stehen, vermag aus einem Kreislauf auszusteigen, der auf unbewusstem Wege Gleiches mit Gleichem verbindet und gegenseitig verstärkt. Indem wir unsere innere Ausrichtung durch eigene Entscheidungen verändern, sind wird den Feldern gegenseitiger Beeinflussung nicht länger hilflos ausgeliefert, sondern entscheiden selbst, mit welchen Bewusstseinsqualitäten wir in Resonanz treten wollen.

Wer ein Bewusstsein über die kollektiven Bewusstseinsfelder gebildet hat – selbst wenn er sie zunächst einmal nur hypothetisch annimmt –, kann sich mit seinen Gedanken, Vorstellungen und Empfindungen dorthin ausrichten, von wo er Impulse empfangen möchte. Wenn ich Glück und Zufriedenheit in mein Leben einladen möchte, richte ich meine Gedanken und Empfindungen kontinuierlich auf Glücklichsein und Zufriedenheit aus, und schon nach einiger Zeit kann ich wahrnehmen, wie mir mehr Zufriedenheit und Harmonie zuströmt und mein Leben leichter und glücklicher wird.

Je öfter wir in eine Richtung denken, umso mehr nähren wir das in uns – und durch unsere gegenseitige Verbundenheit auch in anderen –, dem wir unsere Aufmerksamkeit schenken. Dabei können wir uns auch in bereits gebildete Dynamiken kollektiver oder morphischer Felder einklinken, die wir für uns selbst – entsprechend dem Resonanzgesetz – erschließen wollen.

Doch zunächst müssen wir uns unserer gewohnheitsmäßigen und reaktiven mentalen und emotionalen Strukturen bewusst werden; denn erst dann können wir beginnen, sie zu verändern und einen Vorgang, der bis dahin unbewusst geschah, bewusst zu steuern. Durch aktive Wiederholung neuer Verhaltensweisen, selbst gewählter positiver Gedanken und Gefühlsqualitäten prägen wir unser Bewusstsein und damit auch unsere Erfahrungen neu, bis sie uns so vertraut geworden sind wie die alten.

Indem wir auf diese Weise unseren eigenen Bewusstseinsraum mit der Zeit immer besser kennenlernen, ihn klären, erweitern und neu ausrichten, beeinflussen wir unsere Lebensqualität nachhaltig, selbst wenn das manchmal eine gewisse Zeit dauert.

Machen wir uns bewusst: Jedes Kind wird in das Bewusstseinsfeld, mit dem die eigenen Eltern in Resonanz stehen, hineingeboren. Und das wiederum ist der Resonanzboden für das sich herausbildende irdische Bewusstsein eines Kindes. Hören wir gut auf die Töne unserer Kinder, auf ihre Melodien oder ihre Missklänge, um unseren eigenen Klangkörper, mit dem sie in Resonanz getreten sind, zu verstehen.

Bewusstsein und Persönlichkeitsentwicklung

Menschliche Bewusstseinsentwicklung ist ein evolutionärer Prozess. Im Rahmen der Persönlichkeitsentwicklung verändern sich sukzessive Gedankeninhalte, Gefühlsqualitäten und Absichten als strukturierender Teil des Bewusstseinsraumes. Mit dem sich entwickelnden Bewusstsein des Menschen verändert sich gleichzeitig auch sein Blickwinkel auf die Welt. Wahrnehmung, Handlungs- und Beziehungsfähigkeit entfalten sich in Relation zum Bewusstsein. Das kann jeder nachvollziehen, der in seinem Leben bereits einige Stufen auf diesem Weg zur persönlichen Freiheit beschritten hat.

Wer mit Kindern lebt, sollte ein Bewusstsein anstreben, das ihrer Entwicklung und einem freien Ausdruck ihrer Individualität nicht im Weg steht. Er sollte sich um Integrität im Denken, Fühlen und Verhalten bemühen. Das Streben nach unabhängigem Denken, positiven und von belastenden Erfahrungen befreiten Gefühlen sowie verantwortungsbewusstem Handeln erleichtert nicht nur das eigene Leben, sondern bewahrt auch den Kindern ihre Leichtigkeit und Unbeschwertheit, mit der sie in dieses Leben kamen.

Die Fähigkeit, tragfähige Beziehungen aufzubauen, innerhalb derer ein Kind seinen eigenen Entwicklungsgesetzen gemäß leben und sich entfalten kann, ist ein weiterer Aspekt der Bewusstseinsentwicklung. Beziehungsverhalten und Beziehungskompetenz ist wie Erziehungsverhalten vom Bewusstsein abhängig.

Persönlichkeitsentwicklung ist die erste und alles entscheidende ‚Erziehungsmethode', die Eltern erlernen sollten. Alles Weitere ergibt sich dann meistens von selbst.

Die lautlosen Impulse zur Veränderung

Im Laufe unseres Lebens nehmen wir immer wieder leise Impulse zur Verhaltensänderung und Weiterentwicklung in unserem Bewusstsein wahr. Schenken wir ihnen Aufmerksamkeit und folgen ihnen, gehen wir den Weg permanenter Entwicklung und persönlichen Wachstums.

Diese feinen Impulse sind die Verbindung zu unserem inneren Wesenskern, zu unserer Seele, wie manche sagen, dem höchstmöglichen Entwicklungspotenzial in uns. Je mehr wir ihnen folgen, umso näher sind wir der Quelle des Lebens, dem Geist in allem, was ist und uns mit allem und allen verbindet. Gerade im Umgang mit Kindern, die dieser Quelle noch sehr nahe sind, ist es bedeutsam, dass wir uns dieser Impulse wieder vermehrt zuwenden und uns ihrer bewusst werden, um mit der Quelle allen Lebens in uns selbst sowie in unseren Kindern in Verbindung zu treten.

Ob wir eine solche Quelle in uns spüren, ist keine Frage von Religion oder Weltanschauung, sondern eine zutiefst innere Frage, die sich nur jeder selbst beantworten kann. Je öfter wir unsere Aufmerksamkeit nach innen wenden und Distanz zu unserem Alltags-Ich gewinnen, umso mehr lernen wir eine Stimme in uns kennen, die uns auch in schwierigen Lebenssituationen leiten und erfolgreich durch sie hindurchführen möchte. Achten wir dafür auf diese lautlosen Impulse, die uns manchmal aufrufen zu handeln – oder ein anderes Mal, eine Handlung zu unterlassen. Es die Stimme des höchsten Potenzials in uns. Mache nennen diese leisen inneren Ermahnungen, Ermutigungen oder Unterweisungen auch das Gewissen. Im Umgang mit Kindern ist es in schwierigen Situationen manchmal der beste Coach, der nicht nur kostengünstig, sondern auch jederzeit verfügbar ist, weil wir ihn in uns selber tragen.

Diesem Gewissen sollten wir allerdings nur trauen, wenn wir es erlöst haben von allen Ansprüchen, die nicht hinterfragter elterlicher, kirchlicher oder staatlicher Autorität entstammen – wozu auch Erziehungsgrundsätze zählen, die wir von den eigenen Eltern oder aufgrund weltanschaulicher Fixierung übernommen haben. Nicht, dass übernommene Regeln grundsätzlich falsch wären, doch wir sollten zunächst alles prüfen, was uns als unumstößliche oder zwingende Wahrheit erscheint. Erst dann vermögen wir frei zu wählen, welche ethischen Gesichtspunkte die Basis für unser eigenes Leben bilden sollen.

Entstammt unser inneres Regelwerk dem, was Sigmund Freud das ‚Über-Ich' nannte und das sich als moralische Instanz in einem mentalen Überbau verselbstständigt hat, oder kommen unsere Impulse – wozu auch unsere Erziehungsimpulse zählen – immer wieder neu und lebendig von innen und entstammen einem Raum in uns, einer stillen Präsenz im Raum unseres Herzens?

Fragen wir daher immer zunächst unser Herz, bevor wir ein Kind maßregeln, auf welche Weise wir reagieren und handeln sollten. Dann werden wir mit der Zeit unsere ‚innere Stimme', die im Kern unseres Bewusstseins schlummert, immer besser kennenlernen. Wir sind unendlich viel größer, als wir zunächst vermuten. Hinter unserem kleinen und oft kleinlichen Alltags-Ich steht ein mächtiges ICH-BIN.

Das Gewissen ist unsere persönliche Gewissheit, das Wissen in unserem Bewusstsein, das umfassender ist als unser Alltags-Ich, das die Kontrolle über alles und jeden behalten möchte. In unserem von allen äußeren Stimmen gereinigten Gewissen begegnen wir dem, was manche den persönlichen Schutzgeist nennen – ‚die Innere Stimme aus Göttlichem Ursprung', wie Sokrates sie nennt –, unserer Seele, die uns warnt und bewahrt. Lassen wir uns von ihr führen in all unseren Beziehungen, damit sie glücklich werden und leicht.

Eine Landkarte des Bewusstseins

Die innere Stimme führt niemals bergab; daran können wir sie erkennen. Sie führt immer bergauf, vergrößert Blick und Überschau – hin zu mehr Bewusstheit, zu mehr Verständnis, Empathie und Güte, hin zu mehr Liebe und zu mehr Vertrauen in uns selbst und in andere, hin zu mehr Klarheit, Kraft, Geradlinigkeit und zur persönlichen Freiheit.

Den stufenweisen Aufstieg des Bewusstseins hat der Arzt und Psychiater David Hawkins im Rahmen seiner Forschungen als sich kontinuierlich entwickelnde Bewusstseinsqualitäten beschrieben, die im Rahmen persönlicher Entwicklung durchlaufen werden, und er hat jeder Qualität einen spezifischen Wert zugeordnet. Ein Ergebnis seiner Forschungen zeigt, dass es von der Ebene des Bewusstseins abhängig ist, wie Menschen die Welt wahrnehmen und wie sie handeln.

Auf einer logarithmischen Skala ordnete Hawkins – mithilfe kinesiologischer Testverfahren an Tausenden von Probanden – verschiedenen Grundhaltungen im Leben Werte zwischen 1 und 1000 zu. Zwischen Bewusstlosigkeit (0) und einem allumfassenden Bewusstsein, das manchmal auch als Erleuchtung bezeichnet wird (1000), entwickelt sich das Bewusstsein durch verschiedene Ebenen, wobei jede Ebene wie ein unsichtbares Energiefeld wirkt, das in Resonanz steht zum Denken, Fühlen und Verhalten einzelner Menschen, ebenso wie zur Interpretation ihrer Erfahrungen. Insofern ist auch Sozialkompetenz, Kommunikations- und Erziehungsverhalten vom Bewusstsein abhängig.

Obwohl Hawkins Methode zur Klassifizierung von Bewusstseinsebenen nicht unumstritten ist, kann die Beschäftigung mit seiner ‚Landkarte' des menschlichen Bewusstseins – wie er sie nannte – dennoch die Idee der Evolution des Bewusstseins auf anschauliche Weise verdeutlichen.

Wenn ich Hawkins Ergebnisse hier einfließen lasse, geht es mir nicht um Richtigkeit oder Nachprüfbarkeit einzelner Werte und Zuordnungen auf der Skala, sondern darum, ein Gefühl für die Struktur unserer inneren

Welt zu bekommen und dafür, dass wir als Erwachsene nicht mit dem Ende der Kindheit ‚fertig' sind, sondern auch weiterhin uns entwickelnde Wesen bleiben. Nur wer eine Idee und gleichzeitig ein Gefühl für diese Möglichkeit fortschreitender Entwicklung bekommt, vermag auch den Impuls in sich zu verspüren, in der eigenen Persönlichkeitsentfaltung kontinuierlich voranzuschreiten zu wollen.

700 – 1000	Erleuchtung
600	Frieden
540	Freude
500	Liebe
400	Verstand, Verständnis, Vernunft
350	Akzeptanz, Vergebung
310	Bereitwilligkeit, Optimismus
250	Neutralität, Vertrauen
200	Mut, Bejahung
Um 200	Schwelle zur Integrität
175	Stolz, Arroganz, Verachtung
150	Wut, Hass, Aggression
125	Begehrlichkeit, Verlangen
100	Angst, Ängstlichkeit
75	Kummer, Verzweiflung
50	Apathie, Hoffnungslosigkeit
30	Schuld, Schuldzuweisung
20	Scham, Erniedrigung
0	Bewusstlosigkeit

Ausschnitt aus der Karte des Bewusstseins nach David Hawkins [14)]

Es ist vom Bewusstseinszustand abhängig, wie die persönliche Wirklichkeit erlebt und gestaltet wird. Auch das Verständnis für Zusammenhänge ist vom jeweiligen Zugang zu den Bewusstseinsqualitäten abhängig. Wenn wir wissen, auf welcher Ebene des Denkens wir einen Menschen erreichen können und welche Gedanken und Ideen ihm zugänglich sind, vermeiden wir unnötige Diskussionen und unfruchtbare Gespräche. Wir verstehen leichter, warum Menschen auf die eine oder andere Weise denken oder handeln und können auch Verhaltensweisen empathisch begegnen, die uns zuvor unverständlich erschienen.

Nachdem ich die Bewusstseinsebenen von Hawkins kennengelernt hatte, verstand ich, warum Gespräche über Erfahrungen mit Themen, wie Bewusstsein, Spiritualität oder Persönlichkeitsentwicklung, mit manchen Menschen so einfach und zugleich anregend waren, während sie mit anderen beinahe schier unmöglich schienen. Ich erkannte, dass jedes Thema, das Menschen miteinander bewegen, notwendigerweise auf einer Ebene kommuniziert werden muss, mit der alle Gesprächspartner vertraut sind. Haben alle an einem Gespräch Beteiligten Zugang zu der gleichen Bewusstseinsebene, bekommen Gespräche eine andere Intensität als bei einer Inkongruenz der vorherrschenden Ebenen.

Meist ist eine Ebene innerhalb der Persönlichkeitsstruktur eines Menschen die vorherrschende, wobei einzelne Lebensbereiche aber durchaus auf unterschiedlichen Ebenen gelebt und ausgestaltet sowie rückwirkend von ihnen beeinflusst werden können. Auch können sich die Werte auf der Skala im Laufe eines Lebens ändern.

Bei der Entwicklung des Bewusstseins geht es um die Entwicklung des Menschen auf seinem Weg zur Freiheit. Doch nicht für jeden ist die Freiheit des Bewusstseins erstrebenswert. Insofern ist keine Ebene zunächst besser oder schlechter als eine andere.

Auf dem Weg durch die Ebenen gilt es, viele Anhaftungen loszulassen. Neid, Eifersucht und Rachegefühle, Trauer oder Verzweiflung, Sorge, Hass, Wut und Zorn, Verlangen, Stolz, Hochmut oder Arroganz sind Bewusstseinsfelder, aus denen wir Energie generieren, Menschen an uns binden oder Selbstbestätigung gewinnen können. Diese Dinge loszulassen, bedeutet auf Schuldzuweisung, scheinbare Überlegenheit und manchmal auch auf Zuwendung zu verzichten, bedeutet lieb gewordene, weil vertraute, Blickwinkel zu verlassen, bedeutet zu vergeben und zu vertrauen auf eine neue unbekannte Leichtigkeit, die wir dadurch in unser Leben einladen.

Für viele scheint das eine Herausforderung zu sein, der sie sich nicht stellen wollen, weil sie nicht wissen, was ihnen dann noch bleibt, wenn man nicht mehr leidet und nicht mehr klagt, nicht mehr kämpft und sich nicht mehr verbündet, wenn Neid, Begierde oder Eifersucht als Antriebsfeder fehlen, und man sich auch nicht mehr schöner, klüger oder besser wähnt als andere – wenn es keine Opfer gibt und auch keine Täter mehr. Das ist sicherlich der Hauptgrund dafür, warum menschliche Entwicklung oft Zeit braucht – es sei denn, wir sind bereit zum Sprung, selbst wenn wir zuvor nicht wissen, dass wir weich aufgefangen werden.

Die Versklavung durch Illusionen ist angenehm,
die Befreiung durch die Wahrheit wird gefürchtet.

David Hawkins [15)]

Der Bereich des Egos

Schauen wir uns jetzt die Entwicklung durch die Ebenen einmal näher an: Am untersten Ende der Skala finden wir Zustände wie *Scham, Schuld, Apathie und Kummer.*

Ein von *Scham* erfüllter Mensch ist unsicher und zurückhaltend. Die Angst sich zu blamieren, steuert sein Verhalten und blockiert ihn in einem freien Lebensausdruck. Statt sich spontan und offen zu zeigen, neigt er dazu, sich so zu verhalten, wie man es von ihm erwartet. Er möchte auf keinen Fall unangenehm auffallen; und geschieht es dann doch einmal, möchte er sich am liebsten unsichtbar machen. – Auch ein Mensch, der sich schuldig und von *Schuld* belastet fühlt, hat es oft schwer, unbefangen zu handeln und unbefangen auf andere zuzugehen. Er mag versucht sein, die Ursache für sein Schuldgefühl zu ignorieren und ihm durch Unterwürfigkeit, Schuldzuweisung an andere, durch innere Kälte oder eine unversöhnliche Haltung zu entkommen. – Menschen im Zustand von *Apathie* und Resignation fehlt es an Kraft und Lebensmut. Wer ohne Hoffnung und Zuversicht ist, fühlt sich oft ausgeliefert, hilflos und antriebslos. – In wiederkehrenden Zuständen von *Kummer* und Traurigkeit hat ein Mensch zwar verstärkt Zugang zu seinen Gefühlen, bindet an sie aber auch einen Großteil seiner Aufmerksamkeit. Er neigt dazu, die Ereignisse seines Lebens immer wieder sorgenvoll zu betrachten, wodurch er nur schwer aus seiner freudlosen Haltung und dem Zustand der Niedergeschlagenheit herausfinden kann.

Gerade diese ersten Ebenen auf der Landkarte des Bewusstseins werden oft unreflektiert als Erziehungsmethoden eingesetzt, ohne ihre Folgen zu bedenken: *Beschämung* als Mittel in der Erziehung ist keine Seltenheit. Es macht Kinder unsicher, angreifbar, schüchtern und unfrei. Sie erleben sich als nicht dazugehörig und bemerken irgendwann nicht mehr, dass es lediglich ihre eigene innere Haltung ist, in die sie durch die Erniedrigung gedrückt wurden, die sie jetzt von anderen trennt. Kinder, die durch das *Wecken von Schuldbewusstsein* manipuliert oder bestraft werden, neigen dazu, ihre Schuldgefühle an anderen auszuagieren, ihrerseits Schuldige zu finden, anzuklagen, zu verpetzen, zu bestrafen oder selbst zu manipulieren. Beschämte oder schuldbeladene Kinder können grausam werden, intolerant oder perfektionistisch.

Steigen wir in den Ebenen voran, begegnet uns in der *Angst* ein Zustand, der seit jeher als Kontrollmittel totalitärer Staaten, religiöser Fundamentalisten und auch in der Erziehung erfolgreich eingesetzt wurde. Auf der Ebene der Angst wird schon bedeutend mehr Energie freigesetzt als in Zuständen von Traurigkeit, Resignation, Schuld oder Scham – es sei denn, der Ängstliche zieht sich paranoid aus einer Welt zurück, die ihm gefährlich und unsicher erscheint, und fällt damit zurück auf die zuvor genannten Ebenen. Ansonsten kann Angst eine starke Antriebskraft auslösen und zu großem Handeln anspornen, wenn man ihrer Ursache entkommen will. So kann es sein, dass ein rebellisch aufbrausendes Kind aus Angst vor Strafe manchmal lediglich um seine Unversehrtheit und um seine Freiheit kämpft, während andere Kinder angstvoll dazu neigen, sich unfrei und auf Dauer angepasst, unehrlich oder beziehungsgestört zu verhalten.

Während Energie im Zustand der Angst meistens für Kampf oder Flucht zur Verfügung gestellt wird, folgt sie auf der Ebene der *Begehrlichkeit* und des Verlangens bereits einem Ziel. Wer besser leben möchte als bisher, ist jetzt bereit, dem Ziel seiner Begehrlichkeit zu folgen. Auf dieser Stufe ist der Mensch bestrebt, Zufriedenheit durch äußere Dinge zu erlangen. Insofern er sich von ihnen abhängig macht, ist allerdings immer nur eine vorübergehende Zufriedenstellung möglich. Konsum, Geld, Macht oder Ruhm erscheinen ihm erstrebenswert, und seine Begierde ist nicht selten begleitet durch Neid, Sucht oder Eifersucht. Wer allzu früh die Begehrlichkeit in Kindern weckt, führt sie in die Abhängigkeit und fördert Egoismus und Konkurrenzdenken.

Wut, Zorn, Hass, Ärger und Aggression stellen mächtige Energien zur Verfügung, doch sie wirken zerstörerisch und selbstzerstörerisch. Aggressive Gefühle sind häufig Folge von Frustration, von falschen Erwartungen an andere und sind von Ungeduld gekennzeichnet. Sie können zu Hass und Selbsthass führen, bis der Mensch begreift, wie er die kraftvolle Energie dieser Ebene auf andere und konstruktive Weise nutzen kann.

Ein Mensch, der schließlich die Ebene von *Stolz* erreicht hat, fühlt sich überlegen und kann hieraus viel Energie für sich selbst generieren. Er erlebt ein starkes Selbstgefühl und verweilt unter Umständen lange auf dieser Ebene, die ihn aufgrund seines Selbstverständnisses, das von Vergleich, Hochmut, Arroganz und Überlegenheitsgefühlen genährt wird, von anderen trennt. Es ist eine Ebene, auf der man sich scheinbar gut fühlen kann, weil man auf die eine oder andere Weise glaubt, besser zu sein als ein anderer – mehr zu wissen, mehr zu besitzen, einer besseren sozialen Schicht anzugehören oder die einzig wahre Weltanschauung zu vertreten. Doch noch immer ist der Mensch verwundbar: Wem Anerkennung, Besitz oder Stellung auf dieser Ebene verloren gehen, der kann schnell auf niedrigere Ebenen wie Scham, Depression oder Zorn zurückfallen oder aber – sofern persönliche Erschütterungen auf dieser Ebene als Chance verstanden und durch Bewusstseinsprozesse begleitet werden – auf eine höhere Ebene im integren Bereich aufsteigen.

Der Bereich unter 200 ist fest in den Händen des Egos. Schuld und Schuldzuweisung, Ärger, Unlust und Frust, Angst und Scham haben hier ihren Platz. Der Mensch will besser sein und wähnt sich schöner oder klüger als andere. Stolz und Hochmut oder aber Trauer und Depression halten ihn hier gefangen. Er ist auf diesen Ebenen noch ganz und gar davon abhängig, dass seine Bedürfnisse von außen befriedigt werden. Der Mensch ist sich seiner selbst nicht sicher und versucht deshalb, die Welt zu kontrollieren oder aber sich ihr zu entziehen. Noch kennt er nicht die Freiheit, die sich jenseits dieser Ebenen eröffnet.

Integrität und Liebe

„Wenn wir in den *Bereich über 200* gelangen, werden Liebe und Wertschätzung immer mehr möglich und in zunehmendem Maß gelebt. Der Mensch erkennt, dass Glück und Zufriedenheit nicht von außen kommen, sondern innere Zustände sind und unabhängig von materiellem Besitz oder sozialer Anerkennung. Auch wenn das Ego immer noch wirksam ist, besonders in Extremsituationen, so verliert es doch immer mehr an Einfluss, je höher der Bewusstseinswert eines Menschen steigt. Es verschwindet nicht – aber es hört auf zu dominieren. Anstelle des Egos übernimmt die Seele oder das ‚große Selbst' immer mehr die Führung; das Ego wird aber nicht vernichtet, sondern es wird zu jener Instanz, die im Auftrag des höheren Selbst dafür sorgt, dass wir uns sicher in der Welt bewegen." [16)]
Ein Mensch, der die Schwelle zur Integrität überschritten hat, erlebt eine neue Seins-Qualität. Statt nur zu nehmen und durch Manipulation oder Zwang Kontrolle über andere auszuüben beziehungsweise sich ängstlich zu unterwerfen, beginnt er sich mehr und mehr als Teil eines größeren Ganzen zu fühlen, seine Mitmenschen auch in ihrem Anderssein zu achten und der Gesellschaft von sich zu geben.

Es braucht *Mut*, Verantwortung für das eigene Leben zu übernehmen, Neues auszuprobieren und sich von lieb gewordenen Denk- und Verhaltensmustern zu lösen. Statt sich als Opfer der Umstände zu erleben, beginnen Menschen auf dieser Ebene, Probleme als Herausforderung zu sehen und das Interesse für persönliches Wachstum erwacht. „Auf den unteren Ebenen wird das Leben als hoffnungslos, traurig, anstrengend oder frustrierend erlebt; doch auf der Ebene des Mutes wirkt das Leben aufregend, herausfordernd und stimulierend." [17)]

Auf der Ebene der *Neutralität* vermag der Mensch unterschiedliche Anschauungen und Positionen als gleichwertig anzuerkennen. Er sieht keine Notwendigkeit, sich beweisen zu müssen oder Konflikte hierfür zu nutzen. Freiheit und Unabhängigkeit sind ihm wichtig. Menschen auf dieser Ebene sind darum auch immer weniger von außen zu beeinflussen. In ihrer Gesellschaft fühlt man sich sicher. Ihre Kritik ist konstruktiv und dient nicht länger der eigenen Selbsterhöhung.

Die Ebene der *Bereitwilligkeit* beinhaltet die Fähigkeit zu einer unbefangenen Selbstwahrnehmung. Der Mensch ist bereit, eigene Themen anzuschauen, an sich selbst zu arbeiten, von anderen zu lernen und sein Verhalten zu korrigieren – statt Ursachen oder Schuld für seine Probleme nur bei anderen, der Gesellschaft oder in der eigenen Kindheit zu suchen. Er weiß, jeder Konflikt ist sein eigener Konflikt. Bewusstseins- und Persönlichkeitsentwicklung erlangen zunehmend Bedeutung. Mit der Grundhaltung dieser Ebene sind Menschen einfühlsam, freundlich und aufgeschlossen auch für die Bedürfnisse anderer. Neben das eigene Wohl tritt das Gemeinwohl, für das man sich auf dieser Ebene bereitwillig einsetzt.

Auf der Ebene der *Akzeptanz* werden individuelle Unterschiedlichkeiten und auch Gegensätze als Gewinn angesehen. Der Fokus der Aufmerksamkeit führt immer mehr vom Ich zum Wir, und bei Konflikten wird nach Lösungen im Sinne eines Win-win-Ergebnisses gesucht. Gemeinsamer Erfolg wird dem persönlichen Gewinn oder einseitiger Schuldzuweisung vorgezogen. Mit dieser Grundhaltung weiß man, dass es keine Ursache für Probleme außerhalb seiner selbst gibt und jeder für sein Glück auch selbst verantwortlich ist. Menschen auf dieser Ebene wollen sich mit ihren Fähigkeiten zum Wohle aller einsetzen und Verantwortung für ihre Rolle in der Welt übernehmen.

Die Ebene des *Verstandes* schließlich ermöglicht es, komplexe Zusammenhänge zu verstehen. Der Mensch ist zum permanent Lernenden geworden – auf der Suche nach Erkenntnis. Klares Denken und die Fähigkeit, größere Zusammenhänge zu erkennen, sind Basis für immer weiterführende und neue Einsichten. Menschen auf dieser Ebene haben Selbstdisziplin, sind initiativ und setzen ihre Fähigkeiten voll verantwortlich ein.

Doch obwohl der Verstand zu großen Errungenschaften und Erkenntnissen fähig ist, „ist er paradoxerweise ein großes Hindernis für das Erreichen der höheren Bewusstseinsstufen“ [18], wenn er ins Intellektualisieren abgleitet und zum Selbstzweck wird. Wenn das intellektualisierende, vergleichende und Daten sammelnde Denken ego-zentriert auf niedere Ebenen des Bewusstseins zurückfällt, wird der Mensch – nach Albert Einstein – „zwar zu einer Art benutzbarer Maschine, aber nicht zu einer vollwertigen Persönlichkeit. Es kommt darauf an, dass er einen lebendigen Sinn dafür bekommt, was schön und was moralisch gut ist. Sonst gleicht er mit seiner spezialisierten Fachkenntnis mehr einem wohl abgerichteten Hund als einem harmonisch entwickelten Geschöpf. (…) Überbetonung des Konkurrenzsystems und frühzeitiges Spezialisieren unter dem Gesichtspunkt der unmittelbaren Nützlichkeit töten den Geist, von dem alles kulturelle Leben abhängig ist. (…) Überbürdung mit Stoff führt notwendig zu Oberflächlichkeit und Kulturlosigkeit. Das Lehren soll so sein, dass das Dargebotene als wertvolles Geschenk und nicht als saure Pflicht empfunden wird.“ [19]

Wissensansammlung und Konkurrenzdenken gehört in den Bereich des Egos. Unterrichten und Erziehen auf der Basis von Integrität und Liebe fördert Kinder – hin zu selbstbestimmt denkenden und verantwortungsbewusst handelnden Menschen.

Im *Bereich um 500* wird eine neue Schwelle überschritten. Wir befinden uns am Wendepunkt zur bedingungslosen *Liebe*. Liebe, die sich auf körperliche Anziehung, Sex, Abhängigkeit und Besitzdenken beschränkt, fällt in dem Moment, in dem sie enttäuscht wird, schnell in den nicht-integren Bereich zurück, und an ihre Stelle treten Eifersucht, Neid, Streit und Kräfte zehrende Auseinandersetzungen. Bedingungslose Liebe wird hiervon nicht berührt. Sie basiert auf Qualitäten des Herzens, ist warmherzig, gütig, mitfühlend, vergebend, verbindlich und wahrhaft einend. Sie sieht das Gute in jedem Menschen, heilt Wunden, Schmerzen und

Enttäuschungen bei sich selbst und anderen. Ein Mensch auf dieser Ebene stellt sein Denken in den Dienst des Herzens und sich selbst in den Dienst an der Menschheit. Mahatma Gandhi, Mutter Theresa, Nelson Mandela und viele andere sind zu großen Vorbildern der Menschheit für diese reine Herzenskraft geworden.

Freude und eine Grundstimmung tiefer innerer Zufriedenheit, die auch unabhängig von äußeren Einflüssen bewahrt werden kann, sind die Folge. Wer Mitgefühl und Verständnis selbst für seine ‚Gegner' empfinden kann, ist unabhängig von äußeren Einflüssen. Die Gegenwart solcher Menschen wird als klärend und heilend empfunden. Es ist die Ebene der Heiligen und der großen spirituellen Lehrer. – Tiefer *Friede* durchzieht die Seele desjenigen, der sein Leben als Teil eines großen Ganzen mit allem verbunden weiß. Leben und Handeln ist für ihn Ausdruck geistiger Offenbarung und sein Körper ein Instrument, durch das er die höchsten und reinsten Impulse zum Ausdruck bringen möchte. Seine Handlungen sind von Liebe, Verständnis und Mitgefühl geprägt. Es ist die Ebene der Mystiker, auf der alles Trennende – auch jede Trennung in Religionsgemeinschaften – überwunden ist. Die direkte Verbindung zur Göttlichen Quelle ist vollzogen.

Der *Bereich über 700* ist der Bereich der großen Menschheitslehrer, die als Ausdruck des einen allumfassenden Bewusstseins in der Vergangenheit mächtige Impulse und Zeit überdauernde Lehren und Weisheitsbücher auf der Erde hinterlassen haben. Der Mensch auf dieser Ebene ist zum ‚Gott-Menschen' geworden und stellt sich vollkommen einer höheren Ordnung und dem Wohle aller zur Verfügung.

Sündenfall oder Resonanz

Wenn ein Kind geboren wird, hat es noch kein Erleben von sich selbst als ein getrenntes Bewusstsein. Es erlebt sich als zutiefst verbunden mit allem, was ist. Ein kleines, wenige Wochen altes Kind, begegnet uns als ein Bild von Reinheit, Frieden, Offenheit und uneingeschränktem Vertrauen. Wer in seine Augen schaut, hat das Gefühl, darin versinken zu können. Sie sind wie ein tiefer klarer See und wir können unseren besten und heiligsten Teil darin spiegeln, sofern wir solche Augenblicke nicht versäumen.

Doch leider verliert der Blick vieler Kinder häufig schon in den ersten Lebensjahren an Direktheit und Offenheit. Ein Kind, das sich in Sicherheit weiß, angenommen, in seinen Lebensimpulsen unterstützt und dessen Vertrauen nicht missbraucht wurde, behält diesen Blick für lange Zeit. Ein Kind hingegen, das häufig kritisiert und in jungen Lebensjahren bestraft wird, mag es schon bald schwer haben, seinem Gegenüber offen und lange in die Augen zu schauen, so wie es das einst getan hat. Sein Blick wird ausweichend und wir können ihn nur noch schwer einfangen; die Stetigkeit seines Blicks ist ein Gradmesser für das Vertrauen, das noch immer in ihm lebt.

Vertrauen ist die Basis für Liebe und wird gleichzeitig durch Liebe entbunden. Vertrauen ist ein hohes Gut. Und gerade dieses Gut ist es, das häufig schon in den ersten Kindheitsjahren angegriffen wird. Wird das Vertrauen eines Kindes wiederholt erschüttert, ist es jedes Mal wie ein Absturz aus Gefühlen von Einheit und Verbundenheit, die dem Kind in den ersten Wochen, Monaten und bestenfalls Jahren Lebenssicherheit geben – ein Absturz aus Liebe, Vertrauen und Zuversicht, hohen Bewusstseinsebenen noch unbewusst gelebter Integrität auf die Ebenen der Nicht-Integrität. An ihre Stelle treten Ängstlichkeit, Scham und Schuldgefühle, Misstrauen, Traurigkeit, Unehrlichkeit oder aggressives Verhalten – ein menschliches Drama, das nicht selten eines langen Lebens bedarf, um die Schwelle der Integrität in späteren Jahren in die andere Richtung erneut zu überschreiten. Damit der ‚Sündenfall' nicht wieder und wieder durch Unwissenheit vollzogen wird, kann nur Bewusstsein hierüber helfen.

Jedes Neugeborene bietet Eltern die Chance, sich auf den eigenen Weg der Persönlichkeitsentwicklung zu begeben und dabei in Resonanz zu treten mit der Erfahrungswelt des Kindes – in Resonanz zu treten mit Vertrauen und bedingungsloser Liebe, statt Kinder hinabzuziehen auf die Ebenen von Nicht-Integrität, was dann Erziehung genannt wird.

Bewusster zu werden ist das größte Geschenk,
das jemand der Welt machen kann;
und darüber hinaus kehrt dieses Geschenk
durch die Wellenbewegung, die es auslöst,
zu seinem Ursprung zurück.

David Hawkins [20)]

Kapitelübersicht

Etwas über Lebensskripte

Raupe oder Schmetterling

Das individuelle Bewusstsein eines gesunden Menschen ist in seinen Möglichkeiten kaum begrenzt, es sei denn, *wir* begrenzen es und damit uns selber. Es kann klein, eng und eingeschränkt oder aber groß, weit und umfassend sein. Jeder kennt heutzutage das Wort ‚Bewusstseinserweiterung'. Dafür benötigen wir keine psychoaktiven Substanzen, wie Drogen, sondern an allererster Stelle Selbsterkenntnis. Nehmen wir ‚Bewusstsein' beim Wort, so ist es *bewusstes Sein*, das heißt ein Sein, das sich seiner selbst und seiner Stellung in der Welt und im Kosmos bewusst ist.

Um Bewusstsein in diesem erweiterten Sinne zu erlangen, ist es *notwendig*, zunächst die *Not* des eingeschränkten und uns einschränkenden Alltagsbewusstseins *zu wenden*. Damit beginnen wir in dem Moment, in dem wir uns unserer Lebensmuster bewusst werden, die uns binden, unser Erkennen begrenzen und unseren Blickwinkel auf das Leben nach sich ausrichten.

Ein an Bewertungen, Ängsten oder Illusionen gebundenes Alltagsbewusstsein – unser so genanntes Ego-Bewusstsein – und das Festhalten an ihm trennt uns, wie wir im vorherigen Kapitel gesehen haben, von unserer wahren Größe. „Die Welt des Egos ist wie ein Spiegelkabinett, durch das das Ego wandert, verloren und verwirrt, während es die Bilder von einem Spiegel nach dem anderen jagt. Das menschliche Leben wird durch endlose Versuche und Irrtümer charakterisiert, um aus dem Labyrinth herauszukommen. Manchmal wird diese Spiegelwelt für viele Menschen, ja vielleicht sogar für die meisten, zu einem Schreckenshaus, das immer schlimmer und schlimmer wird. Der einzige Weg, aus dieser sich im Kreis drehenden Wanderschaft heraus zu finden, liegt im Streben nach spiritueller Wahrheit."[21)]

Spirituelle Wahrheit hat nichts mit Religion oder religiösen Dogmen zu tun, sondern ist die von Vorannahmen, Vorurteilen, fixen gedanklichen Strukturen und automatisierten emotionalen Reaktionsmustern gereinigte Wahrnehmung des Geistes, die den Trübungen entkommen ist. Darum beginnt die Suche nach spiritueller Wahrheit auch immer zunächst bei uns selbst.

‚Erkenne dich selbst' stand für alle sichtbar am Eingang des Apollontempels in Delphi. Selbsterkenntnis ist das Tor, durch das wir schreiten müssen, um die große Bühne dahinter wahrnehmen zu können.

Erst wenn wir alle Brillen mit den Filtern unserer illusionären Wahrnehmung absetzen, die uns trennen von dem, was jenseits unserer vom Ego bedingten Anschauungen liegt, können wir unser Bewusstsein weiten und wie eine Raupe aus unserer alten Haut schlüpfen, die uns wie ein Panzer umgeben hat, um uns in die Gegenwart des Lichtes und in die Freiheit hinein zu entfalten. Verleihen wir uns selbst die Flügel, indem wir diese alte Haut loslassen, von der wir bisher glaubten, dass sie notwendig sei, um uns zu schützen. Nur so können wir der Wahrheit in uns selbst und in unseren Kindern begegnen.

Je besser wir unsere mentalen und emotionalen Strukturen sowie unsere gewohnheitsmäßigen Verhaltensweisen kennen und wandeln lernen, umso bewusster und freier können sich auch unsere Kinder entwickeln, weil sie sich emporranken an denen, die ihnen vorangehen.

Wir müssen uns entscheiden: Wollen wir sie zu lebenslangen Raupen ausbilden oder zu Schmetterlingen befähigen? Dann bleibt uns nichts anderes übrig, als unsere eigene Raupennatur kennenzulernen, die auch unsere Kinder davon abhält, ihre Flügel zu entfalten.

Werfen wir zu diesem Zweck einen Blick in das Drehbuch unseres eignen Lebens, dessen erste Eintragungen unserer frühen Kindheit entstammen – lange bevor wir selbst schreiben gelernt haben. Tief ins Unbewusste haben sich ihre Spuren eingraviert. Hier lagern sie in Form von Verhaltens- und Reaktionsmustern, die wir als Antwort auf die Verhaltensweisen unserer Eltern ausgebildet haben und die unsere persönliche Entwicklung, unseren Erfolg und die Qualität unseres alltägliches Lebens mehr beeinflussen, als wir es vielleicht zunächst annehmen.

In den ersten Lebensjahren bekommt jeder Mensch eine Vielzahl von Botschaften – verbal und nonverbal – mit auf seinen Weg. Sie mögen ihn zu einem erfolgreichen Leben befähigen, ihn in seinem individuellen Ausdruck fördern und ihn unterstützen, seine Lebensimpulse zur Entfaltung zu bringen – oder aber ihn einschränken, ängstlich machen, vorsichtig, feige und unsicher. Manche Menschen verbiegen sich ein ganzes Leben lang, ohne jemals die Tür zu Mut, Kreativität und Selbstausdruck aufzustoßen. Sie fühlen sich unwohl, sind nicht zufrieden mit sich selbst und dem Leben und wissen nicht weshalb.

Ausschlaggebend für die individuelle Ausrichtung, Gestaltung und Wahrnehmung des Lebens ist, welche Botschaften wir als Kinder von unseren Eltern erhalten haben, wie wir mit ihnen umgegangen sind und welches individuelle Erfahrungsmuster wir daraus gesponnen haben.

Ein Großteil unserer persönlichen Glaubenssätze stammt aus der frühen Kindheit, tief in uns eingraviert in dem, was wir über uns selbst, über die Welt und über das Leben denken. Unsere aus dieser Zeit stammenden Gefühls- und Reaktionsmuster, Denk- und Sprachstrukturen, Gewohnheiten und Verhaltensweisen beeinflussen uns häufig bis ins Erwachsenenleben hinein, indem wir sie unbewusst oder halbbewusst wiederholen. Sie sind uns vertraut, und wir sind bequem geworden und wagen nicht, unsere scheinbaren Sicherheiten zu verlassen, wenn wir nicht sehen, was jenseits davon möglich ist.

Stattdessen folgen wir häufig einem *unbewussten Lebensplan*, der in der Kindheit veranlagt wurde. Der amerikanische Arzt Eric Berne sprach in diesem Zusammenhang von einem ‚Lebensskript' und entwickelte die ‚Skriptanalyse' als ein psychotherapeutisches Verfahren zur Bewusstwerdung, Auflösung und Veränderung von einschränkenden Denk-, Fühl- und Verhaltensmustern, die einem freien und selbstbestimmten Lebensausdruck im Weg stehen. Um zu verstehen, warum das so ist, möchte ich einen kleinen Ausflug in die Psychologie des Lebensplans machen. Denn nur durch Bewusstwerdung unserer Muster können wir unser Raupendasein abstreifen und verhindern, dass auch unsere Kinder von ihm geprägt werden.

Es erscheint mir bedeutsam, an dieser Stelle noch einmal zu betonen, dass ein Kind nicht zwangsläufig die angebotenen Verhaltensmuster Erwachsener übernehmen muss. Umwelt und Individualität finden zusammen wie zwei Farben, die übereinandergelegt werden. Das Mischverhältnis ist ein subtiler Prozess, der zwar beeinflusst, aber nicht unabwendbar gesteuert werden kann.

Der unbewusste Lebensplan

In der Kindheit entscheiden wir also darüber, welche Grundannahmen und welche Lebenshaltung unserer Eltern auch für unser späteres Leben wegweisend sein werden. Meistens sind es diejenigen Botschaften, die wir wiederholt hören und die unsere Eltern uns durch ihr eigenes Verhalten vorleben. Sind wir selbst Eltern, sollten wir uns daher bewusst machen, welchen Grundannahmen wir folgen, um das Rad der Unbewusstheit anzuhalten, damit es sich nicht von Generation zu Generation weiterdreht und wir an unsere Kinder weitergeben, was uns unbewusst selbst geleitet hat.

Schauen wir uns hiefür mögliche Grundannahmen im Lebensskript einmal näher an: Zunächst möchte ich den Fokus auf die negativen Botschaften lenken, die uns einschärfen, wie wir *nicht sein sollten,* wie beispielsweise *nicht* so auffällig, ... *nicht* vorlaut, ... *nicht* so empfindlich, ... *nicht* kindisch und vieles mehr. Wiederholte Aufforderungen, etwas zu unterlassen oder unerwünschte Verhaltensweisen aufzugeben, werden ‚*Einschärfungen*' oder wegen ihrer Nachhaltigkeit auch ‚*Bannbotschaften*' genannt. Negative Botschaften sind immer bedrohlich für ein Kind und schränken es in Spontaneität und Selbstausdruck ein.

Daneben gibt es im Skriptkonzept die so genannten *‚Antreiber'*, die einem Kind signalisieren, wie es *stattdessen sein sollte* – stark, schnell, perfekt, ordentlich, besser und viele weitere Ansprüche, mit denen das Kind konfrontiert wird und die es drängen, den Vorstellungen seiner Erzieher zu entsprechen.

Einschärfungen und *Antreiber* haben immer Aufforderungscharakter und häufig versucht das Kind ihnen aus Loyalität oder aus Angst vor Liebesentzug bewusst oder unbewusst zu folgen. Als Teil eines individuellen *Lebensplans* wirken sie über die Kindheit hinaus und fördern ein Verhalten, das nicht selten einem lebenslangen Wiederholungszwang unterliegt.

Um Heranwachsenden ein Vorbild für einen unabhängigen und selbstbestimmten Lebensweg sein zu können, ist es Voraussetzung, dass Eltern und Erzieher ihre eigenen begrenzenden Lebensmuster erkennen und auflösen. Nur so können sie aufmerksam sein dafür, was sie an die nachfolgende Generation weiterreichen.

Die folgenden Kapitel möchten anregen, das eigene Drehbuch des Lebens kennenzulernen und frühkindliche Prägungen aufzuspüren, die vielleicht schon lange unerkannt in uns schlummern. Oft sind sie uns so selbstverständlich geworden, dass wir sogar Verhaltensweisen, die uns einschränken oder blockieren – selbst wenn sie eine Vielzahl von Problemen nach sich ziehen – nicht loslassen wollen, weil wir uns nicht vorstellen können, wie es sich ohne sie lebt. Wie weit sind wir deshalb oft von unseren ureigenen Zielen und Träumen entfernt! Erst wenn dieser unbewusste Lebensplan aufgedeckt ist, kann sich das Leben in eine Richtung verändern und entfalten, die wir uns wünschen.

Sie werden in den folgenden Beispielen vermutlich eine Fülle von Botschaften entdecken, die Sie aus Ihrem eigenen Lebenszusammenhang oder durch Beobachtung anderer kennen. Wer im Buch seines Lebens das umschreiben möchte, was ihm nicht mehr wirklich dient, dem rate ich, einen Stift zur Hand zu nehmen und die Skriptbotschaften zu unterstreichen oder herauszuschreiben, die ihn stutzig machen oder traurig, wütend oder aufgeregt, oder die Erinnerungsbilder in ihm wecken. Im Anhang gibt es dann die Möglichkeit, diese einschränkenden Muster umzuschreiben.

Ich wünsche Ihnen viel Freude bei der Entdeckungsreise durch den Irrgarten individueller Lebens- und Beziehungsmuster, hinter denen das wahre Selbst verborgen ist und darauf wartet, dass der Schleier, der es verdeckt, gelüftet wird!

Destruktive Grundbotschaften

Sei nicht!

‚Sei nicht' ist die wohl destruktivste aller Botschaften. Sie vermittelt einem Kind, dass es auf dieser Welt stört oder die Eltern an ihrer Selbstverwirklichung hindert: *Weil du da bist, konnte ich mein Studium nicht beenden, ... musste ich meine Karriere aufgeben, ... konnte ich meinen Traumberuf nicht ergreifen, ... musste ich deine Mutter heiraten ... Seitdem du da bist, habe ich diese Probleme ... Wir wollten dich noch nicht so früh, wir waren noch viel zu jung ...* Oder auch mit umgekehrten Vorzeichen: *Wir wollten eigentlich kein Kind mehr, aber dann kamst du, ... wir hatten jetzt ganz andere Pläne für unser Leben ...* Gehen wir noch einen Schritt weiter: *Du bist unerträglich ... Ich halte es nicht mehr aus mit dir ... Du bringst mich noch unter die Erde ...*

‚Sei nicht!' ist eine unmittelbare Bedrohung der Existenz! Es fehlt so etwas wie eine Grunderlaubnis zu leben! Das Kind versteht: Mich sollte es eigentlich gar nicht geben. Ich wäre besser nicht gekommen oder am besten gar nicht da. Oder: Mich mag niemand, ich bin überflüssig. Ein (böses) Kind wie ich hat eigentlich kein Recht zu leben.

Ein auf diese Weise in der Kindheit geprägter Mensch folgt als Erwachsener, auch wenn er den Anlass längst vergessen hat, häufig noch immer einem lähmenden *Bann, nicht sein zu dürfen.* Manche von ihnen glauben, dass sie ihre Existenz rechtfertigen müssten, beispielsweise durch übertriebenen Fleiß, durch großartige Leistungen oder Taten der Selbstverleugnung, andere führen ein risikoreiches und gefahrenvolles Leben, das ihnen die Aussicht auf ein frühzeitiges Ende bietet, nehmen Drogen oder versuchen auf andere Art der scheinbaren Nichtlegitimierung ihres Lebens zu entrinnen. Allen gemeinsam ist: Sie haben ihr Leben nicht voll und ganz angenommen.

Wer sein Kind liebt, sollte ihm zu spüren geben, dass es die Erlaubnis hat zu leben und dass sein Leben ein wunderbares Geschenk ist!

Es ist schön, dass es dich gibt!
Dein Leben ist ein wunderbares Geschenk!

Sei nicht wichtig

‚Du bist nicht wichtig' ist eine Botschaft, die viele Kinder in unserer Gesellschaft tagtäglich schmerzvoll erfahren müssen. Sie vermittelt einem Kind, dass andere bedeutsamer sind als es selbst und lassen es Kleinheit und Minderwertigkeit erleben: *Dazu bist du noch viel zu klein! … Lass es, das machst du nicht gut genug! … Dafür bist du zu ungeschickt! … Du tust, was ich dir sage! … Wenn die Erwachsenen reden, schweigst du! … Nimm dich nicht so wichtig! … Und fall nicht immer gleich auf! … Halt dich zurück, … andere können es besser …* Oder auch: *Was willst du denn schon wieder? … Stör mich nicht immer! … Lass mich in Ruhe mit deinen Ideen! …* Und kennen Sie das: Ein Erwachsener wendet sich mit einer Frage an ein

Kind, doch bevor es etwas sagen kann, antwortet die Mutter. Das Kind fühlt sich nicht ernst genommen, nicht bedeutsam genug, um selbst antworten zu dürfen.

Wenn die Wünsche und Bedürfnisse eines Kindes nicht geachtet und nicht ernst genommen werden, wenn seine Mitteilungen als unwichtig oder unbedeutsam zur Seite geschoben werden, oder wenn Eltern den Ausführungen ihres Kindes nicht oder nur zum Schein zuhören, während sie mit ihren Gedanken und ihrer Aufmerksamkeit woanders sind, kann das Kind kein gesundes Selbstwertgefühl entwickeln. Für seine Persönlichkeitsentwicklung braucht es ein Bewusstsein über den eigenen Wert und seine Wirksamkeit. Dadurch wird es zum sozialen Wesen, das auch den Wert anderer anzuerkennen vermag.

Menschen, die ihr Selbstwertgefühl in der Kindheit nur ungenügend entwickeln konnten, versuchen den Mangel später oft durch Anhäufung von Statussymbolen, durch übermäßige Betriebsamkeit und Geschäftigkeit oder durch Titel zu kompensieren, oder sie bleiben im *Bann der Unwichtigkeit* gefangen, verharren in einer Untergebenenposition oder in übertriebener Anpassung. Möglicherweise ergreifen sie aber auch einen helfenden Beruf, um den eigenen Wert durch die Dankbarkeit anderer spüren zu können.

Wer sein Kind liebt, sollte ihm Respekt, Wertschätzung und ehrliches Interesse entgegenbringen. Er sollte auch den eigenen Selbstwert prüfen und sich für ein Leben entscheiden, in dem Achtung und Wertschätzung – sich selbst und anderen gegenüber – ihren Platz finden.

Du darfst deine Wünsche und Ideen äußern.
Ich interessiere mich für dich und höre dir zu.
Ich freue mich an dem, was du kannst.
Du bist wichtig für mich und für andere.

Habe keine eigenen Empfindungen!

Das tut doch gar nicht weh! ... Ist gar nicht schlimm! ... Du hast Hunger? Das kann gar nicht sein; wir haben ja eben erst gegessen! ... Du frierst? Es ist doch gar nicht kalt! ... Solche und ähnliche Botschaften führen dazu, dass Kinder ihren eigenen Wahrnehmungen immer weniger trauen. Sie fühlen sich in ihren Empfindungen oder in einem Schmerz nicht gesehen, nicht verstanden und nicht ernst genommen. Wenn ein Kind wiederholt Desinteresse oder Ablehnung für seine Wahrnehmungen erfährt, wird es eines Tages vielleicht aufhören, darüber zu sprechen. Und wenn sich zudem in ihm ein leiser Zweifel regt, weil es ja auch ‚falsch' sein könnte, was es wahrnimmt, machen sich innere Unsicherheit und Irritation breit.

Da braucht man sich nicht zu wundern, dass es Menschen gibt, die sich im Erwachsenenalter auf ihre eigenen Gefühle nicht mehr verlassen und für die Intuition ein Fremdwort ist. Sie benötigen den Wetterbericht, um ihre Kleidung auszuwählen, den Stilberater für die richtigen Farben, die Kalorientabelle für die Wahl ihrer Nahrung oder einen Guru, der ihnen sagt, welche Schritte sie in ihrem Leben tun sollen. Manchen gelingt es erst im Rahmen einer Therapie, wieder Vertrauen in die eigenen Wahrnehmungen zu gewinnen.

Wer seinen eigenen Empfindungen nicht traut, dem fallen auch Entscheidungen zunehmend schwerer; er drückt sich vor ihnen oder lässt andere für sich entscheiden. Vielleicht geht er zu einem Astrologen oder zu einem ‚Channeling' und verstrickt sich im *Bann der Unsicherheit* immer mehr in fremdbestimmten Impulsen – bis er sich eines Tages einen neuen Zugang zur eigenen Intuition erarbeitet, nachdem er die einschränkende Prägung erst einmal erkannt hat.

Wer sein Kind liebt und achtet, respektiert auch dessen Wahrnehmungen und Empfindungen, selbst wenn sie sich von den eigenen unterscheiden.

Du darfst deiner eigenen Wahrnehmung trauen.
Du darfst dich auf deine Empfindungen und Intuitionen verlassen.

Fühle (bestimmte Gefühle) nicht!

Immer wieder kommt es vor, dass bestimmte Gefühle in einer Familie oder bei Mutter oder Vater tabu sind! Häufig betrifft es Ärger, Wut, Trauer oder Lust. Viele Kinder erleben schon in früher Kindheit Zurückweisung, wenn sie bestimmte Gefühle zeigen: *Nimm Dich mal zusammen, ... du brauchst doch keine Angst zu haben, ... du bist ja ein richtiger Angsthase, ... bist eine Heulsuse ... Heulen tun doch nur die Mädchen ... Indianerherz kennt schließlich keinen Schmerz ...* Vielleicht erleben sie auch durch die Eltern: *Gefühle sind überflüssiger Luxus ... man muss sie in den Griff kriegen, ... darf sich nicht von ihnen beeinflussen lassen, ... man muss sie kontrollieren ... oder gar abtöten ... Entscheidungen trifft man rational, ... und außerdem sind Gefühle Weiberkram,* denkt ein Vater vielleicht.

Und viele Kinder erleben: Wenn ich wütend bin oder traurig, werde ich nicht ernst genommen, oder wenn ich mich megadoll freue, *soll ich mal wieder auf den Boden kommen.* Sie erfahren: Es gibt Teile an mir, die werden abgelehnt, die sind nicht erlaubt oder werden nicht verstanden. Besser ich zeige sie nicht, denn sie sind lästig, unpassend oder nicht akzeptabel.

Und so entfremden sie sich möglicherweise eines Tages von ihren eigenen Gefühlen, werden als Erwachsene zu Gefühlsverweigerern, zu Gefühlsverächtern oder Gefühlsabschneidern, werden Gefühlsignoranten oder Gefühlssortierer, weil sie den Zugang zu ihren ursprünglichen Gefühlen verloren haben. Gerade in Partnerschaften führen solche frühkindlichen Prägungen nicht selten zu großen Problemen.

'Wenn ich Gefühle zeige, zeige ich Schwäche', ist eine weit verbreitete Ansicht – darum lieber keine Gefühle zeigen, sich nicht angreifbar machen, nicht zeigen, was wirklich in einem los ist, manchmal nicht einmal mehr sich selbst. Wer vor Gefühlen davonläuft, läuft vor sich selbst davon. Vielleicht baut er sich Luftschlösser in einer heilen Scheinwelt, analysiert Situationen bis zum Umfallen, lenkt sich ab durch übertriebenen Freizeitstress, ertränkt Gefühle in Alkohol oder Drogen und tut so, als gäbe es sie nicht.

Nicht-Fühlen kennt viele Varianten. Kennen Sie den, der sich Zeit seines Lebens zum Clown macht, nur um seine Traurigkeit nicht spüren zu müssen, den Mönch, der sich kasteit, um seine Lust nicht zu fühlen, den autoritären Vater, der von seinem Sohn Gehorsam erzwingt, weil er seine eigene Lebensfreude beschneidet, die überpenible Hausfrau, die ihre Lust auf Leben unter den Teppich kehrt, den Reinlichkeitsneurotiker, der sich 50 mal am Tag die Hände wäscht, den Mörder und Selbstmörder – wir haben viele Möglichkeiten, unsere Gefühle zu leugnen und ihnen auszuweichen! Doch auch, wenn wir sie *im Bann der Gefühlsignoranz* hinter Schloss und Riegel sperren, können wir ihnen nicht entkommen. Unterhalb unserer Bewusstseinsschwelle kämpfen sie um ihre Existenz und brechen manchmal plötzlich und ganz unerwartet hervor.

Erlauben Sie sich selbst und erlauben Sie Ihren Kindern zu fühlen, die eigene Vitalität und Lebensfreude zu leben und zu erleben. Die ganze Gefühlspalette zu erfahren und in rechter Weise auszudrücken, macht das Leben bunt und reizvoll. Und wer schließlich sein Leben als eine Möglichkeit zu Reife und Höherentwicklung nutzen möchte, dem können gerade die Gefühle wertvolle Hinweisschilder sein auf dem Weg zu sich selbst.

Wer sein Kind liebt, der sollte ihm Erlaubnis geben zu fühlen und seine Gefühle angemessen auszudrücken. Er sollte ihm zeigen, dass Gefühle ein wichtiges Wahrnehmungsorgan sind, um sich selbst und andere zu verstehen und um selbstbestimmte Entscheidungen treffen zu können.

Du darfst fühlen, was du fühlst!
Du darfst jedes Gefühl wahrnehmen und auch wieder gehen lassen!
Du darfst lernen, deine Gefühle angemessen auszudrücken.
Gefühle helfen dir, dich selbst und andere zu verstehen.

Sei nicht glücklich!

‚Sei nicht glücklich' ist eine spezifische Botschaft der Gefühlskontrolle, die keine Erlaubnis gibt, rundum zufrieden zu sein und sich am Leben zu erfreuen. Oft geht sie von Eltern aus, die selbst wenig Freude im Leben haben, dauernd unter Anspannung stehen, denen alles zu viel ist, oder die chronisch leidend sind und dem Kind signalisieren: *Fühle, wie ich fühle … Sei nicht zufrieden, … nicht besser drauf als ich …* Und sie geben ihm zu verstehen: *Das Leben ist hart … oder unbarmherzig, … wir sind ja nicht zum Vergnügen hier, … schließlich kann man nicht alles haben, … das Leben ist eben kein Ponyhof …* Aufgrund eigener Unzufriedenheit, Krankheit, Stress oder sonstiger Belastungen wird von Müttern oder Vätern häufig Solidarität von ihren Kindern erwartet – oder vom Kind selbst gegeben, wenn es an den Sorgen und Leiden der Erwachsenen zu sehr beteiligt wird. Vielleicht ist manchmal sogar Neid im Spiel auf eine unbeschwerte Kindheit, wenn Eltern sie selbst nicht gehabt haben.

Kinder sind von Natur aus froh. Sie haben Freude am Leben und an all dem, was es zu entdecken gibt. Sie haben ein Recht auf Leichtigkeit und Unbekümmertheit. Die Botschaft, nicht glücklich sein zu dürfen, stellt ein freudloses, langweiliges oder tristes Leben in Aussicht, in dem Zufriedenheit, Vergnügen, Leichtigkeit und Frohsinn selten oder keinen Platz finden. Die kindliche Annahme, das Leben sei schwer, kann die eigenen Erfahrungen lebenslang beeinflussen, was dazu führt, dass im *Bann der Unzufriedenheit* dieses Grundmuster später – wiederum unwissend – an die nächste Generation weitergegeben wird.

Wer sein Kind liebt, sollte ihm zu spüren geben, dass es die Erlaubnis hat, glücklich zu sein und dass es ein hohes Gut ist, an seinem Frohsinn und seiner kindlichen Unbekümmertheit teilzuhaben, anstatt von ihm aus egoistischer Verbundenheit zu erwarten, dass es seine naturgegebene Leichtigkeit zugunsten belastender Erwachsenengefühle aufgibt.

Du darfst glücklich sein!
Ich freue mich an deiner Unbekümmertheit und an deinem Frohsinn.
Ich bin bereit, Glück und Zufriedenheit auch in mein Leben zu lassen.

Denke nicht so viel! Mach dir keine unnötigen Gedanken!
Dazu bist du noch viel zu klein! ... Das kannst du noch nicht verstehen! ... Darüber brauchst du in deinem Alter noch nicht nachzudenken! ... Diese Frage darf man in deinem Alter noch gar nicht stellen! ... Oder auch: *Stell nicht so dumme Fragen, ... und grübele nicht so viel! ...* Wen wundert es, wenn Kinder, die solche oder ähnliche Botschaften schon in früher Kindheit gehört und verinnerlicht haben, in der Schule Lernschwierigkeiten bekommen, weil ihre Neugier und ihr natürlicher Lerneifer gebremst wurden und sie sich nicht mehr trauen, ihre persönlichen Fragen zu stellen. Wissen einzufordern ist für sie zu einem riskanten Unterfangen geworden, das Zurückweisung und Beurteilung nach sich ziehen kann. Wer wiederholt hört, dass er *ein Dummkopf sei, ... seine Gedanken zu nichts nütze sind, ... er zu dumm sei zum Pferdestehlen, ...* und man überhaupt *das Denken lieber den Pferden überlassen solle, ...* mag später wenig Zutrauen in die eigenen geistigen Fähigkeiten haben.

Erwachsenen, denen es schwerfällt, Aufgaben oder Probleme denkerisch zu lösen, haben vielleicht als Kind Botschaften empfangen, die ihr selbstständiges Denken behinderten oder infrage stellten. Nicht selten haben sie auch Schwierigkeiten, sich situationsadäquat auszudrücken oder Klarheit in ihre unstrukturierten Gedanken zu bringen, weil sie es sich selber nicht zutrauen, komplexe Zusammenhänge durchschauen und begreifen zu können.

Mach dir nicht so viele Gedanken, ... tu einfach, was ich dir sage, ist eine Aufforderung zu Dummheit, Anpassung und unreflektierter Nachfolge. Aber, was soll's: *Denken macht schließlich graue Haare, ... und auch die Falten kommen vom vielen Denken ...* Also: *Lass lieber andere für dich denken!*

Und jetzt noch ein paar anschauliche Sprüche, über die wir zwar lachen dürfen, sie unseren Kindern aber tunlichst nicht weitertragen sollten. Je kleiner sie sind, umso tiefer wirken Bilder und hinterlassen ihre Spuren: *Wenn Dummheit wehtun würde, würdest Du den ganzen Tag schreien ... Du bist zu blöd, um einen Pudding an die Wand zu nageln ... Wenn Blödheit bremsen würde, müsstest Du noch bergab schieben ...* Es ist kein Scherz – ich habe tatsächlich gehört, wie diese Sätze zu Kindern gesprochen wurden. Wer selbst solche oder ähnliche Botschaften in seiner Kindheit wiederholt gehört hat, gibt sie womöglich später noch immer *im Bann zweifelhafter Selbstachtung* unreflektiert weiter. Wie viel Überheblichkeit kommt Kindern dabei entgegen. Und wie klein müssen sie sich fühlen, wenn ihr eigenständiges Denken, das gerade in der Entfaltung ist, durch solche Botschaften infrage gestellt wird.

Wer sein Kind liebt, sollte ihm zu spüren geben, dass es die Erlaubnis hat, sein Denken frei und unabhängig von Meinung und Erwartung anderer zu nutzen, Gehörtes und Gesehenes zu hinterfragen und eigenständig Schlüsse zu ziehen.

Du darfst über alles nachdenken und darfst Fragen stellen.
Du hast einen freien und unabhängigen Geist.
Du darfst ihn nutzen, um das Leben zu verstehen und es
nach deinen eigenen Impulsen, Wünschen und Idealen zu gestalten.

Werde nicht erwachsen! Werde nicht selbstständig!

‚Werde nicht erwachsen' oder ‚werde nicht selbstständig' ist eine unausgesprochene Botschaft, die häufig an die jüngsten Kinder gerichtet ist, wenn Eltern nicht loslassen können. Verbal und nonverbal empfangen sie: *Verlass uns nicht, wir brauchen dich! ... Du kannst noch nicht alleine leben! ... Ohne dich sind wir allein! ... Du brauchst uns noch, ... vergiss nicht, wir sind doch immer für dich da ...*

Wer braucht da wen, möchte man manchmal fragen – das selbstständig werdende Kind die Eltern oder ein kindlich und unselbstständig gebliebener Anteil in Vater oder Mutter die eigenen Kinder? Häufig versteckt sich hinter solchen Botschaften des Haltens und Kleinhaltens auch die Angst der Eltern, ob ihre Beziehung auch ohne Kinder noch genügend Bestand hat, oder die Sorge mancher Mutter vor dem, was ‚nach den Kindern' kommt – Ängste vor der Zweisamkeit oder der Einsamkeit, dem Alleinsein oder der Bedeutungslosigkeit. Eltern, die es bis dahin nicht geschafft haben, in ihrem Leben neben Beruf und Familie einen von Verpflichtungen unabhängigen Sinn zu finden und eigene Interessen wahrzunehmen, erhalten zu dem Zeitpunkt, wenn auch das jüngste Kind zum Aufbruch bereit ist, eine zweite Chance, jetzt ihr ganz eigenes, unabhängiges und von inneren Impulsen ergriffenes Leben zu führen!

Überfürsorgliche Eltern, die auch ihre inzwischen erwachsenen Kinder noch immer im elterlichen Nest hüten oder sorgenvoll und ängstlich deren Schritte beobachten, ihnen alles abnehmen, was herausfordernd oder mühsam für sie sein könnte, erschweren es ihren Kindern, Selbstverantwortung zu übernehmen. Infolge suchen die lange behütete Tochter oder der verwöhnte Sohn möglicherweise später – vielleicht noch immer im *Bann der Unselbstständigkeit* – nach Partnern, die die elterliche Fürsorge und Hilfsbereitschaft übernehmen und Verantwortung für sie tragen. Auf diese Weise behalten manche von ihnen auch im Erwachsenenalter in gewissen Situationen noch immer ein kindliches Verhalten bei. Es ist tief in ihnen verankert, dass kindlich, naiv oder niedlich zu sein Vorteile bringt und den Beschützerinstinkt im Gegenüber weckt. Sie verfallen in herausfordernden Situationen in eine hohe Stimmlage, blicken ihr Gegenüber unterwürfig, hilfesuchend oder kokett an oder setzen andere Verhaltensweisen ein, die in der Kindheit zu Erfolg geführt haben. Viele haben Mühe, den eigenen Weg zu gehen und sich wirklich unabhängig zu fühlen.

Wer sein Kind liebt, sollte den rechten Zeitpunkt nicht versäumen, ihm zu verstehen zu geben, dass es die Erlaubnis hat, erwachsen zu werden und eigene und unabhängige Entscheidungen für sein Leben treffen zu dürfen.

Du darfst erwachsen werden, selbstständig und unabhängig sein!
Du darfst deine eigenen Entscheidungen treffen.
Du bist für dein Glück selbst verantwortlich und wir für das unsere.
Du darfst gehen und wiederkommen.
Du bist frei.

Sei kein Kind!

Diese Botschaft ist der Gegenpol zur vorgenannten Einschärfung und drängt das Kind frühzeitig aus den Erfahrungen einer unbefangenen Kindheit heraus in einen Entwicklungsschritt, für das es noch nicht reif ist: *Benimm dich nicht immer wie ein Baby! … Sei nicht so kindisch! … Du bist alt genug dazu, das zu begreifen! … Das Leben ist schließlich kein Kinderspiel! … Wenn du in die Schule kommst, beginnt der Ernst des Lebens! … Nimm deine Aufgaben gefälligst ernst und spiel nicht immer nur herum!*

Eltern, die selber ‚den Ernst des Lebens kennengelernt haben' – wie sie manchmal nicht ohne Stolz sagen –, wenig Freude haben an dem, was sie tun, und den Zugang zum kindlich Unbefangenen in sich selbst verloren haben, vermitteln dieses Lebensmuster häufig auch den eigenen Kindern schon von früh an. Nicht selten kommen Aufforderungen auch von alleinerziehenden Müttern, die in einem Sohn (oder auch der Tochter) den nicht anwesenden Partner suchen, der sie unterstützen soll: *Ich brauche dich, also sei kein Kind!* Aber auch Väter, die aus dem Sohn möglichst schnell ‚einen richtigen Kerl' machen möchten, senden ähnliche Botschaften, wenn sie mit kleinen Kindern wenig anfangen können oder sich hilflos fühlen, die Rolle eines fürsorglichen Elternteils zu übernehmen.

Besonders tragisch ist es, wenn Eltern in der Tochter oder dem Sohn einen Vertrauten suchen, weil sie mit ihrem Kind persönliche Probleme besprechen möchten; sie drängen es dadurch aus der Kindheit heraus in ein Verhalten, dass seinem Alter nicht gemäß ist. Kinder sind nicht dafür da, Aufgaben der Eltern zu übernehmen, ihre Probleme mitzutragen oder ihnen Verantwortung abzunehmen!

Wer sich als Kind nicht seinem Alter entsprechend verhalten durfte oder mit den Ansprüchen und Erwartungen der Eltern überfordert wurde, hat als Erwachsener – *noch immer im Bann unausweichlicher Ernsthaftigkeit* – oft Mühe, das Leben unbefangen zu genießen, Spaß zuzulassen und einfach mal ausgelassen, kindlich unbefangen und kreativ, abenteuerlustig oder übermütig zu sein. Der ‚Ernst des Lebens' begegnet ihm auf Schritt und Tritt.

Wer sein Kind liebt, sollte ihm zu verstehen geben, dass es die Erlaubnis hat, seinem Alter entsprechend zu denken, zu fühlen und zu handeln und sein Leben unbeschwert zu genießen.

Du darfst Kind sein und deine Kindheit
unbefangen erleben und genießen!
Du darfst kindlich denken, fühlen und handeln.
Du darfst genau so sein, wie du bist!

Sei nicht du selbst!

Sei wie dein großer Bruder ... oder wie deine Schwester, ... sei wie das Kind der besten Freundin, ... so fleißig ... so folgsam, ... so ordentlich, ... wie der Sohn vom Nachbarn, ... so hilfsbereit, ... so tüchtig ... oder auch wie ein frühzeitig verlorenes Kind! Einschärfungen dieser Art oder auch gegenteilig – *ein Kind soll nie so werden wie ...* – geben einem Kind keine Erlaubnis, eine eigene Identität zu entwickeln und bieten ihm ‚Formen' an, die nicht seine eigenen sind. Wenn ein Kind nicht fühlen, denken oder handeln darf, wie es seinem innersten Wesen entspricht, ... wenn es dafür kritisiert wird, weil es so ist, wie es ist, ... wenn Wunschbilder oder Ideale an ein Kind gehängt werden, die es erfüllen soll, fällt es ihm schwer – oder macht es manchmal sogar unmöglich –, eine eigene Charakterform herauszubilden.

Und was geschieht, wenn das Geschlecht eines Kindes ‚falsch' ist, wenn Eltern vielleicht lieber einen Jungen als ein Mädchen gehabt hätten oder umgekehrt? Diese Erwartung oder Enttäuschung, besonders wenn sie nach der Geburt noch in die Kindheit hinein weiterwirkt, kann nonverbal ebenfalls wie eine Bannbotschaft wirken und das Verhalten eines Kindes beeinflussen.

Manchmal glauben Eltern, sie wüssten besser als ihr Kind, wie es sein und sich verhalten sollte, was es fühlen, denken oder tun sollte – ja selbst, wie es aussehen sollte und was es von sich zeigen dürfte – welche Leistung es in der Schule erbringen und was einmal aus ihm werden sollte. Sie beginnen es einseitig nach ihrem Eigenwillen zu beeinflussen (*schließlich meinen wir es ja nur gut!*) und seinen Charakter zu formen. Sie nehmen Einfluss auf seine Gedanken, auf seine Vorstellungen vom Leben, von sich selbst und von anderen Menschen – und damit auf seine Gefühle, sein Selbstbild und seine Erwartungen an die eigene Zukunft. *Benimm dich nicht so rüpelhaft, ... nicht so auffällig, ... nicht so peinlich! ... Sprich nicht immer so laut! ... Pass dich an! ... Was sollen denn andere über dich denken!* All das führt ein Kind immer weiter weg von sich selbst.

Ein auf diese Weise durch feste elterliche Idealvorstellungen gelenktes Kind verlernt seine unbeschwerten Ausdrucksformen – oder entwickelt sie gar nicht erst – und richtet sein Verhalten danach aus, wie es in den Augen anderer gesehen wird – oder aber es tut das genaue Gegenteil. Sofern es sich der ‚Dressur' nicht frühzeitig entzieht, wird es im Laufe der Zeit mehr und mehr vom ‚Beifall' und der Bestätigung durch andere abhängig.

Ein Erwachsener, dessen Individuationsprozess in der Kindheit behindert oder kontinuierlich durch Manipulation gestört wurde, mag es später schwer haben, noch immer *im Bann der Anpassung* gefangen, seine Lebensaufgabe zu finden und selbstbewusst und selbstbestimmt zu handeln. Sich als etwas Eigenes, als einmaliges Individuum zu erkennen, mit ganz speziellen Anlagen, Fähigkeiten und Idealen, kann zu einer lebenslangen Aufgabe werden.

Wer sein Kind liebt, sollte ihm zu verstehen geben, dass es die Erlaubnis hat, seine eigenen Anlagen und Fähigkeiten zu entdecken und zu entfalten, seinen Sehnsüchten und Wünschen an das Leben zu folgen und seine besondere und einmalige Ausdrucksform zu finden.

Du darfst du selbst sein.
Du darfst dein eigenes Potenzial kennenlernen und entfalten.
Du darfst dich ausprobieren.
Ich begleite dich auf deinem Weg,
eigene Ideale und Wertvorstellungen zu entwickeln.
Du darfst dir selbst vertrauen.
Du bist vollkommen, so wie du bist!

Sei nicht gesund!

Schone dich! ... Denk daran, du bist noch nicht wieder ganz gesund! ... Pass auf dich auf, ... du wirst so leicht krank! ... Mute dir (noch) nicht zu viel zu, ... du bist (noch) zu schwach ... Manchmal können Eltern erst dann ein tieferes Verständnis und Mitgefühl für ein Kind entwickeln, wenn es krank und hilflos ist. Sie zeigen dann besondere Fürsorge und genießen in der Hilflosigkeit des Kindes gleichzeitig ihre eigene helfende Position. Jetzt endlich erlauben sie sich, sich Zeit für ihr Kind zu nehmen, sich zu kümmern und Nähe zulassen. In der Sorge um ihr Kind erleben sie vielleicht eine Gefühlsqualität, zu der sie im Alltag nur schwer Zugang haben oder für die sie keine Zeit finden.

Wenn ein Kind erlebt, dass Eltern sich ihm besonders dann zuwenden und sich kümmern, wenn es krank ist, und das Kranksein als Quelle für liebevolle Aufmerksamkeit erfährt, mag versucht sein, über Krankheit Zuwendung zu erhalten, um die eigene Bedürftigkeit nach Annahme und Geborgenheit zu stillen. Auch wiederholte Fragen an ein Kind, ob es ihm auch wirklich gut gehe, können dazu führen, über Unwohlsein Aufmerksamkeit und Zuwendung einzufordern. Manchmal hören wir dann diese piepsigen, kränkelnden Kinderstimmchen, womit sie ganz unbewusst beginnen, ihre Umwelt zu manipulieren – so, wie sie selbst manipuliert wurden.

Aber auch Kinder, die erleben, dass sie durch Krankheit Konflikten aus dem Weg gehen können oder Ähnliches bei den eigenen Eltern wahrgenommen haben, öffnen die Tür für ein Verhaltensmuster, das langfristig Vitalität und Lebenskraft einbüßt. Noch im Erwachsenenalter neigen viele dazu, Schwierigkeiten durch Unpässlichkeit aus dem Weg zu gehen oder diese einzusetzen, um Zuwendung zu erhalten. Sind die Arztpraxen nicht zu einem guten Teil gefüllt mit Patienten, die – noch immer *im Bann vermeintlicher Anfälligkeit oder Schwäche* – einer ‚Sei-nicht-gesund-Botschaft' irgendwann Einlass in ihr Leben gewährt haben?

Wer sein Kind liebt, sollte ihm zu verstehen geben, dass Gesundheit ein hohes Gut ist. Er sollte sein Bedürfnis nach Zuwendung in rechtem Maße erfüllen und Konflikte mit ihm gemeinsam zeitnah und in entspannter Atmosphäre lösen. Er sollte sich an seiner Vitalität erfreuen und ihm zeigen, wie man durch eine positive Grundhaltung ein Mehr an Gesundheit, Kraft und Lebensfreude generieren kann.

Ich freue mich an deiner Vitalität und an deiner Kraft!
Du darfst Fürsorge erhalten
und um Aufmerksamkeit und Zuwendung bitten,
auch wenn es dir gut geht.
Ich habe Zeit für dich, wenn du mich brauchst.

Sei nicht normal!

Dies ist eine besondere Variante der vorherigen Botschaft und kommt gar nicht so selten vor, wie man vielleicht im ersten Moment annehmen möchte. Besonders bei Kindern mit schwierigem oder ausgeprägt individuellem Verhalten werden häufig schnell und unüberlegt Botschaften vermittelt wie: *Mit dir stimmt was nicht! … Du bist jetzt schon genauso wie dein Vater … oder wie deine Mutter … Jetzt fängst du auch schon damit an, … es reicht, wenn dein Bruder sich so benimmt! … Wenn du so weitermachst, wirst du noch enden wie dein Onkel! … Wer sich so verhält, muss ja verrückt werden! … Was soll denn bloß mal aus dir werden?*

Kinder, die solche oder ähnliche Botschaften wiederholt hören, fühlen sich häufig als Außenseiter, irgendwie nicht passend und nicht dazugehörig, sozial nicht akzeptabel. Als Erwachsene haben sie es oft schwer – noch immer *im Bann zugeschriebener Andersartigkeit* –, authentische Gefühle und Verhaltensweisen zu zeigen, wodurch sie dann weiterhin erleben müssen, dass keine wirkliche Nähe zustande kommt und sie keine Zugehörigkeit erfahren können.

Wer sein Kind liebt, sollte ihm zu verstehen geben, dass es einzigartig ist und einen wertvollen Beitrag für die Gemeinschaft leistet.

Du darfst du selbst sein, unabhängig und einzigartig.
Ich liebe dich, wie du bist.
Ich begleite dich auf deinem individuellen Weg in eine soziale Welt.
Du bist ein wertvoller Teil der Gemeinschaft.

Gehöre nicht dazu!

Du bist halt anders! … Du bist etwas ganz Besonderes! … Spiel nicht mit den Kindern von nebenan, sie haben einen schlechten Einfluss auf dich! … Du bist eine wirkliche Prinzessin, … lass dich nicht auf die anderen ein, sie sind nicht gut genug für dich! … Und in sozial schwachen Schichten mag es lauten: *Halte dich von ihnen fern, … sie wollen nichts von dir wissen, … wir gehören eben nicht zu denen.*

‚Gehöre nicht dazu' ist eine Erziehung zum Außenseitertum, in der es um soziale Abgrenzung oder Ausgrenzung geht. Sie wird von Kindern immer dann erlebt, wenn Angst oder Misstrauen gegenüber anderen sozialen oder weltanschaulichen Gruppierungen geschürt wird. Es erfährt, dass es soziale Grenzen gibt, die nicht überschritten werden sollten, was besonders bei Kindern aus sozial schwachen Schichten später zu einem Hindernis werden kann auf dem Weg zu Wohlstand und beruflichem Erfolg. Kinder aus wohlhabenden oder gebildeten Schichten hingegen entwickeln nicht selten Überheblichkeit und falschen Stolz – oft viel mehr, als es eigentlich von den Eltern intendiert wurde.

Wer Abgrenzung oder Ausgrenzung aufgrund sozialer Vorurteile in der Kindheit erlebt hat, wird diese Haltung unter Umständen lebenslang mit sich herumtragen. Schichtübergreifende oder weltanschaulich verbindende menschliche Kontakte mögen ihm schwerfallen, wenn nicht seine Vorurteile sie sogar gänzlich verwehren.

Doch auch innerhalb der eigenen Familie kann schnell jemand zum Außenseiter gestempelt werden: Das berühmte ‚schwarze Schaf' wird zum Symptomträger für einen gestörten Familienzusammenhalt, damit alle anderen sich auch weiterhin als normal und gut erleben oder zusammengehörig fühlen können. So können sich über das ‚unverschämte' Kind und dessen ‚untragbares' Verhalten auch bereits entzweite Eltern noch einig sein und vorübergehend ihre eigentlichen Probleme aus den Augen verlieren.

Kinder, die zum ‚Prügelknaben' in der Familie werden, zum Blitzableiter für gestaute Emotionen oder ungeklärte Beziehungsprobleme, fühlen sich isoliert, nicht akzeptiert und legen häufig auch im Erwachsenenalter – immer noch *im Bann eines Gefühls des Ausgeschlossenseins* – ein Verhalten an den Tag, das ihre Grundannahme, nicht dazuzugehören oder abgelehnt zu werden, immer wieder bestätigt und sie in die Isoliertheit drängt. – Und wem in der Kindheit vermittelt wird, dass er ‚etwas Besseres' sei, ein ‚besseres' Elternhaus hätte, klüger oder schöner sei als andere, wird die Tür geöffnet für Eitelkeit, späteren Hochmut und Standesdünkel, und es mag noch als Erwachsener schwer für ihn sein, wahre Nähe zuzulassen und zu erfahren.

Wer sein Kind liebt, sollte ihm zu verstehen geben, dass jeder Mensch ein Teil der Gemeinschaft ist, und dass weder die soziale Zugehörigkeit noch die weltanschauliche Ausrichtung etwas über den Wert und die Bedeutsamkeit eines Menschen aussagen können.

Du bist ein wertvoller Teil der Gemeinschaft.
Du bist einzigartig und bedeutsam – so wie jeder andere auch.
Du darfst dich zugehörig fühlen.
Du darfst dir deine Freunde selbst auswählen und prüfen.

Sei nicht nah! Lass dich nicht auf Nähe ein!

Kinder erfahren Liebe und Zuneigung auch durch körperliche Nähe und Vertrautheit. In den Armen der Eltern fühlen sie sich sicher und geborgen. Wenn sie menschliche Wärme durch liebevolle Zuwendung erleben können und wahrnehmen, dass auch die Eltern sie sich im Umgang miteinander geben, wachsen Sicherheit, Vertrauen, Selbstvertrauen und Lebensglück. Wer jedoch als Kind erleben musste, dass Eltern den Körperkontakt oder auch seelische Nähe und Vertrautheit verweigern, sich hinter Betriebsamkeit verstecken und ‚keine Zeit' für einen liebevollen und verständigen Austausch mit dem Kind haben – oder aber es plötzlich und willkürlich mit übertriebener Schmuserei bedrängen –, mag es auch im Erwachsenenalter noch schwer haben, erfüllende Nähe zuzulassen. Möglicherweise wird er sich selbst in einer Liebesbeziehung – noch immer *im Bann der Unnahbarkeit* – niemals weit genug einlassen können, um neben körperlichem Kontakt auch seelische und geistige Vertrautheit zu erfahren, wenn seine Offenheit und sein Vertrauen in der Kindheit durch Kühle und Zurückweisung oder durch Unberechenbarkeit verletzt wurden. Auch wiederholte Botschaften von Eltern, die Misstrauen anderen gegenüber fördern (*Traue niemandem!*), können zu einem Verhalten führen, das kontrollierende Distanz wirklicher Nähe vorzieht.

Wie ein Kind mit den Erfahrungen der Kindheit umgeht, ist sehr individuell. So können Verlusterlebnisse in der Kindheit (wie Tod oder Trennung) zu einer tiefen Sehnsucht nach Nähe führen, aber auch zu dem Entschluss, sich nie wieder tief einlassen zu wollen, um nie wieder so tief enttäuscht zu werden. Selbst wenn diese Absicht im Erwachsenenalter längst vergessen ist, können ihre Folgen noch in zunehmender Isoliertheit und einem Gefühl von Einsamkeit schmerzvoll erfahren werden.

Wer sein Kind vor einem Leben in innerer Isolation oder Distanziertheit bewahren möchte, sollte ihm durch vertrauensvolle Nähe zu spüren geben, dass sein Leben ein wunderbares Geschenk ist und das Kind es wert ist, Zuwendung und Interesse zu erfahren. Nähe zulassen und genießen zu können, ist davon abhängig, mit welcher Absicht Eltern ihren Kindern begegnen. Ist sie einseitig und selbstbezogen, wird sich ein Kind vielleicht schon früh ihrem Streben nach Nähe zu entwinden suchen. Ist das Beisammensein kühl und ohne seelische Beteiligung, fühlt es sich vermutlich unwohl und wird sich einer unerfüllten Zuwendung entziehen. Schafft Nähe jedoch einen Raum, in dem Vertrautheit und Verstehen sich ausbreiten können, indem sie die Grenzen zwischen ‚Ich und Du' achtsam erspürt, wird sie zu einem wertvollen und heilsamen Geschenk, das Menschen einander geben können – in der Eltern-Kind-Beziehung ebenso wie in der Beziehung zum Partner.

Du darfst nah sein und vertrauen!
Du darfst dich entspannen und Nähe genießen!
Du darfst aber auch Nähe verweigern,
wenn sie dich bedrängt oder verunsichert.
Du darfst deine Grenzen wahren
und die der anderen einfühlsam achten.

Schaff es nicht!

Hast du schon wieder so viele Fehler gemacht!?! … Jetzt hast du schon wieder was kaputt gemacht! … Du bringst auch nie was zustande! … Kannst du denn nicht einmal aufpassen! … So wird es dir bestimmt nicht gelingen! … Wenn du schon mal was übernimmst, … komm, lass mich das lieber machen! … Wird die Leistungsfähigkeit eines Kindes wiederholt in Zweifel gezogen, oder werden Leistungen, wie eine gute Zensur, ein gutes Ergebnis in Sport oder Spiel oder der Erfolg in einer handwerklichen oder künstlerischen Arbeit, kaum beachtet, herabgewürdigt oder als selbstverständlich hingestellt (*Das war doch wohl selbstverständlich, oder? …*

Das habe ich damals aber besser gekonnt! …), vertraut ein Kind mit der Zeit immer weniger seinen Fähigkeiten und erwirbt ein Gefühl, nie zu genügen.

Jedes Kind braucht ehrliche Anerkennung für seine Leistungen, auch wenn sie in jungen Jahren noch ‚unvollkommen' sind. Dadurch erfährt es, dass es auf dem richtigen Weg ist. Es erwirbt Selbstvertrauen und erlangt Zutrauen in die eigenen Fähigkeiten. Es wird sich seiner Möglichkeiten bewusst und gewinnt Freude am Tun – Voraussetzungen auch für den späteren Erfolg im Leben.

Eltern, deren eigenes Selbstwertgefühl nur wenig entwickelt ist, vermögen einem Kind oft nicht die Anerkennung zu geben, die es verdient hat, besonders wenn es irgendwann bei Spielen oder sportlichen Leistungen besser ist als sie selbst. Sie möchten vor ihren Kindern glänzen und vergessen dabei, dass nur der Schwache immer gewinnen und der Bessere sein muss!

Aber auch Eltern, die ängstlich darüber wachen, dass ihr Kind nicht über sie hinauswächst, vermitteln dem Kind die Botschaft, nicht erfolgreich sein zu dürfen: *Gib dich zufrieden mit dem, was du hast! … Wir waren immer zufrieden mit dem, was wir hatten! …* Oder auch: *Wir haben auch kein Abitur, und aus uns ist doch auch etwas geworden …* Selbst wenn Kinder es schwer haben, die Anerkennung ihrer Eltern zu erhalten, vermögen sie trotzdem oft nicht, sich deren Einfluss zu entziehen und ihren eigenen Lebensradius zu erweitern; so beschließt das eine oder andere von ihnen vielleicht eines Tages, nicht besser sein zu wollen als Vater oder Mutter. Schließlich geht es hier um mehr als um Erfolg; es geht um die elterliche Liebe, die es unter allen Umständen zu erhalten gilt.

Wer als Kind wiederholt die Botschaft erhält, nicht gut genug zu sein, um sein Können unter Beweis zu stellen, mag im späteren Leben auch weiterhin diesem *Bann der Erfolglosigkeit* erliegen und sich vielleicht jedes Mal kurz vor dem Abschluss einer bedeutenden Leistung selbst sabotieren: *Das schaff ich sowieso nicht!* Oder: *Andere können es sicher besser als ich.*

Wer sein Kind liebt, der sollte seine wachsenden Fähigkeiten wahrnehmen und seine Leistungen – auch die kleinen Fortschritte – anerkennen, ohne in übertriebenes Loben zu verfallen. Er sollte ihm vorleben, dass Erfolg eine Frage von Entscheidung, Mut, Freude am Tun und auch von Disziplin ist, und dass man schaffen kann, was man wirklich will.

Natürlich geht es dabei nicht nur um schulische Leistungen und späteren beruflichen oder finanziellen Erfolg, auch im Zwischenmenschlichen oder auf dem Weg der eigenen Persönlichkeitsentwicklung können wir erfolgreich sein. Kinder, die ihre Eltern als permanent Lernende erleben, entwickeln ein Bewusstsein über die Möglichkeiten menschlichen Wachstums auch über die Grenzen der Kindheit hinaus.

Du darfst erfolgreich sein, deinen Erfolg zeigen und dich an ihm freuen!
Wir sehen deine Leistungen und freuen uns mit dir.
Du kannst schaffen, was du wirklich willst!

Tu es nicht! Lass es!

Mach keine unnötigen Experimente! … Geh kein Risiko ein! … Vermeide unüberlegte und spontane Handlungen! … Ich mach das schon für dich, … ich weiß, wie es geht! … Es ist viel zu schwer für dich, … und ich kann es ohnehin besser … und schneller … dafür bist du noch nicht alt genug … oder reif genug. Empfängt ein Kind wiederholt solche oder ähnliche Botschaften und wird dadurch in seinem Schaffensdrang zurückgedrängt, wird es vermutlich zunächst enttäuscht und traurig reagieren. Auf Dauer jedoch können solche Einwände und Zurückweisungen Wirkung zeigen und zu Inaktivität, Mutlosigkeit oder Trägheit führen – in einen Zustand, in dem man irgendwann besser gar nicht mehr erst beginnt. Man könnte ja Fehler machen, etwas nicht richtig oder nicht gut genug machen. Was zunächst beim Kind nur ein Gefühl von Traurigkeit ausgelöst hat, mag durch Wiederholung zu einer Frage der Charakterbildung werden. So oder ähnlich verhält es sich natürlich auch bei den zuvor genannten Einschärfungen. Eltern sollten daher, wenn sie sich ihre eigenen Erziehungsbotschaften näher anschauen, besonders auch den *Übergang zwischen singulären und sich wiederholenden Impulsen* ins Auge zu fassen.

Wer Kindern nichts zutraut, übervorsichtig und ängstlich ist und sie immer wieder zur Vorsicht ermahnt, fördert ein Verhalten zu Unsicherheit und Zögerlichkeit. Die Absicht, Kinder vor eigenen Erfahrungen zu schützen oder ihnen Erfahrungen abzunehmen, ist zwar meistens wohlgemeint, dämpft aber ihre Eigenaktivität und Experimentierfreudigkeit zugunsten übertriebener Vorsicht und ängstlicher Zurückhaltung! *Findest du, dass das eine gute Idee ist?! … Hast du dir das auch gut überlegt?! … Meinst du auch wirklich, dass du dir das zutrauen kannst? …* Nachfragen dieser Art verunsichern ein Kind und tragen dazu bei, dass die Freude am Tun und kreativem Umsetzen eigener Ideen zurückgeht.

Auch Eltern, die ihre Kinder ruhig halten und Unruhe vermeiden wollen, neigen oft dazu, sie willentlich in ihrem Forscherdrang und ihrer stetigen Betriebsamkeit zu beschneiden. Wenn ein kleines Kind, das helfen möchte, immer wieder fortgeschickt wird, werden ihm Erfahrungen, die es machen möchte, verwehrt. Eltern wissen, dass eine Arbeit gemeinsam mit einem Kind länger dauern würde und vermutlich auch anstrengender ist, als wenn sie sie allein erledigten. Doch wer sein Kind dauerhaft zurückweist, sollte sich nicht wundern, wenn es in späteren Jahren keine Hilfsbereitschaft mehr zeigt. – In den ersten Jahren werden Grundlagen für gute Gewohnheiten gelegt. Was man hier an Zeit ‚einsparen' möchte, muss man später mühsam ausgleichen, wenn diese Gewohnheiten fehlen.

Erwachsene, denen als Kind nur wenig zugetraut wurde, deren ‚Hilfsangebote' abgelehnt oder denen immer alles Mühsame abgenommen wurde, überlassen oft auch im späteren Leben – noch immer *im Bann von*

Vorsicht und Zurückhaltung – Entscheidungen lieber anderen und scheuen sich davor, selbst Verantwortung zu übernehmen. Sie überlegen lieber dreimal, bevor sie aktiv werden, und wundern sich, wenn ihr Leben mit angezogener Handbremse oder in der Eintönigkeit des Alltäglichen und allzu Bekannten verläuft.

Wer sein Kind liebt und seine Entfaltung zu einer freien und unabhängigem Individualität fördern will, sollte ihm Mut machen, neugierig und experimentierfreudig auf das Leben zuzugehen, und ihm Bedingungen anbieten, unter denen es sich ausprobieren und diese Qualitäten entwickeln kann.

Du darfst experimentieren und deinen eigenen Ideen folgen!
Du darfst spontan sein und ausprobieren.
Du darfst aus Fehlern lernen und neu beginnen.
Du darfst dir Raum nehmen und Zeit lassen
für deine eigenen Erfahrungen.

Den Bann brechen

Ich habe die Grundbotschaften, wie sie in der transaktionsanalytischen Literatur beschrieben werden, mit einer Fülle von Beispielen angereichert, sodass Prägungen beziehungsweise Übernahmen von Erwartungen oder Glaubenssätzen anderer im eigenen Lebensmuster vermutlich leicht zu entdecken waren. Möglicherweise haben Sie darüber hinaus beim Lesen der Beispiele noch weitere Botschaften in Ihrem persönlichen Lebensprogramm aufspüren können, die hier nicht genannt wurden, und können weitere Beispiele aus Ihrer eigenen Biografie ergänzen. Im Anhang des Buches haben Sie Gelegenheit, die Liste zu vervollständigen.

Grundbotschaften, wie sie hier besprochen wurden, stammen meist aus einem Alter, in dem Kinder das Geschehen um sich herum noch aus einem vollkommen anderen Bewusstseinszustand wahrnehmen als ein Erwachsener (siehe hierzu Kapitel: *Emotionale Überlebensstrategien*, Seite 142/143). Sie haben noch nicht die kognitive Fähigkeit zu begreifen und einzuordnen, was geschieht und was von ihnen erwartet wird – ganz besonders in den ersten Lebensjahren, in denen auch die sprachliche Kompetenz noch nicht voll entwickelt ist und Botschaften ungefiltert und wie hypnotisch in ihr Unterbewusstsein vordringen.

Eltern, die in dieser Zeit oft verzweifelt versuchen – besonders wenn es um Folgsamkeit geht – von ihrem Realitätsbewusstsein in die Welt des Kindes vorzudringen, ist meistens nicht bewusst, dass das Kind noch in einem vollkommen anderen Welterleben zu Hause ist als sie selber. Viele der Botschaften, die im Kapitel ‚Drehbuch des Lebens' zu finden sind, stammen bereits aus dieser Zeit der frühen Kindheit. Aber auch noch in späteren Jahren, bis in das Erwachsenenleben hinein, entfalten sie ihre fortdauernde Wirkung, wenn sie nur häufig genug wiederholt werden. Sie nisten sich unter der Bewusstseinsschwelle ein und wirken als Reiz-Reaktions-Muster wie ein Automatismus in den erlernten Verhaltensweisen weiter. Wie existenziell wichtig ist es unter diesem Aspekt doch, gute Gewohnheiten frühzeitig anzulegen und zu pflegen!

Jeder von uns ist selbst einmal Kind gewesen und hat während dieser Zeit spezifische Grundannahmen in sein Lebensmuster hineinverwoben – solche, die stärken, mutig machen, selbstsicher, kontaktfreudig und erfolgreich und solche, die schwächen, unsicher machen, neidisch, freudlos, nervös oder im Leben Kontaktschwierigkeiten bereiten. Jeder hat mehr oder weniger auch von diesen einschränkenden Botschaften mit auf den Weg bekommen – in der Regel ohne dass Eltern und andere für ein Kind bedeutsame Personen sich dessen bewusst waren.

Jetzt liegt es an uns, die Verantwortung für unsere einst gewählten Muster zu übernehmen und die Erziehung – die wir jetzt *Persönlichkeits-*

entwicklung nennen – in die eigenen Hände zu nehmen. Je mehr Bewusstsein wir über die Strukturen in unserem Denken, Fühlen und Verhalten erlangen, umso eher können wir uns von solchen befreien, die einem freien und authentischen Lebensausdruck im Weg stehen. Und das ist gleichzeitig die unentbehrliche Voraussetzung dafür, dass wir sie nicht an unsere Kinder weitertragen.

Es soll hier nicht der Eindruck geweckt werden, es sei möglich, gänzlich ohne Muster auszukommen. Leben ist ein strukturierendes Prinzip. Alles Lebendige hat Form, Rhythmus und Struktur. Entscheidend ist nur, dass diese Strukturen nicht lebensfeindlich sind. Sofern sie uns vom Fluss des Lebens trennen, sollten wir uns ihrer bewusst werden und uns von ihnen verabschieden. Erst dann können wir neu entscheiden, neu wählen und selbst verantworten, was wir in uns tragen. Wir können prüfen, ob unsere mentalen und emotionalen Muster uns selbst und unseren Kindern dienen oder ob sie uns einschränken und einem freien Lebensausdruck im Weg stehen.

Inwieweit Kindheitserlebnisse, die im Zusammenhang mit den genannten Grundannahmen und Grundbotschaften der Eltern stehen, für das spätere Leben prägend sind, ist abhängig davon, auf welche individuelle Ausdrucksform eines Kindes sie treffen und wie das Kind demgemäß mit ihnen umgeht. Es sei darum noch einmal betont: Den letzten Ausschlag, wie bedeutsam Erfahrungen aus der Kindheit und wie bindend und begrenzend sie für das spätere Erwachsenenleben sind, gibt immer die Individualität eines Menschen. Nur kann sie sich unter günstigen Bedingungen leichter und freier entfalten als in restriktiv gefärbten Familienzusammenhängen.

Wenn wir bedenken, dass sich die meisten der genannten Botschaften unter ‚Sei nicht du selbst' einordnen ließen, erkennen wir das Tragische an einem restriktiven Erziehungsstil, der häufig unbewusst Verhaltensweisen folgt, die schon über Generationen weitergegeben wurden – solange, bis jemand sich entschließt, sie ans Licht zu heben und *den Bann zu brechen*!

Der erste Schritt hierzu ist Bewusstwerdung und Anerkennung dessen, was uns bislang unbewusst beeinflusst hat – *der zweite* ist die Entscheidung, sich von allem, was uns schwächt und unserer freien Entfaltung im Wege steht, zu trennen – und *der dritte* besteht darin, sie durch neue und lebensbejahende Strukturen zu ersetzen. Erst dann sind wir frei davon, sie an nachfolgende Generationen weiterzureichen.

Ein einschränkendes Verhaltensmuster, das gesehen und als solches erkannt wurde, kann sich fortan nicht mehr verstecken! Decken wir mutig unsere Muster auf, die sich in Ängsten, Unsicherheiten, Manipulationen, Unwahrhaftigkeiten, Aggressionen, Verstellungen, Kontrollverhalten, Abwertungen, Beziehungsproblemen und in vielem mehr zeigen. Wer ein Leben in innerer Freiheit führen möchte und das Gleiche auch seinen Kindern wünscht, muss sich um diese Programme kümmern – selbst dann, wenn sie einem vielleicht zunächst einmal ganz und gar negativ erscheinen und man lieber die Augen vor ihnen verschließen möchte. In unserer Kindheit haben Sie uns geholfen, mit unserem Leben klarzukommen – und verdienen allein schon deshalb unsere Aufmerksamkeit.

Hierzu noch einmal ein Beispiel: Ein Kind, das wiederholt erleben muss, dass es mit seinen Anliegen nicht wichtig und bedeutsam genug ist, als dass man ihm zuhört und seine Bedürfnisse wahrnimmt, das zurückgewiesen wird und dem häufig das Gefühl vermittelt wird zu stören, wird sich vielleicht über kurz oder lang zurückziehen. Es versteht, dass es nicht bedeutend genug ist, um Aufmerksamkeit zu erhalten, zumal es eher Bestätigung bekommt, wenn es sich still selbst beschäftigt. Dabei wird es zwar manchmal traurig, aber so fühlt es sich wenigstens nicht abgelehnt.

Das Rückzugsmuster, das ein Mensch dabei erwirbt, um die Lebensjahre in Abhängigkeit zu ‚überleben', wird vermutlich auch im Erwachsenenalter noch in ihm stecken. Doch jetzt möchte er aus seinem ‚Schneckenhaus' heraus, möchte zeigen, was in ihm ist – er hat etwas zu sagen –, wenn es nur möglich wäre! Immer, wenn er vor einer größeren Gruppe sprechen möchte, neue Ideen verkünden oder sich für etwas einsetzen will, kneift er im letzten Moment. ‚Andere können das sicher viel besser als ich', denkt er – und es gelingt ihm nicht, einen neuen Schritt in die persönliche Freiheit zu wagen. In dem Unternehmen, in dem er arbeitet, ziehen bei der Beförderung andere an ihm vorbei, von denen er weiß, dass sie mit ihren Fähigkeiten weniger geeignet sind als er selbst. Aber irgendwie erscheinen sie immer bedeutsamer und wichtiger als er. Das Programm von Rückzug und Sprachlosigkeit ist tief in seinem Unterbewusstsein verwurzelt.

Wer als Kind gelernt hat, sich zurückzuziehen, um ungesehen oder ungestraft zu bleiben, dem wird es vermutlich schwerfallen, als Erwachsener in die Öffentlichkeit zu treten. Für sein Unterbewusstsein geht es noch immer um ‚sein oder nicht sein', um das ‚Überleben' eines kleinen Kindes, das sich damals nicht anders zu helfen wusste, als sich zurückzuziehen, um seiner Ablehnung – durch die wiederholt empfangene Botschaft zu stören oder nicht gut oder nicht wichtig genug zu sein, um Aufmerksamkeit zu erhalten – zu entgehen. Impulse und Verhaltensweisen, die einst aus einer Not heraus angenommen wurden und denen der Erwachsene noch immer folgt, schränken ihn jetzt in seinem Ausdruck und seinem Lebensradius zunehmend ein. Erst wenn er seinem Unterbewusstsein neue Anweisungen gibt, kann er eine Richtung ändern, die ihm nicht mehr dienlich ist!

So könnte er sich von der Bannbotschaft ‚nicht wichtig zu sein' – möglicherweise verbunden mit weiteren Einschärfungen wie ‚Tu es nicht' oder ‚Lass dich nicht auf Nähe ein' (da gibt es viele individuelle Cocktails) – liebevoll verabschieden und diese durch Erlaubnisse ersetzen, wie zum Beispiel: *Ich bin wichtig und bedeutsam* ... für die Menschen um mich herum, ... für mich selbst, ... für meine Familie, ... meine Freunde, ... am

Arbeitsplatz. ... *Ich erlaube mir,* mutvoll und aktiv in Prozesse einzugreifen. ... *Ich darf* auch Nähe zulassen. Das heißt, er beginnt zunächst einmal auf der Ebene der Gedanken, neue Vorstellungen und Erlaubnisse, die er sich selbst gibt, in sein Leben einzuladen.

Wer seine Erfahrungen auf diese Art verändern möchte, sollte den Inhalt und die Wahl seiner Worte so präzise wie möglich auf sein derzeitiges Leben und seine Veränderungswünsche ausrichten. Nur wer wirklich bereit ist, sich von seinen neuen und selbst gewählten Gedanken auch führen zu lassen, kann sich selber den nötigen Glauben schenken und *ein Gefühl in sich wachrufen,* das den neuen Botschaften ausreichend Energie für die Transformation gibt. Darum ist eine präzise und individuelle Wortwahl von großer Bedeutung. Mit ein wenig Ausdauer und der Treue zur eigenen Entscheidung, einen alten Bann zu brechen und ein besseres Leben führen zu wollen, ist der Erfolg gewiss.

Entscheidungen treffen – Energie freisetzen

Das Dilemma, in dem sich viele befinden, ist nur, dass ihnen ihre Muster so selbstverständlich und vertraut geworden sind wie ihr eigener Arm oder ihre Hand. Oft bekennen sie sich sogar zu ihren blockierenden Gefühlen und Verhaltensweisen und sprechen über sie wie eine zu ihnen gehörige und mit ihnen verwachsene Eigenschaft. Manche wiederholen solche Selbstzuschreibungen gebetsmühlenartig vor sich selbst und auch vor anderen, und wir hören dann Sätze wie: Ich bin total chaotisch, ... ich bin dauernd im Stress, ... ich kann mit dem Rauchen einfach nicht aufhören, ... ich bekomme immer Ärger mit meinen Kollegen, ... ich bin schon wieder krank, ... ich stecke mich immer gleich an, ... mein Kind ist überhaupt nicht mehr zugänglich.

Wer auf diese Weise zu Verallgemeinerungen neigt, spricht in der

Regel auch so über andere. Besonders tragisch trifft es die Kinder, deren Verhalten und deren Fähigkeiten frühzeitig klassifiziert und die dadurch in ihrem Selbstverständnis geprägt werden. „Er kann besonders gut Mathe, Schreiben ist nicht so sein Ding", hörte ich neulich mehrfach von einer Mutter, deren Sohn gerade erst die erste Klasse besuchte.

Und sind wir dann erwachsen, fahren wir oft damit fort, uns diese Zuschreibungen selbst zu machen. Wiederholte Gedanken und Aussagen über uns selbst sind dabei lediglich die Schaumkrone eines Musters, und mit jeder verbalen Wiederholung festigt es sich – Welle auf Welle – und wird schließlich zu dem Lebensprogramm, mit dem wir uns vertraut fühlen. Wir selber brennen die Bausteine unserer individuellen Geschichte, mit denen wir unser Haus erbauen, in das wir uns einmauern, um uns dann in ihm zu Hause zu fühlen. Wir schreiben uns unsere Geschichte selbst und beginnen sie dann als unumstößliche Wahrheit zu empfinden (*So bin ich nun halt mal, und wer damit nicht zufrieden ist, …*) und vergessen oder blenden aus, dass es immer auch einen anderen, einen vielleicht besseren Weg gibt.

Wer sich auf diesen Weg begibt, mag trotz aller Entschiedenheit feststellen, wie schwer es oft ist, diese Welt vertrauter Lebens- und Überlebensprogramme, in der man seit geraumer Zeit ‚zu Hause' ist, zu verlassen. Es braucht Entschiedenheit, Mut und Konsequenz, um sich von ihrem Einfluss loszusagen! Als Columbus aufbrach, Amerika zu entdecken, musste er alles Bekannte, alles Vertraute, jegliche Sicherheit hinter sich lassen – und hinaus aufs weite Meer –, ohne zu wissen, ob und wo er jemals ankommen würde. Und doch spürte er ganz tief in sich einen Ruf und wusste, er musste die vertraute Heimat verlassen, um Neues entdecken zu können.

Erst wenn wir uns wie Columbus auf das offene Meer des Unbekannten wagen, wenn wir Vertrauen statt Kontrolle und Absicherung wählen, können wir mit Mustern brechen, die uns seit vielen Jahren begleitet und kontrolliert haben. Die Bereitschaft hierzu setzt Energie frei, die bislang an die Verkettung von Grundannahmen und Emotionen gebunden war.

Schauen wir uns ein Beispiel an: Die Angst vor Ablehnung oder davor, nicht gut genug zu sein, um Aufmerksamkeit zu verdienen, kann zu der Annahme führen, andere seien klüger, tüchtiger, mutiger oder bedeutsamer als wir selbst. Wir reagieren dann traurig oder enttäuscht, voller Selbstzweifel, vielleicht auch neidisch oder wütend. Gedanke und Emotion werden miteinander verknüpft und binden Kräfte, die für den unbefangenen Selbstausdruck, für Lebensziele und Visionen, nicht zur Verfügung stehen.

Doch meistens sind uns solche Zusammenhänge nicht bewusst, und wir erleben nur die unverstandene Folgeerscheinung, wie in unserem Beispiel die wiederholte Benachteiligung und Zurücksetzung (*Ich wurde wieder einmal übersehen*), und reagieren mit Gefühlen von Traurigkeit, Ärger oder Neid. Statt sich jedes Mal erneut in eine Opferhaltung zu begeben und die Grundannahme, nicht wichtig genug zu sein, weiter zu bestärken, könnten wir über die Spur der Gefühle unsere Glaubenssätze aufdecken, um auf diesem Weg ein verborgenes Lebensmuster zu entschlüsseln: Fühlen wir uns unwohl, unzufrieden, ärgerlich, wütend oder traurig, sind wir neidisch oder eifersüchtig, deprimiert, fahrig, gestresst oder frustriert, können wir uns wie ein Forscher, eine Forscherin auf die Suche in unsere Innenwelt begeben. Der Geist unseres wachen Bewusstseins, der mit den emotionalen Verstrickungen nichts gemein hat, ist dabei das Licht, das auch in die eigene ‚Unterwelt' und in ‚Abgründe' hineinzuleuchten vermag, um vielleicht ein Relikt vergangener Erfahrungen ans Licht zu heben.

Natürlich geht es bei all dem immer nur um die Widrigkeiten im Leben, die sich seinem Fluss entgegenstellen und die wir so leicht weitertragen, wenn wir ihren Ursprung nicht kennen. Wer die Decke wiederkehrender Erfahrungen lüftet und einmal auf seine innersten Gedanken, Ängste und Voranahmen schaut, um den eigenen Anteil an diesen scheinbaren Widrigkeiten zu entdecken, kann das nächste Mal vielleicht eine neue und eine bessere Erfahrung machen.

Doch dafür müssen wir zunächst ein besseres, ein leichteres Leben *von ganzem Herzen wollen und* – das ist das Entscheidende – *es auch für möglich halten*! Nur so erhalten wir genügend Energie für einen durchschlagenden Erfolg bei unserer persönlichen Transformation!

Die *Bereitschaft und Entschiedenheit* für diesen besseren Weg ist der erste Schritt zur Veränderung – eine Bereitschaft, die wir in allen Zellen und auf allen Ebenen unseres Seins spüren sollten, wenn wir unserem System zurufen: „Es reicht! So soll es nicht weitergehen! Ab heute bin ich die Architektin / der Architekt meines Lebens!"

Haben wir uns dann für diese Transformation und damit *für uns selbst* entschieden, werden wir die Strukturen, die unseren bisherigen Lebenserfahrungen zugrunde lagen, nach und nach immer besser kennenlernen. Dafür sollten wir aufmerksam verfolgen, wie sie sich in unseren alltäglichen Handlungen, in unseren sozialen Beziehungen sowie in unserem persönlichen Selbstverständnis zeigen und in unseren Problemen zum Ausdruck kommen.

Durch diese feinen Beobachtungen erlangen wir zunehmend ein Bewusstsein über die uns unbewusst treibenden Kräfte und erkennen sie immer leichter und schneller – in unserem Denken, in unseren Emotionen, unserer Art zu handeln und zu reagieren sowie in unserem Verhalten zu unseren Partnern, zu denen neben Eltern, Freunden oder Kollegen auch unsere Kinder zählen. Wir kommen mehr und mehr dem, was da schleichend in uns sein Unwesen treibt, auf die Schliche.

Verstehen, was uns dann noch antreibt

Neben den *Einschärfungen,* wie man nicht sein sollte, was man nicht denken, nicht fühlen, nicht tun sollte, kennen wir aus der Transaktionsanalyse die sogenannten *Antreiber,* die uns sagen, was wir stattdessen tun und wie wir sein sollten – perfekt, schnell, angepasst, stark und strebsam. Sie wirken wie ein Gegenskript und sollen uns helfen, unseren ‚Defekt', der uns in Form wiederholter Bannbotschaften mitgeteilt wurde, zu vertuschen. Durch diese Antreiber erlebt ein Kind: Immer wenn ich mich so verhalte, wie es von meinen Eltern oder Erziehern erwartet wird, bekomme ich Bestätigung und Anerkennung, werde ich geliebt und bin in Ordnung – und wenn ich mich anders verhalte, bin ich eben nicht in Ordnung. Aufgrund dieser Annahme wird das erwünschte Verhalten oft zu einem ‚Überlebensmuster'. Aus dem elementaren Bedürfnis, wahrgenommen und geliebt zu werden, sowie der totalen Abhängigkeit von der Zuwendung und Liebe durch die Eltern, orientieren sich deshalb viele Kinder im Laufe der Zeit immer mehr an deren Ansprüchen, Forderungen und Erwartungen.

Die Strategien, die ein Mensch in diesem Zusammenhang in der Kindheit erwirbt, wirken bis ins Erwachsenenalter hinein fort wie eine Schablone aus übernommenen Lebensregeln und können dann nur noch durch *Bewusstwerdung und Neuentscheidung* aufgelöst oder verändert werden.

Wird ein Mensch vor eine schwierige Aufgabe gestellt, gerät er in eine unbekannte Situation oder lernt neue Menschen kennen, wird er in der Regel den Antreibern folgen, die ihm in der Kindheit Anerkennung und Akzeptanz eingebracht haben. So begegnen wir nicht selten einem sich brüstenden starken Jungen oder dem kindlich kokettierenden süßen Mädchen noch im vom Alter gereiften Männern oder Frauen. Sie zeigen sich stark, angepasst, fleißig oder klug und tragen diese Eigenschaften internalisierter Ansprüche wie einen zu weiten oder zu engen Mantel, der ihr authentisches Selbst umhüllt.

Antreiber, deren Befolgung es einem Kind ermöglichen, Zuwendung oder Lob zu bekommen, werden sowohl verbal wie nonverbal vermittelt. Je mehr sein Verhalten durch die elterlichen Erwartungen geprägt wird und es ihren ‚Geboten' folgt, umso mehr neigt ein Kind auch dazu, diese Antreiber zu verinnerlichen. Sie werden dann zu *inneren Antreibern* und persönlichen Glaubenssätzen – abgespeichert im anerzogenen Gewissen und im Anspruch an sich selbst. Als strukturierender Anteil des ‚Über-Ichs', wie es uns durch Sigmund Freud bekannt ist, prägen sie fortan Erleben und Handeln und steuern wie ein internalisiertes Programm das Verhalten und dadurch auch unsere zwischenmenschlichen Kontakte. Partnerschaften, Freundschaften, Führungsstile und kollegiale Beziehungen werden hierdurch ebenso beeinflusst wie das Verhältnis zu den eigenen Kindern – solange, bis das erwachende, erwachsene Bewusstsein verstehend und lenkend eingreift.

Antreiber haben neben restriktiven Seiten aber durchaus auch Aspekte, die im eigenen Leben sinnvoll und kraftvoll genutzt werden und zu Erfolg führen können. Das setzt jedoch voraus, dass wir sie kennen, ihre Qualitäten frei gewählt einsetzen und uns an ihren Ergebnissen erfreuen können. Stattdessen führen sie jedoch häufig ein Kellerdasein: Sie bleiben unerkannt und wir erleben lediglich ihre Auswirkungen in einem Verhalten, das den verinnerlichten Geboten gnadenlos folgen muss, um einem Unwert-Gefühl zu entrinnen.

Weil Eltern ihren Kindern – neben ausgesprochenen und unausgesprochenen Erwartungen – Antreiber besonders auch durch ihr eigenes, meist unbewusstes Verhalten vorleben, werden die Verhaltensmuster, die diesem Antreiberverhalten folgen, hier ausführlich beschrieben. Denn wir wissen: Nur wer seine eigenen Einschränkungen kennt und löst, kann vermeiden, die Bürde an seine Kinder weiterreichen. Schauen wir uns in diesem Zusammenhang die eigene *Bewusstseinsstruktur* näher an, können wir erkennen, wie vielleicht noch immer Forderungen und

Erwartungen unserer Eltern in ihr als kontrollierende Instanz (als verinnerlichte Elternstimmen) weiterleben. Durch eine Erlaubnis für neues Verhalten, die man in der Kindheit nicht erhalten hat und die wir uns als Erwachsene selbst geben können, verändern wir sukzessive diese Stimmen in uns.

Doch wer ist es, der in der Lage ist, sich selbst zu verändern?
Es ist unsere *seelische Präsenz,* die Impulsgeberin in uns, die im Zentrum unseres Bewusstseinsraumes zunächst unerkannt gegenwärtig ist. Sie ist verdeckt von Annahmen, Meinungen und Erwartungen anderer, von erlernten Denk-, Fühl- und Verhaltensmustern, die in ihrer automatisierten Form unserer Präsenz kaum bedürfen. Erst wer seine Wahrnehmung umkehrt und nach innen richtet, kann sie erfahren und beginnen, sich unter ihrer Führung den Bewusstseinsraum zurückzuerobern, indem er – gleich einer Bestandsaufnahme – seine Grundannahmen, Glaubenssätze und Reaktionsmuster prüft, um sie zu bewahren oder durch neue zu ersetzen.

Durch diese Arbeit lernen wir unseren Bewusstseinsraum und seine Struktur immer besser kennen und verwalten. Auch unsere inneren Antreiber sind hiervon betroffen; wir können sie *bestätigen, wenn sie uns dienen,* oder *verändern, wenn wir ihnen dienen.* Wir beginnen diese Veränderungsarbeit in einem Bereich, der genauso real ist wie die äußeren Räume, die uns umgeben! Auch hier möblieren wir ja manchmal neu!

Doch beginnen wir zunächst mit der Inventur.

Sei perfekt!

Das hättest du aber besser machen können! ... Du kannst doch noch viel mehr! ... Du bist schließlich mein Sohn/meine Tochter! ... Musstest du wieder so viele Fehler machen? ... Da erwarte ich aber mehr von dir! ... Der/die Beste zu sein, ist nicht gut genug!

Ein Sei-perfekt-Antreiber kann auf der einen Seite zwar zu Leistung und Erfolg führen, in der Zwangsjacke durch elterliche Ansprüche und Erwartungen führt er jedoch nur selten zur Freude an der eigenen Leistung, die ja immer noch besser sein könnte oder noch längst nicht gut genug ist.

Kinder, die zu Perfektionismus angetrieben werden, erleben sich häufig als nicht wertvoll genug, um die Liebe und Akzeptanz ihrer Eltern bedingungslos empfangen zu können. Sie werden nicht dafür geliebt und geachtet, wer sie sind, sondern wie sie handeln und welche Leistung sie erbringen. Wenn Eltern zudem auf Leistungen aus ihrer eigenen Kindheit hinweisen, erleben Kinder verstärkt den Druck, dem sie durch solche Vergleiche ausgesetzt sind. Das führt schnell in eine nie endende Sisyphos-Spirale, aus der man nicht aussteigen kann, um sich an den eigenen Leistungen zu freuen oder sich auszuruhen, bevor man die nächste Sprosse des Erfolgs erklimmt. ‚*Ich bin noch nicht gut genug ... Ich kann immer noch besser werden*', treibt sie beständig weiter an.

Erwachsene, die diesem inneren Antreiber folgen, sind meistens um ‚Makellosigkeit' bemüht, um sich nicht der Kritik oder des Hinweises aussetzen zu müssen, etwas falsch oder nicht gut genug gemacht, etwas übersehen oder nicht verstanden zu haben. Sie sind gründlich, konzentrieren sich auf Details und sind bestrebt, Fehler zu vermeiden und Kontrolle über Ereignisse und Abläufe zu behalten. Weil sie glauben, als Person mit ihren ureigenen Bedürfnissen, Wünschen und Idealen nicht wertvoll genug zu sein, um geliebt zu werden, setzen sie an die Stelle des Seins ihre Leistung. Und wenn sie einmal keine fehlerfreie Leistung erbringen können, fühlen sie sich unwohl und neigen dazu, sich zu rechtfertigen. Um dem zu entgehen, sind sie das nächste Mal umso gründlicher. Die Zeit, die sie hierfür einsetzen, überschreitet nicht selten das notwendige Maß und führt zu Druck, Stress oder innerer Unruhe.

Manche setzen ihre Perfektion besonders dann ein, wenn andere ihre Ergebnisse sehen können. Wer einmal hinter die Fassade eines Perfektionisten schaut, mag das ein oder andere Mal überrascht sein.

Perfektionisten sind in der Regel wenig teamfähig; am liebsten machen sie alles selbst, weil ihrer perfekten Lösung ohnehin nichts mehr hinzuzufügen ist. So kommt es oft zu keinem zwischenmenschlich gleichberechtigten Austausch, weil einem Perfektionisten gegenüber leicht das Gefühl der Unterlegenheit auftaucht und anderen seine scheinbare Überlegenheit zu schaffen macht. Wer glaubt, dass die Anerkennung seiner Person von seiner perfekten oder überragenden Leistung, seinem Wissen und seiner Überlegenheit abhängig ist, kann nicht verstehen, wenn andere sich von ihm zurückziehen.

Bewusstes und punktuelles Einsetzen dieses Antreibers in einer leistungsorientierten Gesellschaft oder einfach nur zur Freude an der eigenen Arbeit und am Erfolg führt jedoch zu guten Ergebnissen und ist in vielen Bereichen des Lebens sogar Voraussetzung – denken wir in diesem Zusammenhang nur einmal an die Arbeit eines Chirurgen oder die des Piloten. Perfektionisten arbeiten genau, gründlich und zuverlässig. Wenn sie ihre perfekte Leistung von ihrem ängstlichen Bestreben, gut dastehen zu müssen, lösen, gewinnen sie eine neue Freiheit und erlangen oft erst dann die Anerkennung, die sie sich schon lange wünschen.

Eltern oder Erzieher, die einen ‚Sei-perfekt-Antreiber' bei sich wahrnehmen, können durch eine *Umkehrung* ihrer bisherigen Annahmen ihr verinnerlichtes und forderndes ‚Eltern-Ich' erlösen, indem sie öfter einmal den Mut aufbringen, sich kleine ‚Unvollkommenheiten' einzugestehen, zu ‚Fehlern' zu stehen und im Zusammensein mit anderen die Vollkommenheitsfassade fallen zu lassen.

Jeder kann zum Zwecke, sich von fordernden Antreibern zu befreien, individuelle Sätze bilden, die ihm helfen, seinem Leben eine neue Richtung zu geben. Die folgenden Sätze dienen als Anregung hierzu:

Umkehrung der Antreiber-Glaubenssätze:
Ich darf mein Bestes geben und mich daran erfreuen.
Ich schätze mich und meine Leistung.
Ich darf aber auch Fehler machen und daraus lernen.
Ich brauche mich nicht zu rechtfertigen.
Ich bin bereit, Einsicht zu zeigen, wenn andere mich auf etwas hinweisen, was ich übersehen habe.
Ich erlaube mir, nachsichtig zu sein, wenn andere Fehler machen.
Ich bin wertvoll durch mich selbst, so wie ich bin.

Man kann diese oder ähnliche Sätze immer dann sprechen, wenn man wahrnimmt, wie man in ein ‚altes' Verhalten hineinrutscht, von dem man sich gerade lösen möchte. Hilfreich hierfür kann es auch sein, zunächst nur einen – den vielleicht wichtigsten Satz – auswendig zu lernen, sodass er wie ein jederzeit abrufbares Mantra zur Verfügung steht. Um ein dauerhaftes Ergebnis zu erreichen, wäre es gut, sich den Inhalt der Affirmationen über einen längeren Zeitraum, wenn möglich täglich, bewusst zu machen und *die Freude zu erspüren*, wie es sich anfühlt, bei ihrer Umsetzung erfolgreich zu sein – bis man eines Tages bemerkt, dass sich die neuen Gedanken verankert haben und sich ebenso im Verhalten zeigen wie zuvor die Gebote und Forderungen eines unerlösten Antreibers.

Wenn Eltern wahrnehmen, dass sie ihre Kinder zur Perfektion antreiben, sollten sie auch ihnen die Erlaubnis zu ‚Fehlern und Unvollkommenheiten' geben, um sie von einem lebensfeindlichen Druck zu befreien. Sie können sich innerlich sagen: *Mein Kind darf sich entspannen, es braucht nicht immer perfekte Leistungen zu erbringen. Es darf auch Fehler machen und braucht sich nicht zu rechtfertigen. Ich liebe mein Kind, so, wie es ist. Ich lasse alle Erwartungen los. Ich unterlasse es, mein Kind zu manipulieren, indem ich ihm mitteile, wie perfekt ich selber bin, als Kind war oder wie tüchtig andere Kinder sind.*

Man kann einen der folgenden oder ähnliche Sätze auch einmal laut zu einem Kind sprechen, wenn man es von überzogenen Erwartungen und zu hohen Ansprüchen entlasten möchte:

Du darfst dein Bestes geben und das ist gut.
Du darfst aber auch Fehler machen.
Du darfst aus Fehlern lernen und brauchst dich nicht zu rechtfertigen.
Ich war auch nicht immer nur perfekt als Kind.
Du darfst dich auch entspannen und dir Zeit für dich nehmen.
Ich liebe dich, so wie du bist.

Sei stark!

Deshalb muss man doch nicht gleich weinen! ... Das ist doch nur halb so schlimm! ... Nimm dich mal zusammen, ... was sollen denn andere von dir denken, wenn du so eine Heulsuse bist? ... Du bist ein richtiges Weichei, ... du willst doch mal ein Mann werden!

Cool sein ist ‚in' – lässig sein, scheinbar überlegen und möglichst keine Gefühle zeigen. Wir kennen es von der undurchdringlichen Miene mancher Jugendlicher, besonders denen des männlichen Geschlechts. Inzwischen begegnet uns dieses Verhalten allerdings auch bei Mädchen, wenngleich es Jungen meist noch immer schwerer haben, die Kindheit mit authentischen Gefühlen zu ‚überleben'. *Schließlich kennt Indianerherz keinen Schmerz* und *rumheulen und lamentieren ist nichts für Hartgesottene!* Hier geht es um mehr als um ein paar Tränen: *Mann oder Memme* wird für viele Jugendliche im Zeitalter von Fitnesswahn, Körperkult und

Erfolgscoaching zur Grundfrage der Existenz. Cool sein, stark und überlegen, zeigt sich für sie eben nicht nur in harten Muskeln, sondern ebenso im coolen starken Verhalten. Und das häufig besonders dann, wenn es an innerer Kraft und Stärke noch fehlt.

Der Antreiber ‚Sei stark!' lässt uns in Distanz gehen zu den eigenen Gefühlen und Regungen und – zumindest nach außen hin – nicht zeigen, was in einem los ist, ... bloß keine Schwäche zeigen, ... sich keine Blöße geben, ... Haltung bewahren ... und sich nicht angreifbar machen lassen. Dann bleibt man überlegen, bleibt der Stärkere, und wer will sich schon unterkriegen lassen in einer Welt, in der schwach zu sein in den Augen der so Getriebenen Niederlage und Untergang bedeutet. Ihre scheinbare Überlegenheit ist ihre Sicherheit.

‚Wenn ich Gefühle zeige, zeige ich mich schwach und bin unterlegen', denken sie und geben sich unberührt, kämpfen oder laufen bei Auseinandersetzungen lieber davon, wenn sie bemerken, dass ein anderer bessere Argumente hat als sie selbst. Auseinandersetzung ist für sie gleichbedeutend mit Kampf; fair zu argumentieren um einer gemeinsamen Lösung willen, ist ihnen meistens unbekannt. Der Preis hierfür ist hoch, führt er auf Dauer doch zur Unfähigkeit, wirklich reife Beziehungen zu führen. Sie nehmen Trennung und Verlust in Kauf und übersehen, dass Konflikt, Auseinandersetzung und Konfrontation nicht gleichbedeutend ist mit Kampf – dass es nicht zwangsläufig um Sieg oder Niederlage geht, sondern im besten Fall um Annäherung, Einsicht, Verständnis füreinander, Klärung und gemeinsames Weitergehen auf einer höheren Stufe von Beziehungsreife.

Und kommt es nicht gerade dann zu gestörten oder zerstörten Beziehungen, wenn wirklich Bedeutsames ungesagt bleibt, wenn wir ein Anliegen nicht direkt, sondern nur verdeckt oder gar nicht kommunizieren, wenn wir – statt authentische Gefühle zu zeigen – uns auf eine Ebene von Verallgemeinerung und Unnahbarkeit zurückziehen? Dann erst beginnt der Kampf um die Maske, die wir dem Gesprächspartner abziehen wollen, um uns endlich authentisch, nah und direkt einander annähern zu können.

Wer sich selbst schützen will, indem er zu Gefühlen in Distanz geht, wer angreift und sich durchsetzen will, ohne sich auf sein Gegenüber einzulassen, wer Konflikten ausweicht und sich vorzeitig zurückzieht, ohne Lösung oder Aussöhnung mit dem Gesprächspartner gefunden zu haben, wird nicht genährt durch Annehmen und Angenommensein, durch Vertrauen und liebevolles Verständnis für sich selbst und andere.

Kinder lernen durch unser Beispiel und schauen auch darauf, wie wir mit unseren Gefühlen und Empfindungen umgehen. Sie lernen von uns, indem sie unser Verhalten imitieren – auch unsere seelischen Verhaltensweisen, wie unsere Bereitschaft, uns unseren Gefühlen zu stellen und furchtlos und offen miteinander zu kommunizieren. Sie nehmen wahr, ob wir bereit sind, authentisch zu fühlen, oder ob wir unsere Gefühle durch allzu viele kluge Worte versachlichen – oder aber uns von ihnen distanzieren, indem wir sie im Streitgespräch herausschreien, weil wir unfähig sind, uns selbst mit diesen Gefühlen zu ertragen. Stark sein zu müssen, kann sehr anstrengend sein.

Wir sollten jedoch nicht übersehen, dass ein verinnerlichter ‚Sei-stark-Antreiber' von hohem Wert sein kann, wenn es darum geht, schnelle Entscheidungen zu treffen, sich mutig und ohne Zögern einzusetzen und konzentrierte Leistung zu erbringen. Menschen mit diesem Antreiber haben Widerstandskraft und Bereitschaft zu kämpfen, wo es notwendig ist. Wenn sie bereit sind, ihre erworbenen Fähigkeiten von ihrem Bestreben nach Anerkennung und ihrem Bedürfnis nach Überlegenheit zu lösen, gewinnen sie eine neue Freiheit. Sie vermeiden dadurch, Stärke und Starrheit wie eine Rüstung über ihre eigene Empfindsamkeit zu legen. Es führt zu wahrer *innerer* Stärke, wenn die Maske der Unangreifbaren fällt.

Umkehrung der Antreiber-Glaubenssätze:

Ich schätze meine kraftvolle Art, mich einzusetzen für Dinge, die mir wichtig sind.
Ich bin aber auch liebenswert und achte mich selbst, wenn ich einmal schwach bin.
Ich darf Verständnis zeigen und von anderen lernen.
Ich erlaube mir Gefühle zu zeigen und um Hilfe zu bitten.
Auch wenn ich verliere, kann ich innerlich stark bleiben.
Ich bin wertvoll durch mich selbst, so wie ich bin.

Wer diesen Antreiber bereits an seine Kinder weitergibt, sollte auch den Kindern die Erlaubnis zu Offenheit, Authentizität und Mitgefühl geben, um sie von einem lebensfeindlichen Druck zu befreien: *Mein Kind braucht nicht immer Sieger zu sein. Es darf auch nachgeben und sich entspannen. Es darf Gefühle zeigen und anderen vertrauen. Es darf um Hilfe bitten. Ich liebe mein Kind, weil es so ist, wie es ist. Ich lasse alle Erwartungen an sein Verhalten los. Ich unterlasse es, mein zu Kind manipulieren oder zu kritisieren, wenn es Schwäche zeigt.*

Man kann einen der folgenden oder ähnliche Sätze auch einmal laut zu einem Kind sprechen, wenn man es von überzogenen Erwartungen und zu hohen Ansprüchen entlasten möchte.

Du darfst stark sein und dich an deiner Kraft und Stärke erfreuen.
Du darfst auch nachgeben und brauchst nicht immer Sieger zu sein.
Selbst wenn du verlierst, bist du wertvoll und liebenswert.
Du darfst Gefühle zeigen und auch um Hilfe bitten.
Wahre Stärke kommt von innen.
Ich liebe dich, wie du bist.

Zum Schluss eine kleine Geschichte, deren Bilder für sich sprechen: „Am Ufer eines Teiches stand eine Eiche: mächtig und stolz. Sie trotzte der Sonnenhitze und beugte sich keinem Sturm; denn ihre Wurzeln reichten tief. In der Nähe wuchs ein Schilfrohr auf feuchtem Grunde. Es sah schwach und zerbrechlich aus und verneigte sich vor jedem Wind.

‚Du tust mir leid', sagte die Eiche eines Tages. ‚Wärst du doch näher an meinem Stamm gewachsen, ich würde dich gerne beschützen!'

‚Das ist sehr freundlich', sagte das Schilfrohr bescheiden, ‚aber sorge dich nicht um mich. Kommt ein Sturm mit Gewalt, beuge ich mich bis zur Erde und lasse ihn über mich fortbrausen. Ich beuge mich, aber ich breche nicht!'

Die Eiche schüttelte trotzig ihr Haupt. ‚Ich leiste jedem Sturm Widerstand; niemals würde ich mich beugen!'

Ein schrecklicher Sturm kam über Nacht; er riss Blätter und Äste aus der aufrechten Eiche. Das Schilfrohr beugte sich bis zur Erde. Der Sturm wurde zum Orkan. Mit seiner ganzen Wut zerrte er an dem trotzigen Baum – bis er ihn samt Wurzeln aus der Erde riss.

Als das Unwetter vorüber war, stand das kleine Schilfrohr aufrecht neben dem gestürzten Riesen.“ [22)]

Beeil dich!

Sich zu beeilen und schnell zu sein, ist im modernen Leben zu einem Wert an sich geworden. ‚Multitasking' ist für viele eine erstrebenwerte Fähigkeit, und sie sind stolz darauf, wenn sie sie beherrschen. Dass Multitasking – der oft vergebliche Versuch, dem Zeitdruck zu entkommen – in Wirklichkeit aber zu Leistungsabfall und Konzentrationsverlust führt, kann man in immer neueren Studien nachlesen.

Haben Sie bemerkt, wie rasch die Bildfolge in der Werbung geworden ist, dass Werbetexte immer schneller und schneller gesprochen werden, und mit welcher Geschwindigkeit wir in den vergangenen Jahrzehnten gelernt haben, neue Informationen aufzunehmen und zu verarbeiten? Medien und ihre Systeme geben eine immer schnellere Gangart vor. Wir sind ruhelos geworden in einer Welt, in der das Leben mit scheinbar zunehmender Geschwindigkeit abläuft.

Manch einer versucht – zumeist erfolglos – der Atemlosigkeit zu entkommen und Zeit zu gewinnen. Meditation, Kontemplation, Yoga, Tai Chi, Qi Gong und ein inzwischen beinahe unübersehbares Angebot zu Zeitentschleunigung und Achtsamkeit sind Ausdruck der Not des modernen Menschen, der dabei ist, den Augenblick zu verlieren und zum Sklaven einer immer schneller taktenden Zeit in einer technisierten und verplanten Welt zu werden.

Menschen mit dem ‚Beeil-dich-Antreiber' sind andauernd beschäftigt und machen oft mehrere Dinge zur gleichen Zeit. Bei manchen von ihnen funktioniert das scheinbar mühelos, andere sind nervös, fühlen sich gestresst und stehen unter Druck. Eine innere Forderung zur Eile treibt sie an, der Aufgabenzettel ist übervoll und sie fühlen sich als Gefangene einer Überzeugung, nicht genügend Zeit zu haben.

Ist es nicht schizophren, keine Zeit zu haben, wenn wir an die vielen Entlastungen denken, die wir im Vergleich zu den Menschen vor nur knapp hundert Jahren haben? Wie viel Arbeit wurde uns von einer immer verfeinerteren und raffinierteren Technik abgenommen! Wie viel ‚freie' Zeit wurde uns durch Autos, Waschmaschinen, Geschirrspüler, Telefon, elektronische Post und vieles mehr geschenkt? Und wie viel Zeit gewinnen Eltern, weil Kindergärten, Kindertagesstätten, Horte, Krippen, Tagesmütter und Ganztagsschulen ihnen ihre Kinder abnehmen? Doch wer in junge Familien schaut, kann trotz aller Erleichterungen – oder vielleicht gerade deshalb – erleben, dass Eltern nicht selten unter einem andauernden Zeitdruck stehen.

Mach schnell! ... Los jetzt, ... beeil dich! ... Wir haben nicht viel Zeit! ... Trödel nicht so rum! ... Immer muss ich auf dich warten! ... Du bist schon wieder der Letzte! … Komm, gib her, sonst bist du morgen noch dabei! … Lass mich das mal schnell machen! … Nun mach schon! … Bist du immer noch nicht fertig? … Iss mal etwas schneller, dein Essen wird kalt! … Du schläfst ja fast dabei ein! … Ich habe nicht ewig Zeit … Kinder haben kein Zeitproblem. Doch mancher Erwachsener kann es kaum ertragen, wenn andere sich Zeit lassen, und treibt auch sein Kind zu Eiligkeit und Schnelle an. Wie viel Hektik, Hast und Ruhelosigkeit wird da oft von klein an in viele Kinderseelen und ihre kleinen Körper gepflanzt!

Das Kind versteht: Immer wenn ich mir Zeit lasse beim Anziehen, … meine Schuhe nicht schnell genug zubinde, … zu langsam rede, wenn ich etwas erzählen will, … zu langsam esse, … nicht schnell genug einschlafe, … bin ich nicht okay. Doch mit der Zeit wird es schneller, verinnerlicht mehr und mehr den Atemlos-Antreiber, der es zur Eile ermahnt. Es weiß, so erhält es Akzeptanz und vielleicht sogar Anerkennung oder Lob. Dass es dabei immer mehr unter Druck gerät, realisiert es noch nicht. Es will rasch und schnell alles erledigen. Es darf keine Zeit vergeuden. Und außerdem will es nichts verpassen. Hyperaktiv zu sein, ist für viele Kinder zu einem Normalzustand geworden.

Natürlich reagiert nicht jedes Kind auf diese Art, da gibt es auch die langsamen und mehr phlegmatischen Kinder, die im äußerlich wahrnehmbaren Verhalten weniger Unruhe oder Hektik zeigen. Wie sie jedoch auf Dauer innerlich auf Zeitdruck reagieren, können wir nur vermuten und im Einzelfall beobachten.

Erwachsene mit diesem Antreiber haben das Gefühl, dass ihre Zeit nicht ausreicht. Dabei eilen sie von Aufgabe zu Aufgabe, sind ruhelos und gönnen sich kaum Entspannung. Ihre innere Überzeugung, nicht genug Zeit zu haben, drängt sie vorwärts. Durch ihre Nervosität, unter der sie häufig leiden, bleibt vieles auf der Strecke, was zu noch mehr Stress, Ungeduld und Unzufriedenheit führt. Wenn andere ihnen etwas mitteilen möchten, was ihre Aufmerksamkeit verlangt, signalisieren sie, keine Zeit zu haben. Sie können auch nur schwer zuhören, und wenn sie selbst erzählen, sprechen sie meist schnell und wollen möglichst viel Information in kurzer Zeit unterbringen, ohne auf ihren Gesprächspartner zu achten oder auf ihn einzugehen.

Einem ‚von der Zeit getriebenen' und ruhelosen Menschen fällt es somit auch schwer, in tieferen Kontakt mit seinem Gegenüber zu kommen. Gern entwindet er sich einem Gespräch, wenn es um Gefühle oder persönliche Anliegen geht, die immer auch Zeit brauchen, um wahrgenommen und kommuniziert zu werden. Er weicht dadurch nicht nur seinem Gesprächspartner aus, sondern auch dem Kontakt zu sich selbst. Denn auch dafür müsste man sich Zeit nehmen.

Zur Konfliktklärung hat er in der Regel keine Zeit, oder aber er redet schnell, um seinen eigenen Standpunkt zu vertreten, ohne seinem Gesprächspartner ausreichend Zeit für eine Antwort zu geben. Gern überhört er auch dessen Argumente, um sich einer Auseinandersetzung nicht stellen zu müssen. Er weiß nicht, was es bedeutet, dem anderen und sich selbst ‚Raum' zu geben durch innere Achtsamkeit und Aufmerksamkeit, in dem ausreichend Zeit zur Verfügung steht für Austausch, Abgrenzung, Verständnis und Lösung.

Doch der ‚Beeil-dich-Antreiber' hat durchaus auch positive Aspekte, wenn er bewusst und entschieden eingesetzt wird. Menschen mit diesem Antreiber können handeln, ohne lange überlegen zu müssen, und in kurzer Zeit gute Ergebnisse erzielen. Sie haben eine hohe Leistungsbereitschaft, oft auch verbunden mit einer schnellen Auffassungsgabe. Wenn es um schnelles Eingreifen oder zügiges Erledigen anstehender Aufgaben geht, sind ihre Fähigkeiten gefragt. Wenn sie bereit sind, diese von ihrem Bestreben nach Anerkennung zu lösen und ihre Grundannahme, nicht ausreichend Zeit zu haben, einmal grundsätzlich infrage zu stellen, gewinnen sie eine neue Freiheit. Sie vermeiden dadurch, zum Sklaven der Zeit im Sinne eines sich selbst auferlegten Drucks zu werden und schwingen sich bei erfolgreichem Wandel auf zum ‚Meister der Zeit' und zum Erleben der Gnade des Augenblicks.

Umkehrung der Antreiber-Glaubenssätze:
Ich schätze meine Fähigkeit,
aktiv und schnell handeln zu können, wenn es darauf ankommt.
Ich darf mich aber auch entspannen und ‚freie Zeit' genießen.
Ich nehme mir Zeit für die Erledigung meiner Aufgaben
und für die Menschen, die mir wichtig sind.
Ich darf herausfinden, was wirklich Bedeutung für mich hat.
Ich bin bereit zuzuhören und zu verstehen.
Ich vertraue darauf, dass andere auch mir zuhören,
wenn ich mir Zeit nehme, in der sich ein Gespräch entfalten darf.
Ich erlaube anderen, besonders meinen Kindern, sich Zeit zu lassen.

Wer wahrnimmt, dass er Stress und Zeitdruck bereits an seine Kinder weitergibt, sollte den Kindern die Erlaubnis geben, sich Zeit zu lassen, um sie von einem lebensfeindlichen Druck zu befreien. Sagen Sie zu sich selbst, sobald Sie bemerken, dass Sie Druck ausüben und ein Kind zur Eile antreiben wollen: *Mein Kind darf sich Zeit lassen.*

„Aber wie soll denn das gehen?", fragte mich neulich ein junger Vater, „bei uns ist morgens immer alles ganz hektisch und wir müssen die Kinder antreiben. Die trödeln nur herum. Sie kommen ohnehin immer schon auf die letzte Minute in den Kindergarten."

Schauen wir uns einmal an, was da gesprochen wurde: „Bei uns ist morgens *immer alles ganz hektisch*!" – Von wem hängt das ab? Wer trägt die Hektik in sich? Die Kinder? Zunächst einmal sicherlich nicht! „*Wir müssen* die Kinder antreiben, damit sie nicht zu spät kommen!" – Wer muss denn da? Der Vater gibt die Antwort selbst.

Und spätestens wenn sie dann angetrieben worden sind, ist der Funke der Hektik auch auf die Kinder übergesprungen. Bis dahin haben sie *herumgetrödelt.* Sie kennen noch keine Eile, kein Funktionieren nach der Uhr. Aber jetzt lernen sie es und erfahren, wie die Zeit zum Feind wird. Doch der eigentliche Feind ist nicht die Zeit, es sind die Erwachsenen, die zu spät sind, weil sie zu wenig Zeit eingeplant haben. Und wenn die Kinder ohnehin immer schon *auf die letzte Minute* im Kindergarten ankommen, dann kommt nur einer zu spät, nicht die Kinder, sondern die Eltern.

Wenn Kinder gehetzt und angetrieben werden, ist es das Problem der Eltern, und wie so oft sind es wieder die Kinder, die es ausbaden müssen. Sie sind die ‚Schuldigen', *die wieder herumtrödeln, ... nicht in die Pötte kommen, ... sich ‚zu viel Zeit' lassen, ... wieder mal zu spät sind.* Zeit ist ein kostbares Gut, meinen die von der Zeit Gejagten, die vertrödelt man nicht.

Manche sagen: So wie der Tag beginnt, so wird er weitergehen! Dass das mehr ist als ein leerer Spruch, kann man gerade an Kindern gut beobachten. Das wissen Kindergärtner und Lehrer, die allmorgendlich mit den Störungen fertig werden müssen, die durch Kinder verursacht werden, die bereits gestresst und manchmal auch ohne Frühstück in Schule oder Kindergarten ankommen. Es ist von entscheidender Bedeutung, wie der Tag für unsere Kinder beginnt. Und das liegt einzig und allein in unseren Händen, den Händen der Erwachsenen, der Eltern!

Schon am Abend zuvor können wir die Form, die Schablone für den neuen Tag erschaffen. *„Morgen wird ein guter Tag – für mich und für meine Kinder“,* ist eine *Entscheidung,* die wir treffen können – und dann dafür sorgen, dass er so wird, wie wir uns entschieden haben!

Ein guter Start in den Tag hat in erster Linie immer auch mit guten Gefühlen zu tun, die wir nach dem Aufwachen haben oder willentlich erzeugen, bevor wir unserem Partner, unserer Partnerin oder den Kindern begegnen. Dafür sollte man wissen, was uns dabei hilft, damit es uns am Morgen gut geht, und was man selber dafür tun kann.

„Ist doch klar“, sagte mir eine junge Mutter vor kurzem, nicht ganz ohne Selbstironie. „Am Morgen brauche ich mehr Schlaf – und dann stelle ich den Wecker, wenn er klingelt, einfach noch einmal etwas später, dann geht es mir gut. Aber das nützt ja gar nichts“, bekannte sie gleich darauf, „denn, wenn ich zu spät beginne, kann ich keine guten Gefühle haben bei all den Verpflichtungen, die auf mich warten. Mir ist meistens schon am Morgen alles zu viel, und die Kinder, die nicht fertig werden, das ganze Gehetze wie jeden Tag.“

Die Mutter, die ich schon seit längerer Zeit kenne, hatte ihre Aufgabe als Mutter nie wirklich angenommen. Sie lebte ihr Leben mehr neben als mit ihren Kindern und freute sich über jede freie Minute, in der die Kinder aus dem Haus waren – was sie in andauernder Unzufriedenheit und Unlust hielt, wenn die Kinder bei ihr waren. Der Beginn für ein besseres und leichteres Leben bedeutete in ihrem Fall, zunächst einmal die *Entscheidung* zu treffen, ihre Aufgaben als Mutter voll und ganz anzunehmen! „Was heißt denn das, diese Aufgabe ganz anzunehmen?“, fragte sie. „Ist denn das überhaupt noch zeitgemäß – von Beruf Mutter?“

Keiner muss heute mehr von Beruf ausschließlich Mutter sein. Durch ein vielfältiges Angebot staatlicher und privater Einrichtungen kann jede Mutter auch einer beruflichen Tätigkeit folgen, sofern sie sich dafür entscheidet. Aber das entbindet sie nicht von der Aufgabe als Mutter, die sie durch ihre Entscheidung für ein Kind – ob bewusst oder unbewusst – gewählt hat. Und wenn sie das bisher nicht bewusst getan hat, kann sie es jederzeit nachholen – und das Gleiche gilt natürlich ebenso für jeden Vater! Dann – und das ist das Geschenk dieser Entscheidung – geht oft plötzlich alles viel leichter und freudvoller und das Familienleben wird harmonischer.

Eine andere Mutter erzählte im Rahmen eines Seminars: „Ich starte mein Programm für den nächsten Tag schon am Abend zuvor, damit der Morgen für mich und die Familie so wird, wie ich es mir wünsche. Ich habe mich entschieden, die ganze Verantwortung für einen guten Tagesbeginn zu übernehmen und erwarte nichts von meinem Mann; wenn meine Erwartungen nicht enttäuscht werden können, brauche ich mich auch nicht zu ärgern. Am Abend zuvor räume ich immer die Küche auf und decke schon den Tisch für den nächsten Tag, damit mir am Morgen nicht eine unaufgeräumte Küche auf die Stimmung schlägt und ich ausreichend Zeit habe, mit meinen Kindern gemeinsam zu frühstücken. Die Kinder genießen diese Zeit mit mir am frühen Morgen. Sie erzählen mir, was sie geträumt haben oder was sie heute vorhaben oder von einem Ereignis des gestrigen Tages, das noch in ihnen arbeitet. Ich höre ihnen zu und wir bleiben eine ganze Weile miteinander sitzen. Dann bereite ich ihnen die Brotdosen, während die Kinder noch einen Augenblick Zeit für sich haben. Ich sorge immer dafür, dass ich auch selbst genug Zeit habe und nicht unter Stress komme. Ich stehe also ein wenig früher auf, als es unbedingt notwendig wäre. So kommt niemand unter Zeitdruck und nicht nur die Kinder, auch ich selbst habe einen guten Start in den Tag."

Und dann erzählte sie noch etwas, was ihre Zuhörer wirklich beeindruckte: „Auch zum Anziehen brauchen meine Kinder Zeit. Sie kleiden sich zwar schon alleine an, aber manchmal beginnen sie dabei zu spielen und herumzutrödeln, weil sie plötzlich ganz andere Dinge im Kopf haben. Wenn es dann doch einmal schnell gehen muss, helfe ich ihnen. Und wenn ich ihr Mäntelchen zuknöpfe, ihnen einen Schal umbinde oder die Schuhe zubinde, knie ich mich zu ihnen hinunter, nutze die Gelegenheit, ihnen in die Augen zu schauen, ihnen über den Kopf zu streichen oder ihnen gute Wünsche mit auf den Weg zu geben. Ich nutze solche Gelegenheiten für Gesten der Zuwendung und Liebe. Ich erlebe immer wieder aufs Neue, wie diese kleinen Momente aktiver Kontaktaufnahme, mit der wir in den Tag gehen, wie Nahrung sind – für meine Kinder und auch für mich selbst."

Für Kontaktpflege braucht es *Zeit und Achtsamkeit*. Und mit Kindern ist es einfach, sich diese Zeit innerhalb der Struktur eines Tages zu nehmen, die ja ohnehin vorgegeben ist, wie durch das allmorgendliche Anziehen oder das gemeinsame Frühstücken.

Beziehungen funktionieren nicht mehr von selber. Dafür ist der Alltag viel zu schnelllebig geworden. Alles, was über die alltäglichen Aufgaben und Verpflichtungen hinausgeht, verlangt unsere Achtsamkeit und Bewusstheit, unsere innere Aktivität. Wir müssen zwischenmenschliche Kontakte immer wieder neu herstellen, neu aufbauen, neu beleben – sei es zu unseren Kindern oder zu unserem Partner – wenn wir nicht wollen, dass sie zu Informationsbeziehungen oder oberflächlichen Liebesbekundungen verkommen.

Doch nicht nur unsere Beziehungen, auch unsere tagtägliche Arbeit können wir aus der reinen Routine befreien, wenn wir uns Zeit und Bewusstheit dafür geben. Auf der Webseite von „Simplify your life“ entdeckte ich neulich einen Eintrag über das „Staubsauger-Zen“, der Aspekte dieser Bewusstheit mit wenigen Worten zusammenfasst: „‚Arbeit ist sichtbar gemachte Liebe‘ sagt der libanesische Dichter Kahlil Gibran. Die Liebe besteht nicht darin, etwas Außergewöhnliches zu tun, sondern die gewöhnlichen Dinge des Lebens einfühlsam und sachgemäß erledigen zu können. Manchmal auch dadurch, dass Sie etwas ganz Einfaches mit außergewöhnlicher Meisterschaft machen. (…) Wenn Sie den Teppich saugen oder den Fliesenboden wischen, entfernen Sie Schmutz. Mit jedem äußeren Reinigungs- oder Ordnungsvorgang ist auch ein innerer verbunden, so wie die Räume Ihrer Wohnung Symbole sind für Abteilungen Ihrer Seele. (…) Verjagen Sie Gedanken, die Sie von Ihrer Arbeit wegziehen (‚Was könnte ich jetzt nicht viel Sinnvolleres und Schöneres tun!‘). Damit wäre Ihr Körper an einem anderen Ort als Ihre Seele, und das verursacht immer mentale, oft auch körperliche Schmerzen. Wenn es Ihnen gelingt, sich allein auf die momentane Arbeit zu konzentrieren, werden Sie ruhig und froh. (…) Kathleen Kendall-Tackett hat noch einen reizvollen Zusatzeffekt dieser Übungen entdeckt: Seit sie ihre Hausarbeit nicht mehr als Strafe oder Qual empfindet, bieten die anderen Familienmitglieder ihr viel häufiger ihre Mithilfe an.“ [23] Und wen wundert das, wenn sie etwas tut, was ihr Spaß macht?

Sich Zeit zu nehmen, hat immer auch etwas zu tun mit einem Kontakt zu sich selbst. Wir können uns im Laufe eines Tages öfter einmal fragen: Bin ich in Kontakt mit mir und mit dem, was ich im Augenblick tue? Sind Denken, Fühlen und Handeln in Kongruenz? Oder bin ich mit meinen Gedanken und Gefühlen bei etwas anderem als bei dem, was ich gerade tue? Wann immer es so ist, habe ich den Kontakt zu mir unterbrochen und funktioniere bloß.

Ein Zen-Meister wurde einmal gefragt, wie er so glücklich und zufrieden sein könne, wo er doch so viele Aufgaben zu erfüllen habe. „Wir wären auch gerne so glücklich wie du”, sagten die Fragenden. Der Meister antwortete: „Wenn ich aufstehe, dann stehe ich auf. Wenn ich gehe, dann gehe ich, wenn ich sitze, dann sitze ich, und wenn ich esse, dann esse ich.” „Das tun wir doch auch“, sagten die Fragenden, „aber wir sind nicht glücklich. Was tust du darüber hinaus?“ Und er antwortete wieder: „Wenn ich aufstehe, dann stehe ich auf. Wenn ich gehe, dann gehe ich, wenn ich sitze, dann sitze ich, und wenn ich esse, dann esse ich.“ Als der Meister den Unmut der Fragenden spürte, sagte er nach einer Weile: „Sicher steht auch ihr auf und auch Ihr geht und sitzt und auch ihr esst. Aber während ihr aufsteht, überlegt ihr schon, wohin Ihr geht, und während Ihr geht, fragt Ihr Euch, was Ihr gleich essen wollt. Und wenn ihr esst, denkt ihr über eure Probleme nach. So sind Eure Gedanken ständig woanders und nicht da, wo Ihr gerade seid. Wenn ihr beginnt, den Augenblick, in dem ihr seid, zu lieben und euch ganz einzulassen auf das, was im gegenwärtigen Moment ist, könnt auch ihr glücklich und zufrieden werden.“

Die Zufriedenheit, die aus dieser Form der *Präsenz für den Augenblick* erwächst, ist nicht nur etwas für Auserwählte, sie ist jedem Menschen möglich. Kleine Kinder leben zunächst wie selbstverständlich in dieser Präsenz und könnten uns Vorbilder sein auf dem Weg zu einem glücklichen und erfüllten Leben. Doch statt auf ihre Gegenwärtigkeit zu schauen und von ihnen zu lernen, holen wir sie oft viel zu schnell in unsere ruhelose Welt. Und weil sie uns nachahmen, übernehmen sie unsere Art zu leben und zu sein – und damit auch unsere innere Rastlosigkeit und Eile, mit der wir sie, ohne dass wir uns dessen bewusst sind, infizieren.

Immer wenn ein Kind unter Druck kommt, hektisch wird oder wir bemerken, wie wir Druck ausüben, sollten wir uns selbst in die Präsenz zurückholen. Sagen wir ihm voller Überzeugung: **Du darfst dir Zeit lassen!**

Auch uns selbst sollten wir immer wieder die Erlaubnis geben und uns zu neuem Verhalten ermutigen, sobald wir Zeitdruck verspüren:
Ich darf mir Zeit nehmen.

Mach es allen recht!

Bloß keinen Streit, ... die eigene Meinung hinter dem Berg halten, ... abwarten, was der andere möchte, ... eigene Wünsche nicht so wichtig nehmen, ... sie vielleicht gar nicht einmal wirklich kennen, ... das eigene Licht unter den Scheffel stellen, ... gefällig sein, ... sich lieber anpassen als in Widerspruch zu gehen, ... Harmonie um jeden Preis. Grundhaltungen dieser Art werden nur selten direkt kommuniziert, gern jedoch nonverbal vermittelt, wenn beispielsweise eine Mutter den Zeigefinger vor die Lippen legt, um ein Kind am Sprechen zu hindern – oder sie sich selbst in einer Auseinandersetzung zurückhält oder gar Zustimmung signalisiert, obwohl ihr Kind genau weiß, dass sie eigentlich etwas anderes möchte.

Menschen mit einem internalisierten ‚Mach's-recht-Antreiber' horchen aufmerksam auf die Anschauungen, Wünsche und Reaktionen der anderen. Gemocht zu werden, dazuzugehören und positive Rückmeldungen zu erhalten, ist ihnen wichtiger, als ihre eigenen Interessen einzubringen, sich durchzusetzen und Eigenständigkeit zu wahren. Entsprechend passen sie ihr Verhalten an und zeigen ihr Einverstandensein gerne durch zustimmende Kommentare oder ein beifälliges Nicken. Eigene Mitteilungen formulieren sie möglichst so, dass sie der Zustimmung ihres Gegenübers sicher sind und keinen Widerspruch erhalten. Sonst sind sie auch bereit, von ihrer Meinung abzuweichen.

Wer mit einem ‚Gefällig-sein-Antreiber' ausgestattet ist, fühlt sich oft unsicher und hat wenig Durchsetzungskraft. Er kümmert sich mehr um die Zufriedenheit und das Wohlbefinden anderer als um sich selbst, wobei eigene Bedürfnisse in den Hintergrund treten, nicht wahrgenommen oder zurückgehalten werden. Er sieht und erlebt sich durch die Augen anderer, von deren Bewertungen er seinen Selbstwert abhängig gemacht hat.

Wenn die so Angepassten um etwas gebeten werden, können sie nur schwer ‚nein' sagen, ohne sich dabei schlecht zu fühlen. Also bleiben sie aus Angst vor Ablehnung lieber gefällig oder weichen einfach ohne Stellungnahme aus, auch wenn sie sich dabei selbst verleugnen und ihre eigenen Anliegen in den Hintergrund stellen müssen. Beliebt zu sein, ist ihnen wichtiger, als eigene Interessen durchzusetzen.

Immer wieder kommt es auch vor, dass Menschen, die lange in der Anpassung ausgeharrt haben und Rücksicht auf andere genommen haben, irgendwann ins Gegenteil verfallen. Wenn sie für ihr konturloses Verhalten keine Zuwendung mehr bekommen oder sogar auf Ablehnung stoßen, kann das für sie sehr schmerzvoll sein und dazu führen, dass ihre Freundlichkeitsmaske fällt.

Je mehr Zuwendung in der Kindheit von einem gefügigen Verhalten abhängig gemacht wurde, umso mehr Kraft bekommt dieser Antreiber: *Da machst du Mama aber ganz traurig, ... da kann ich dich aber gar nicht liebhaben, wenn du dich so verhältst! ... Du musst lernen, Rücksicht zu nehmen, wenn andere reden! … Du solltest besser nicht auffallen, wenn du etwas erreichen willst* – sind Einladungen zu einem Leben in Abhängigkeit und zu angepasstem Verhalten. Wer von früh an erfährt, dass Liebe und Wohlwollen von einem erwarteten und folgsamen Verhalten abhängt, wird auch im Erwachsenenleben eher dazu neigen, einem ‚Mach-es-allen-recht-Antreiber' zu folgen. Es wird ihm schwerfallen, einen eigenen Standpunkt zu vertreten oder sich bei einem Interessenkonflikt zu behaupten. Wer den eigenen Wert von den positiven Rückmeldungen anderer abhängig macht, hat keine Wahl – er muss sich anpassen, um einem Gefühl von Wertlosigkeit zu entgehen.

Ist es nicht erschütternd, wenn wir uns bewusst machen, mit wie viel Selbstvertrauen und Selbstsicherheit, mit wie viel Vitalität und Lebenslust Kinder in dieses Leben kommen, um dann nach einigen Jahren zu sehen, wie fremdgesteuert und unsicher ihr Verhalten manchmal geworden ist. Wer kennt nicht die unsicheren Stimmen solcher Kinder, die leise und mit ansteigender Satzmelodie sprechen, anstatt ausdrucksstark ihre Impulse zum Ausdruck zu bringen! Zu früh haben sie Ablehnung erfahren für ein Verhalten, das von Eltern unerwünscht war, und Liebe und Zuwendung in erster Linie erhalten, wenn sie folgsam und angepasst waren.

Wie jeder Antreiber hat auch dieser ein Potenzial von großem Wert, insofern wir soziale Wesen in sozialen Gemeinschaften sind. Gemeinschaftsbildung oder eine erfolgreiche Teamarbeit sind ohne ein Mindestmaß an Anpassung nicht möglich. Eine Familie, deren Mitglieder niemals bereit sind sich anzupassen, fällt auseinander. Wer sich anpassen kann, ist zudem häufig sehr sensibel für atmosphärische Störungen und kann Stimmungen und zwischenmenschliche Beziehungsmuster gut erkennen. Er ist achtsam und diplomatisch und kann zu einem guten Gruppenklima beitragen; Harmonie und Zusammengehörigkeit sind ihm wichtig. Menschen mit diesem Antreiber sind bereit, sich um andere zu kümmern, wenn es notwendig ist.

Wenn sie bereit sind, ihre verbindenden und hilfreichen Fähigkeiten von ihrem Bestreben nach Anerkennung zu lösen, gewinnen sie eine neue Freiheit. Sie verlieren dadurch ihre Sucht nach Bestätigung und vermeiden eine sich selbst schwächende Haltung in Abhängigkeit von anderen, wenn diese Bestätigung ausbleibt.

Umkehrung der Antreiber-Glaubenssätze:
Ich schätze meine Anpassungsfähigkeit und Hilfsbereitschaft,
meine Sensibilität und meine Fähigkeit zur Diplomatie.
Ich setze sie ein, wenn es notwendig ist.
Ich darf aber auch eigene Maßstäbe setzen und Konturen zeigen.
Ich erlaube mir,
mich mit meinen Wünschen und Bedürfnissen einzubringen.
Ich darf widersprechen,
ohne meine Freundlichkeit verlieren zu müssen.
Ich brauche nicht länger herauszufinden, was andere wollen,
um bedeutsam zu sein.
Ich darf mich zeigen, so wie ich bin.
Ich und die anderen sind wichtig.

Für viele Eltern sind Folgsamkeit und nicht hinterfragter Gehorsam ihrer Kinder noch immer ein elementarer Erziehungsgrundsatz. Widerspruch und ein Widersetzen gegen ihre elterliche Autorität ist für sie gleichbedeutend mit ‚böse' und ein gehorsames und angepasstes Kind ist für sie ein ‚gutes' Kind. Darum verschenken sie Liebe, Zuwendung und Wertschätzung nicht im Überfluss, sondern portionsweise, wenn ein Kind sie sich ‚verdient' hat, ohne dass sie bedenken, dass gedankenlose Anpassung ein hoher Preis sein kann, den Kinder später zahlen, wenn sie es als Erwachsene nicht wagen, ihre Stimme gegen Bevormundung, Ungerechtigkeit oder Unwahrheit zu erheben.

Wem dieser Preis zu hoch ist, der sollte seinen Kindern regelmäßig Gelegenheit geben, eigene Wünsche und Bedürfnisse zu äußern und ihnen auch erlauben, in Widerspruch zu gehen, wenn ihre Grenzen verletzt werden. Er sollte ihnen zeigen, dass Liebe und Zuwendung nicht von ihrem Verhalten abhängig ist. (*Wenn du dich so verhältst, kann ich dich gar nicht lieb haben*). Wem es schwer fällt, seinen elterlichen Durchsetzungswillen auch einmal zurückzunehmen, kann sich eine neue Freiheit erlauben: *Mein Kind darf auch widersprechen, wenn es anderer Meinung ist, sich bevormundet fühlt* (besonders bei älteren Kindern) *oder seine Grenzen verletzt wurden.*

Wer bemerkt, dass sein Kind die Forderung dieses Antreibers nach ängstlicher Zurückhaltung schon in sich trägt, kann einen der folgenden oder ähnliche Sätze seinem Kind gedanklich senden oder sie auch einmal laut zu ihm sprechen, wenn er es von übertriebenem Anpassungsdruck befreien möchte:

Du darfst Rücksicht nehmen auf andere und ihnen helfen.
Du darfst aber auch deine eigenen Interessen wahrnehmen und kundtun.
Du darfst deine Wünsche und Bedürfnisse äußern.
Du darfst mutig sein.
Du bist nicht abhängig von der Anerkennung deines Verhaltens durch andere.
Ich liebe dich, auch wenn du meinen Erwartungen nicht entsprichst.
Dein Leben ist ein wunderbares Geschenk.

Streng dich an!

Du solltest dir mehr Mühe geben! … Man muss sich anstrengen, wenn man etwas erreichen will! … Da warst du wieder nicht fleißig genug! … Du kannst doch noch viel mehr! … Du musst ernsthafter bei der Sache sein! … Ohne Fleiß keinen Preis! … Wenn man etwas erreichen will im Leben, muss man hart arbeiten!

Menschen mit diesem Antreiber definieren sich und suchen Anerkennung über Arbeit und Fleiß. Wer in einer Familie groß geworden ist, in der Fleiß, Mühe und Anstrengung an erster Stelle standen, hat es oft schwer im Leben, auch einmal ‚fünf gerade sein' zu lassen, die Früchte der eigenen Arbeit zu ernten, sich daran zu erfreuen und das Leben einfach nur zu genießen. Oft sind es Menschen, denen schon früh Verantwortung übertragen wurde, oder deren Eltern immer wieder auf das eigene mühevolle Leben hingewiesen und um Anerkennung dafür geworben haben: *Guck mal, was wir alles für dich tun, … wie wir uns mühen! … Wir arbeiten den ganzen Tag! … Siehst du nicht, wie ich mich plage, … auf was ich alles für dich verzichte …*

Kinder erleben von früh an, dass das Leben mühsam ist, und harte Arbeit und Anstrengung Voraussetzungen sind für Leistung und Erfolg. Anstrengung ist zu einem eigenen Wert geworden. Wer diesen Antreiber verinnerlicht hat, kennt das Gefühl: Erst, wenn etwas anstrengend war, habe ich etwas geleistet. Er erzählt gerne, *wie schwer das Leben ist, … wie viel Mühe etwas gekostet hat, … und wie viel Stress es gemacht hat, … wie viel er für andere getan hat, … und auch dass er alles allein machen muss, … und wie wenig Muße und Zeit er hat. Da muss man sich halt durchbeißen, … sich zusammenreißen, … die Zähne zusammenbeißen,* selbst wenn man beinahe unter dem eigenen Anspruch zusammenbricht. Doch dann kann man immerhin gut dastehen, zumindest für sich selbst, und hofft darüber hinaus auf Anerkennung durch andere (*Die sollen sehen, wie fleißig ich bin*), die jedoch meistens ausbleibt, besonders, wenn man immer wieder auf die eigene Mühe hinweist.

Menschen mit diesem Antreiber wirken häufig verspannt, angespannt oder verbissen, und den Menschen in ihrer Umgebung fällt es oft schwer, an ihre Leistungsfähigkeit zu glauben, weil sie beständig den Eindruck erwecken, sich zu mühen und zu quälen für etwas, das andere wie selbstverständlich oder mit mehr Leichtigkeit erledigen. Selbst Freizeit zu gestalten, kann für sie zu einem mühevollen Unterfangen werden. Eigentlich müssten sie arbeiten, haben keine Zeit hierfür und erlauben sich nicht, ihre Freizeit zu genießen. Manche weichen dann lieber auf ungeplantes Nichtstun aus, um sich von all der Anstrengung, die hinter ihnen liegt, zu erholen.

Menschen mit diesem Antreiber, die seine positive Kraft sinnvoll und fokussiert einsetzen, gelingt es, auch schwierige Aufgaben zu Ende zu führen. Sie geben nicht so leicht auf und überstehen auch Durststrecken und bewältigen Rückschläge. Durchhaltekraft und Beharrungsvermögen sind Qualitäten im Zusammenleben, die manchmal unverzichtbar sind. Wer sich dabei von dem Glauben lösen kann, Erfolg und Leistung sei nur durch Anstrengung zu erbringen, kann mehr Freude bei seiner Arbeit gewinnen und vielleicht ungeahnte Kräfte freisetzen.

Umkehrung der Antreiber-Glaubenssätze:
Ich schätze meinen Fleiß und meine Durchhaltekraft.
Ich setze sie ein, wann immer ich ein Projekt
zu einem guten Abschluss bringen will.
Ich darf mich anstrengen und mich dabei gut fühlen.
Aber Dinge sind auch wertvoll, wenn sie leicht gehen
und Freude machen.
Ich erlaube mir, meine Aufgaben gelassen anzugehen
und definiere mich nicht länger über Anstrengung und Mühe.
Ich darf meine Freizeit ohne Druck genießen.
Ich bin ein wertvoller Mensch, selbst wenn ich nichts tue.

Eltern, die den Antreiber bereits an ihre Kinder weiterreichen, sollten auch den Kindern die Erlaubnis zur Mühelosigkeit geben, um sie von einem lebensfeindlichen Druck zu befreien. Sagen Sie zu sich selbst: *Mein Kind darf sich seine kindliche Leichtigkeit und Lebensfreude bewahren. Es darf fleißig sein und Freude an seiner Arbeit haben. Es darf sich aber auch entspannen und das Leben genießen. Ich unterlasse es, mein Kind zu manipulieren, indem ich ihm mitteile, wie anstrengend und mühsam das Leben ist oder wie fleißig ich selbst bin, in meiner eigenen Schulzeit war oder wie fleißig andere Kinder sind.*

Man kann einen der folgenden oder ähnliche Sätze auch einmal laut zu einem Kind sprechen, wenn man es von überzogenen Erwartungen und zu hohen Ansprüchen entlasten möchte.

Du darfst du dich anstrengen und fleißig sein
Dabei darfst du dich gut fühlen und dich an deiner Leistung erfreuen.
Du darfst aber auch freie Zeit haben und darüber selbst verfügen.
Du darfst kreativ und selbstbestimmt handeln.
Deine Leichtigkeit und Lebensfreude sind ein wunderbares Geschenk.
Ich liebe dich, wie du bist.

Sei vorsichtig!

Sei vorsichtig! … Und übertreibe nicht immer gleich! … Nimm dich in Acht! … Das Leben ist gefährlich! … Pass immer gut auf! … Vertraue nie zu sehr! … Misstraue lieber erst einmal jedem! … Schließ auch immer gut ab! … Und hüte dich vor schlechtem Einfluss! … Lass dich nicht zu schnell ein! … Guck lieber erst zweimal hin, … es könnte ein Dieb sein … oder ein Vergewaltiger! … Lass dich nicht übers Ohr hauen! … Vertrauen ist gut, aber Kontrolle ist besser! … Vorsicht ist die Mutter der Porzellankiste!

Menschen mit diesem Antreiber erscheint das Leben als eine latente

Bedrohung. Der Feind könnte hinter jeder Straßenecke warten. Wer sich immer zunächst überlegt, was alles sein und was schiefgehen könnte, lässt Gelegenheiten vorbeigehen, schiebt anstehende Entscheidungen gerne auf und lebt mit angezogener Handbremse. Eine übertriebene Vorsichtshaltung lässt vor Erfahrungen zurückschrecken, die Mut und Entschlossenheit voraussetzen; Zukunftssorgen beeinflussen das Leben in der Gegenwart und hemmen den Lebensfluss.

Eltern, die in permanenter Sorge um ihr Kind sind, fällt es oft sehr schwer, es aus ihrer Obhut und Kontrolle zu entlassen. Entfernt es sich von ihnen, geben sie ihm eine Reihe ‚guter Ratschläge' und übertriebener Vorsichtsmaßnahmen mit auf den Weg, die auch ihr Kind auf Dauer ängstlich und unsicher machen. – Kinder sind zunächst voll Vertrauen, Mut und Lebenssicherheit. „Das ist das Große am Kind, dass es das Gute bei den Menschen immer als selbstverständlich voraussetzt", sagte der große Humanist Albert Schweitzer. Wollen wir ihnen diese Größe nehmen?

„Aber sie wissen ja auch noch nichts davon, wie gefährlich diese Welt ist", entgegnet jetzt vielleicht der ‚Sei-immer-vorsichtig-Antreiber', wenn wir ihm eine Stimme gäben, „sie kennen doch noch keine Gefahren! Wir sollten sie darum so schnell wie möglich auf alle Eventualitäten des Lebens vorbereiten!" Auch wenn wir ihnen ihr Vertrauen in das Gute nehmen und dadurch ihr eigenes Gutsein in Frage stellen?

Wer diesen Antreiber bei sich entdeckt, sollte seine Ängstlichkeit, Zögerlichkeit und übertriebene Vorsicht einmal auf den Prüfstand stellen, wenn er ein einschränkendes und lebensfeindliches Muster durchbrechen möchte, bevor es auch das Leben seines Kindes wie schleichendes Gift durchzieht.

Heute wissen wir durch die moderne Bewusstseinsforschung, dass wir oft gerade das in unser Leben ziehen, was wir vermeiden wollen, und dem wir deswegen vermehrt Aufmerksamkeit schenken. Aufmerksamkeit richtet unsere Intention und „scheint einer Stimmgabel zu ähneln, die dafür sorgt, dass die Stimmgabeln anderer Dinge im Universum in der gleichen Frequenz mitschwingen.“ [24] Ich kann zwar nicht belegen, dass Ängstliche und Misstrauische häufiger Opfer von Raub oder Überfall werden als die ‚Vertrauensseligen', auch wenn das manchmal behauptet wird – ich bin mir aber gewiss, dass eine Ausstrahlung von Sicherheit, Entschiedenheit, Mut und Selbstvertrauen der beste Schutz ist, und das nicht nur gegen Diebstahl und Angriff, sondern auch gegen alle anderen Widrigkeiten des Alltäglichen.

Wer dieses Antreiberverhalten bei sich kennt, kann lernen, es effektiv statt restriktiv einzusetzen. Wo Vorsichtsmaßnahmen nötig sind – beispielsweise im Rahmen einer Risikoanalyse zur Optimierung der Sicherheit für Arbeitskräfte oder bei der Erstellung von Hygieneplänen für Krankenhäuser oder Restaurants –, kann er seine Vorsicht und Umsicht gezielt einsetzen und die Befolgung seiner Pläne kontrollieren. So könnte er einem Verhalten, das den eigenen Lebensradius einengt, einen sinnvollen Platz zuweisen, statt sein tägliches Leben ängstlich von ihm beschneiden zu lassen.

Umkehrung der Antreiber-Glaubenssätze:

Ich schätze meine Aufmerksamkeit und meine Umsichtigkeit.
Ich darf aber auch zu vertrauen,
wenn ich einmal nicht alle Eventualitäten geprüft habe.
Ich erlaube mir mutig zu sein und intuitiv zu handeln.
Ich darf Neues ausprobieren und
mich an meiner Spontaneität erfreuen.
Mein wachsender Mut hilft mir, Selbstsicherheit und Vertrauen
in mich selbst und andere zu gewinnen.

Eltern, die den Antreiber bereits an ihre Kinder weiterreichen, sollten auch den Kindern die Erlaubnis zu Leichtigkeit und Mühelosigkeit geben, um sie von einem lebensfeindlichen Druck zu befreien: *Mein Kind darf mutig sein und vertrauen. Ich schätze seine Offenheit und Spontaneität. Ich erlaube ihm, spontan und unbefangen eigene Erfahrungen zu machen.*

Man kann einen der folgenden oder ähnliche Sätze auch einmal laut zu einem Kind sprechen, wenn man es von überzogenen Erwartungen und zu hohen Ansprüchen entlasten möchte:

Du darfst achtsam sein und vorsichtig.
Es ist gut, wenn du lernst, deine Kräfte einzuschätzen.
Du darfst aber auch spontan sein und Neues ausprobieren.
Du darfst intuitiv handeln und mutig sein und dich dabei sicher fühlen.

Wir haben die Wahl

Antreiber sind, wie wir gesehen haben, nicht automatisch schlecht. In ihnen stecken Ressourcen, die – richtig genutzt – zu großer Leistung und zu Erfolg führen können. Wer möchte sich schon in die Hände eines Chirurgen begeben oder sich einem Zahnarzt anvertrauen, der nicht perfekt arbeitet? Wer möchte dauerhaft mit jemandem in einem Team arbeiten, der intolerant und besserwisserisch ist – oder gar von jemandem abhängig sein, der seine eigenen Bedürfnisse niemals zurückzustellen vermag?

Das Ausschlaggebende beim Umgang mit Einschärfungen und inneren Antreibern ist die Wahlfreiheit, die wir ihren Forderungen entgegenstellen.

Unbewusster Gehorsam ihnen gegenüber führt zu zwanghaftem Verhalten. Stress, soziale Inkompetenz, Überheblichkeit und ein freudloses

Leben sind die Folge. Solange wir von unseren Skriptbotschaften abhängig sind, reflexartig aus ihnen reagieren und ihnen folgen – aus Angst, Sorge oder um Zustimmung durch andere zu erhalten –, sind wir unfrei und uns unserer Möglichkeiten, die jenseits davon liegen, nicht bewusst.

Wer ein zunehmendes Gefühl von Überforderung oder Unzufriedenheit bei sich selbst wahrnimmt, sollte den Blick einmal ‚hinter die Kulissen' werfen, indem er die eigene Bedürftigkeit aufdeckt, die sich hinter seinem Streben nach Perfektionismus, Makellosigkeit, Überlegenheit oder Sicherheit verbirgt. Er wird dann vielleicht erfahren können, wie er sich selbst unter Druck setzt, um unreflektierten Ansprüchen gerecht zu werden oder sein Bedürfnis nach Anerkennung durch andere erfüllt zu bekommen.

Um nicht zu Gefangenen unseres eigenen Drehbuchs des Lebens – in Form einer selbst ‚gestrickten' Welt – zu werden, müssen wir *unbewusste* Lebens- und Beziehungsmuster kennen und verstehen lernen, um sie dann auch bei uns selbst entdecken und aufdecken zu können. Erst dann können wir sie ursächlich verändern. Dafür müssen wir manchmal auch bereit sein, den Faden einer zu eng gewordenen Weste zu lösen.

Erst wer sich von seinem Antreiberverhalten erlöst hat, hat die Wahl, wann er es einsetzen und seine Stärken, die in ihm liegen, nutzen will. Die Entscheidung, authentisch und selbstbestimmt zu handeln statt unbewusst einem internalisierten Eltern-Ich und seinen Antreibergeboten zu folgen, vermag das Leben grundlegend zu verändern: Die Qualität unserer Beziehungen in der Familie und am Arbeitsplatz, Kraft und Gesundheit, Zufriedenheit und Lebensfreude, Selbstachtung und Respekt, den wir erhalten, und noch vieles mehr sind von dieser Wahl abhängig.

Entscheidung zur Freiheit

Bewusstwerdung und Wahrnehmen von einschränkenden Verhaltensmustern ist zugleich eine wesentliche Grundlage für die Befreiung von ihnen. Aber aus eigener Erfahrung weiß ich: Erkennen allein reicht nicht aus!

Es gibt auf dem Markt viele gute Bücher mit sogenannten Selbsterfahrungsanteilen. Es ist nicht schwer, an gute Ratgeber für ein gesundes und erfolgreiches Leben zu kommen, die dem Leser verlockende Ziele und eine Fülle wertvoller Anregungen zum Selbstcoaching anbieten. Und wer bereit hierfür ist, kann weit damit kommen! Doch wie oft überlesen wir, was uns geboten wird, weil uns die Durchhaltekraft fehlt, die Schritte, die dem ersten Aufmerksamwerden notwendigerweise folgen müssen, auch zu verfolgen.

Wer sich beispielsweise beständig unter Zeitdruck fühlt und seine inneren Antreiber in den verschiedenen Lebensbereichen erfolgreich aufspüren möchte, benötigt neben Aufmerksamkeit und Achtsamkeit auch ein gutes Maß an Disziplin. Nur wer sich konsequent selbst ‚zurückruft', wenn Eile, Unruhe oder Stress ihn antreiben, wird langfristig lernen, einen langsameren Gang zu fahren, regelmäßig Pausen einzulegen, ein Zuviel an Terminen zu streichen oder Aufgaben vertrauensvoll abzugeben. Auch sich Zeit zu nehmen für ein ehrliches Interesse an einem Gesprächspartner und die Bereitschaft, ihm empathisch zuzuhören und ihn verstehen zu wollen, benötigt Disziplin und die Bereitwilligkeit zur Kontrolle des eigenen Verhaltens. Und es benötigt Disziplin und Ausdauer, sich auch für die unerwarteten und ungeplanten Dinge des Lebens Freiraum und Muße zu nehmen – gerade dann, wenn Unruhe oder Stress wieder einmal die Oberhand gewinnen möchten. Erst wer sich konsequent Zeit *nimmt* – Zeit zum Atmen, Zeit zu fühlen, Zeit zu leben – kann beobachten, wie sich ein lebensfeindliches Muster, wie Zeitdruck, nach und nach von ihm löst.

Disziplin – sinnvoll eingesetzt – zum Zwecke der eigenen Persönlichkeitsentwicklung ist ohne Zweifel eine Tugend, durch die große Veränderungen im äußeren wie im inneren Leben und Erleben möglich sind. Wir benötigen sie, wenn wir einem neuen Verhalten in unserem Leben einen festen Platz einräumen wollen, das schließlich dauerhaft ein altes Muster ersetzt.

Doch auch Disziplin, die der Bewusstwerdung folgt, reicht allein nicht aus. Erzwungene Disziplin kann zu einem neuen Korsett werden, das uns fest im Griff hat, nachdem wir die alten und zu eng gewordenen Muster zu lösen bereit sind. ‚Ich müsste' und ‚ich sollte' quält uns immer dann, wenn wir in altes Verhalten zurückfallen. Wer sich in solchen Situationen mangelnde Disziplin vorwirft, erlebt ein weiteres Unfähigkeits- und Unwertgefühl, von dem er sich ja gerade befreien will.

Wenn wir Veränderungsprozesse wirkungsvoll und Leben verändernd in Gang setzen wollen, müssen wir zuallererst eine Entscheidung treffen: Eine *klare und eindeutige Entscheidung,* dass wir ein besseres Leben wollen, ein leichteres, ein freieres, ein freudvolleres! Und diese Entscheidung muss so tief gehen und so buchstäblich sein, dass sie genügend Aufmerksamkeit und Handlungsabsicht generiert, um eigenes Denken, Fühlen und Handeln – ohne Wenn und Aber – von allen einschränkenden Gedanken, Konzepten, Ersatzgefühlen, Abhängigkeiten und Projektionen zu befreien! Eine Entscheidung, die wir für uns selbst treffen und damit auch für all jene, die uns nachfolgen und auf uns schauen.

Wer einmal erkannt hat, dass Einschärfungen und Antreiber, wie sie hier beschrieben wurden, im eigenen Lebensentwurf Einlass gefunden haben, der weiß, wie viel selbst verursachte Geiselhaft und Unfreiheit sie tagtäglich ins eigene Leben bringen können!

Natürlich kann eine tiefenpsychologische Arbeit, wie sie während eines therapeutischen Settings möglich ist, nicht unbedingt von jedem alleine geleistet werden, aber vielleicht ist sie auch gar nicht nötig, sofern wir wirklich bereit sind, ein eindeutiges *„Stopp!"* zu sagen zu einschränkenden Lebens- und Beziehungsmustern, die wir vielleicht gerade nach ‚bestem Wissen und Gewissen' an unsere Kinder weiterreichen.

Eine kraftvolle Entscheidung, wie sie hier gemeint ist, kann nicht nebenbei getroffen werden.

Sie muss mit ganzer Seele getroffen werden – in Übereinstimmung von Denken, Fühlen und Verhalten. Bis hinunter in den Muskeltonus müssen wir sie spüren. Erst so sammeln wir ausreichend *Impulskraft*, aus der heraus wir unsere Gegenwart in eine erfüllte Zukunft hinein wirksam verwandeln können.

Es gibt keine Rezepte, wie man zu einer solchen Entscheidung kommen kann. Um vertraute Verhaltensmuster hinter sich zu lassen, braucht es eine starke Antriebskraft im Hintergrund: Die Kraft und das Entwicklungsstreben der eigenen Seele.

Lebensverändernde Entscheidungen entspringen immer demjenigen Teil unserer selbst, der unserer individuellen Seele am nächsten ist und von ihrem Wunsch nach Entwicklung impulsiert wird. Entwicklung ist ein Grundbedürfnis des Menschen. Wenn wir es wahrnehmen und ihm genügend Aufmerksamkeit entgegenbringen, werden wir auch zu der Quelle finden, aus der unsere Impulse zur persönlichen Transformation entspringen und die uns helfen, unseren Weg dorthin zu finden.

Im Käfig einschränkender Handlungs- und Beziehungsmuster kann sich unsere Seele nicht entfalten. Wir haben sie hinter Gitter gesperrt. Das ist der Grund, warum manche Menschen fragen, was das denn sei, diese Seele – bis sie es eines Tages wagen, die Käfigtüren zu öffnen und die Flügel auszubreiten.

Unsere Kinder machen es uns vor! Körper und Seele bilden noch eine Einheit. Ihre Seele atmet durch den Körper, blickt durch die Augen, steuert ihre Impulse und spannt weit ihre Flügel in das irdische Leben hinein aus – bis sie, wie so oft, unter Anweisungen, Forderungen, Erwartungen und Restriktionen, die ihnen überstülpt werden, eines Tages nur mehr flattern und schließlich zu ‚Bodenvögeln' werden. Wir nennen es dann ‚Erwachsenwerden' und unsere Interventionen ‚Erziehung'.

Wer seine Kinder zu unabhängigen und selbstbewussten Menschen

‚erziehen' möchte, muss den Weg über *Selbsterkenntnis* und *Selbstentwicklung* gehen und auflösen, was dem eigenen freien Lebensausdruck im Weg steht. Die Kinder folgen unseren Fußspuren. Indem wir uns selbst befreien, bieten wir ihnen Vorbilder für frei denkende, authentisch fühlende und selbstbestimmt handelnde Menschen.

Es soll an dieser Stelle nicht versäumt werden, noch einmal zu betonen, dass die Beeinflussung durch die Umwelt immer nur einen – jedoch nicht zu vernachlässigenden – Teil in der kindlichen Entwicklung ausmacht. Immer ist es eine Individualität, die zunächst unbewusst und mit heranwachsendem Alter immer bewusster entscheidet, welche Denk- und Verhaltensmuster sie übernimmt. Wie viel Prozent physischer, emotionaler, mentaler und spiritueller Kraft und Intelligenz letztendlich durch Veranlagung, Umweltbeeinflussung und Individualität generiert wird, konnte bisher weder endgültig geklärt werden, noch hat es für das hier vorliegende Buchthema Bedeutung.

Was zweifelsfrei von der modernen Psychologie hinlänglich erforscht wurde: Der Mensch – und ganz besonders das kleine Kind – lernt durch Empathie und Nachahmung. Das Kind ahmt uns nach und *gleichzeitig* wächst es hinein in die Bewusstseins-, Wahrnehmungs- und Handlungsmuster, die wir ihm als Erwachsene vorleben. Auch Vorgenerationen und das kollektive Bewusstsein haben an diesen Mustern Anteil. Und weil das geschieht, tragen wir als Eltern und Erzieher Verantwortung für die Schablonen, die wir den Kindern zur Verfügung stellen. Wir müssen uns *entscheiden,* was wir ihnen vorleben möchten, und *bereit sein,* uns dementsprechend zu verhalten – zu denken, zu fühlen und zu handeln!

Unsere Entscheidung, das Drehbuch unseres Lebens unter eine große Lupe zu legen, es als der Autor, der wir sind, in Teilen neu zu schreiben, umzuschreiben oder zu überschreiben, verändert nicht nur unsere eigenen Erfahrungen, sondern auch die unserer Kinder. Unser Leben ist ihr Leben, solange sie in Abhängigkeit von uns sind.

Lehren wir sie während dieser Zeit, sich mutig, frei und ohne Einschränkung, für sich selbst und ihre innersten Impulse entscheiden zu dürfen! Unterstützen wir sie auf ihrem Weg in ein selbst gewähltes und selbst verantwortetes Leben, ein Leben in Freiheit – so, wie auch wir es uns wünschen!

Befreien wir uns selbst, dann befreien wir auch unsere Kinder, damit wir *und* sie zu den Menschen werden können, die wir gemeint sind – mutig, stark, frei, kreativ, liebevoll und unabhängig.

Menschenwürde heißt: Inkarnation all dessen,
was den Menschen frei, groß und ewig macht,
was in ihm, dem Weltgeschöpf,
den schöpferischen Funken schürt und hütet.

Carl Zuckmeyer [25)]

Anhang

Sich selber kennenlernen

Unbewusste Glaubenssätze aufgedeckt:
Welche will ich behalten und weiterreichen – welche verändern?

An dieser Stelle haben Sie Gelegenheit, eigene Glaubenssätze aufzuschreiben, die Ihnen im Laufe der Lektüre bewusst geworden sind. Sie können jeden einzelnen prüfen: Engt er ein oder weitet er? Stärkt er oder schwächt er? Macht er abhängig oder frei? Fördert er Misstrauen und Kritik oder Empathie und Verständnis? Wenn Sie mit der Beantwortung dieser Fragen nicht zufrieden sind, ändern Sie den einschränkenden Glaubenssatz in Gedanken, die Ihnen helfen, Ihr Leben nach Ihren Wünschen neu auszurichten.

Mein alter Glaubenssatz	Mein neues Denken
Beispiel:	
Man kann niemandem trauen	Ich kenne einen Menschen, dem ich trauen kann. Ab sofort halte ich nach Menschen Ausschau, die vertrauenswürdig sind.
Ich bin zu schwach, um mich zu verändern.	Ich vertraue in meine Stärke. Ich besinne mich auf Momente, in denen ich stark war und Hindernisse überwunden habe.

So sehe ich die Welt – aber alles könnte auch ganz anders sein!

Auch hier geht es um Glaubenssätze. Die Satzanfänge helfen Ihnen dabei, in die verschiedenen Lebensbereiche hineinzuleuchten. Wie lebt es sich, wenn Sie einschränkende Annahmen probeweise einmal verändern? Menschen sind ... / Ich bin ... / Die Welt ist ... / Das Leben ist ... / Mein Partner ist ... / Mein Kind ist ...

Mein alter Glaubenssatz	Ich bin frei, meine Meinung zu ändern:
Beispiel:	
Menschen sind eigennützig.	Viele sind bereit, sich für andere einzusetzen.
Ich mache immer alles falsch.	Ich mache vieles gut und richtig.
Mein Kind ist anstrengend.	Ich freue mich an meinem Kind und schaue besonders auf die glücklichen Momente in unserer Beziehung. Ich sammele diese Momente*, weil ich weiß, dass sie sich durch meine Aufmerksamkeit vermehren.

* *Wie ‚Frederik' die Sonnenstrahlen und die Farben im gleichnamigen Bilderbuch*

Meinen „Das kommt davon, weil …“ – Botschaften auf die Schliche gekommen

Hören Sie sich selbst zu und schreiben Sie Ihre Schuldzuweisungen auf. Nicht immer gibt es eine sprachliche Alternative, weil Schuldzuweisungen meistens überflüssig sind. Wenn Ihnen aus diesem Grunde keine Alternative einfällt, sammeln Sie weiter, um Ihre Sprachmuster kennenzulernen.

„Das kommt davon, weil …“	Doch vielleicht ist es auch ganz anders.
Beispiel: Das kommt davon, weil du nicht gehört hast.	
Jetzt bist du krank, weil du die Mütze nicht aufgesetzt hast.	

Meinen „Entweder du tust … oder …“ – Botschaften auf die Schliche gekommen

Schreiben Sie Ihre ‚Erpressungsversuche’ auf. Überprüfen Sie Ihre Forderungen und werden Sie kreativ! Es gibt immer eine Alternative.

„Entweder du tust … oder …“	Morgen probiere ich eine Alternative:
Beispiel: Entweder du isst jetzt deinen Teller leer, oder du bekommst kein Eis.	Wenn wir alle fertig gegessen haben, gibt es zum Nachtisch ein Eis. Habe ich/Hast du dir heute etwas zu viel auf den Teller getan? Morgen …
Entweder du tust, was ich dir sage, oder du bekommst kein Taschengeld.	Taschengeld sollte niemals zum Druckmittel werden!

Meinen „Wenn du nicht hörst ... dann ...“ – Botschaften auf die Schliche gekommen:

Schreiben Sie Ihre ‚Erpressungsversuche' auf und treffen Sie eine neue Wahl! Überprüfen Sie Ihre Forderungen und werden Sie kreativ!
Oder vielleicht möchten Sie jetzt sogar auf diese Sprachmuster vollständig verzichten.

„Wenn du nicht hörst ... dann ...“	So geht es mir und meinem Kind besser:
Beispiel: Wenn du nicht hörst, was ich sage, gehst du jetzt ins Bett.	
Wenn du deine Hausaufgaben nicht fertig hast, darfst du nicht mitkommen.	

Missverständnisse im Alltag

Schreiben Sie kleine Dialoge so genau wie möglich auf. Woran ist das Gespräch gescheitert? Achten Sie dabei besonders auf *den ersten Satz,* der das Gespräch eröffnet. Versuchen Sie eine Alternative für Ihren eigenen Gesprächsanteil zu entwickeln und überlegen Sie sich, wie Ihr Gegenüber darauf reagieren könnte. **Behalten Sie das Ziel im Auge:** *„Lasse nie zu, dass du jemandem begegnest, der nicht nach der Begegnung mit dir glücklicher ist!"* (Mutter Theresa)

Dialog 1:

Empathie hilft: Versetzen Sie sich in das Erleben Ihres Kindes oder eines anderen Gesprächspartners und schreiben Sie den Dialog neu.
Vielleicht haben Sie Lust, sich ein Heft hierzu anzulegen: Je öfter Sie diese Übung machen, umso größer werden Ihre Erfolge sein.

Dialog 2:

Wie sich mein Kind verändert durch meine Art, es zu beobachten:

Schreiben Sie Ihre Beobachtungen auf und teilen Sie Ihre Erfahrungen mit Freunden.

Skriptbotschaften – aufgedeckt!

Hier haben Sie Gelegenheit, sich Einschärfungen und Antreiber, die Sie aus Ihrer eigenen Kindheit kennen, bewusst zu machen. Schreiben Sie alles auf, was Ihnen einfällt. Verändern Sie, was Ihnen nicht gefällt. Erlauben Sie sich, das Drehbuch Ihres Lebens neu zu schreiben. Geben Sie sich selbst die Erlaubnis, anders zu handeln und anders zu sein.

Einschärfungen und Antreiber	Meine neue Freiheit
Beispiel:	
Pass dich an!	Ich erlaube, mich zu äußern, auch wenn ich anderer Meinung bin als mein Gesprächspartner.
Lass dich nicht unterkriegen!	Ich darf auch mal nachgeben.

Noch mehr Glaubenssätzen auf die Schliche gekommen!

Wer beginnt, sich seiner Glaubenssätze und ungeprüften Überzeugungen bewusst zu werden, wird nicht nur sein Selbstbild verändern, sondern gleichzeitig auch seinen Blick auf andere. Vermutlich werden Sie auf diesem Wege auch sehr persönliche Prägungen aufdecken, die hier nicht genannt wurden. Je sorgfältiger Sie diese Erkenntnisse schriftlich fixieren, umso schneller vollzieht sich die persönliche Transformation.

Neue Entscheidungen treffen

Unser Bewusstsein vermag größere Veränderungen zu bewirken, als wir zunächst zu hoffen wagen. Damit unsere Ziele nicht nur Möglichkeiten vorüberziehender Gedanken und flüchtiger Impulse bleiben, sollten wir sie in klare Entscheidungen überführen. Entscheidungen, die wir treffen, helfen uns dabei, unsere Wünsche und Absichten zur persönlichen Transformation in uns zu verankern. Hierzu ein Beispiel, das Sie jederzeit durch Ihre eigenen Worte richtungsweisend verändern können:

Ich bin bereit und entscheide mich,
mich von allen einschränkenden
Gedanken-, Gefühls- und Verhaltensmustern
zu lösen,
sobald ich sie in mir aufspüre.

Gleichzeitig löse ich mich
von meinen ungeprüften Ansprüchen
an mich selbst.

Ich liebe und akzeptiere mich unter allen Umständen,
auch wenn ich einmal nicht perfekt genug, nicht fleißig genug,
nicht stark genug, nicht schnell genug und nicht gefällig genug bin.

Ich darf aber auch
perfekt, fleißig, stark, schnell oder gefällig sein.

Ich lerne mich selbst und mein Bedürfnis nach Anerkennung
von Tag zu Tag besser kennen
und akzeptiere und achte auch jeden anderen
mit seinen Wünschen und Bedürfnissen.

Indem ich erfahre, wer ich bin, wird mir alle Anerkennung zuteil.

Ich löse mich auch von meinen Erwartungen,
wie andere sein sollten
und gestehe ihnen ebenfalls zu,
nicht immer perfekt, fleißig, stark, schnell oder gefällig zu sein.

Statt Erwartungen an mich selbst und andere nehme ich die Worte
„Ich darf ... “ und „Du darfst ... “
in meinen Wortschatz auf.

Achtung und Wertschätzung
treten an die Stelle von Kritik und Lieblosigkeit.

Ich bin ab sofort ein/e Entdecker/in meines ureigenen Selbst,
das unter meinen Ansprüchen und meinen Erwartungen
an mich selbst und an andere
verborgen ist
und auf seine Freisetzung wartet.

Meine wichtigsten neu und selbst gewählten Glaubenssätze

Welches sind die 3 wichtigsten Verhaltensveränderungen, für die Sie sich entscheiden möchten? Hier haben Sie Gelegenheit, neue Ziele für Ihr Leben zu formulieren. Erfreuen Sie sich an Ihrer Umsetzung!

1.

2.

3.

Unbewusste Sprachmuster aufgedeckt

Zum Schluss noch ein paar gesammelte Sprachmuster, die Haltungen zum Ausdruck bringen, die Sie jetzt leicht erkennen werden. Ist man Ihnen, als Sie noch Kind waren, in einer dieser Haltungen begegnet? Und mit welchen Haltungen begegnen Sie wiederum heute Ihren Kindern? Entscheiden Sie sich neu – zum Glück Ihrer Kinder und zu Ihrem eigenen.

Für dich muss man sich ja schämen
Dich kann man nirgendwo mit hinnehmen
Auf dich kommt es hier nicht an
Was willst du denn schon wieder
Du bist jetzt nicht wichtig
Du nervst
Nerv mich nicht immer
Stör mich nicht schon wieder
Los, beeil dich
Mach schneller
Klüngel nicht immer so herum
Du bist schon wieder die letzte
Das schaffst du sowieso nicht
So bringst du nie was Anständiges zustande
Du taugst zu nichts
Du bist zu nichts nutze
Du bist nicht gut genug
Du bist nicht lieb genug
Du bist nicht liebenswert genug
Du bist nicht sauber genug
Du bist nicht freundlich genug
Du bist wie deine Mutter
Du wirst noch werden wie dein Vater

Du bist auch nie zufrieden
Dir kann man nie etwas recht machen
Du bist unmöglich
Du bist wie ein Elefant im Porzellanladen
Immer musst du alles kaputt machen
Du bist ein Tölpel
Du bist eine Nervensäge
Du bist ein Schlingel
Du bist ein Angsthase
Du bist ein richtiger Kasper
Du bist ein Schmierfink
Guck mal, wie du wieder aussiehst
Deine Schwester schmiert bei Tisch nicht so herum wie du
Immer musst du alles umwerfen
Musst du schon wieder was runterschmeißen
Du bist zu ungeschickt
Dein Bruder kann das besser als du
Er ist viel geschickter als du
Marie gehorcht besser als du
Sie ist viel artiger als du
Du machst mir das Leben schwer
Es wird mir alles zu viel mit dir
Wenn ich dich nicht hätte, wäre alles einfacher
Du bist hier einer zu viel
Du tust jetzt sofort, was ich dir sage
Komm sofort hierher
Hau ab
Geh weg
Verschwinde
Lass mich in Ruhe
Geh mir aus den Augen

Ich will dich nicht mehr sehen
Ich will jetzt nichts mehr von dir hören
Geh mir aus dem Weg
Bleib mir vom Leib
Lass das
Das tut man nicht
Fass das nicht an
Du bist ja noch ein richtiges Baby
Ich kann dein ewiges Geplärr nicht mehr hören
Verhalte dich nicht immer wie ein Kleinkind
Dafür bist du noch viel zu verspielt
Dafür bist du schon zu groß
Dafür bist du viel zu klein
Heul nicht schon wieder
Du bist eine Heulsuse
Du willst was von mir - das musst du dir erst mal verdienen
Nimm dir mal ein Beispiel an deiner Schwester
Die hat schon wieder eine Zwei geschrieben
Du hast es wieder falsch gemacht
Kannst du nie etwas richtigmachen
Begreifst du das denn nie
Du machst zu viele Fehler
Hast du denn wieder nicht aufgepasst
Hast du das immer noch nicht kapiert
Immer machst du den gleichen Fehler
Du bist nicht fleißig genug
Guck mal, wie fleißig Anna ist
Du musst dich mehr anstrengen, wenn aus dir etwas werden soll
Pass gefälligst in Zukunft besser auf
Du suchst dir immer die falschen Freunde aus
Deine Freunde passen mir nicht

Sie passen nicht zu dir
Guck mal, was du wieder gemacht hast
Du machst nichts als Ärger
Immer machst du uns nur Kummer
Auf dich kann man sich überhaupt nicht verlassen
Wenn man sich auf dich schon mal verlassen will, ...
Häng nicht immer so herum
Geh jetzt sofort in dein Zimmer
Keine Widerrede
Schweig, ich habe dich nicht gefragt
Ich will keine Widerworte mehr hören
Ich halt es nicht mehr aus mit dir
Ich bin froh, wenn du aus dem Haus bist
Jetzt reicht's mir
Du reichst mir schon lange
Siehst du denn nicht, wie es mir geht
Kümmere dich um mich
Kümmere dich um dich selbst
Lass mich das machen - ich kann das besser als du
Musstest du dich schon wieder schmutzig machen
Guck mal in den Spiegel, wie du aussiehst
Nimm dir ein Beispiel an deiner Freundin
Nimm dir ein Beispiel an mir
Nimm dir ein Beispiel an deinem Bruder
Dein Bruder isst seinen immer Teller leer
Dir wird's noch ergehen wie dem Suppenkasper
Mach nicht so einen Lärm
Kannst du nicht mal einen kleinen Moment ruhig sein
Pass dich an
Mach's recht
Mach es besser

Nimm dich nicht immer so wichtig
Deine Schwester kommt auch nicht immer zu spät
Mit ihr haben wir nicht so viel Ärger wie mit dir
Schluss jetzt mit deinem ewigen Gejammer
Noch ein Wort, dann kannst du was erleben
Grins nicht so unverschämt
Sei brav
Sei still
Sei höflich
Sei liebenswert
Sei fleißig
Sei nicht so laut
Sei nicht so faul
Sei besser
Sitz nicht so tatenlos herum
Sei nicht so empfindlich
Sei nicht so ängstlich
Sei kein Muttersöhnchen
Sei nicht traurig
Sei kein Trauerkloß
Sei nicht schüchtern
Sei bescheidener
Sei nicht so anhänglich
Sei keine Klette
Sei nicht so frech
Sei nicht so unverschämt
Sei nicht weinerlich
Sei nicht so gutgläubig
Sei nicht so vertrauensselig
Sei nicht so langsam
Sei nicht immer so tölpelig

Sei nicht so peinlich
Sei kein Baby
Werde endlich mal groß
Sei nicht vorlaut
Sei keine Memme
Sei stark
Sei nicht stärker als ich
Sei die Beste
Der Beste zu sein ist nicht gut genug
Streng dich an
Streng dich mehr an
Sitz still
Tu, was ich dir sage
Gehorche gefälligst
Lass dir nicht immer alles zweimal sagen
Wenn du jetzt nicht sofort gehorchst, gehst du in dein Zimmer
Wenn du nicht gehorchst, gehst du ins Bett
Wenn du nicht sofort damit aufhörst, werde ich sauer
Womit habe ich das bloß verdient
Womit habe ich dich bloß verdient
So kann ich dich gar nicht mehr liebhaben
Du bist nicht in Ordnung so, wie du bist
Das Leben ist nichts für Schwächlinge
Das Leben ist kein Kinderspiel

Quellen und Anmerkungen

Natürlich stehen alle im Buch angeführten Beispiele immer austauschbar für beide Geschlechter. Um der Leserlichkeit willen, werden sie immer nur in einer Form angeführt. Es geht dabei weniger um das einzelne Beispiel selbst, als darum, durch die Fülle der Beispiele ein Gefühl für die Kernbotschaft zu entwickeln.

1) https://de.wikipedia.org/wiki/W%C3%BCrde; aufgerufen am 24.11.2015
2) Alex Lloyd, Ben Johnsen; Der Healing Code; rororo Vlg, dt. Erstausgabe; Seite 147
3) Rudolf Steiner; Die pädagogische Praxis vom Gesichtspunkt geisteswissenschaftlicher Menschenerkenntnis; R. Steiner Verlag GA 306; Seite 131
4) Die Kinesiologie, die auf George Goodheart zurückgeht, wurde durch Dr. John Diamond bekannt gemacht und ist heute ein verbreitetes Diagnose- und Therapieverfahren in der alternativen Medizin. Siehe hierzu: John Diamond; Der Körper lügt nicht; VAK Verlag; Tb 2013
5) Masaru Emoto; Die Botschaft des Wassers; Koha Verlag 2010
6) https://de.wikipedia.org/wiki/B._F._Skinner; aufgerufen 25.11.2015
7) Eileen Caddy, David E. Platts; Herzenstüren öffnen; Greuthoff Verlag 2011
8) Robert Betz, Raus aus den alten Schuhen, Integral Verlag; 2008
9) Die Bibel; Matthäusevangelium 18:3
10) http://www.welt.de/wissenschaft/article129871165/Welche-Geheimnisse-Facebook-Daten-verraten.html – Adam Kramer, Psychologe aus der Wissenschaftsabteilung bei Facebook; aufgerufen am 25.11.2105
11) Nelson Mandela, Meine Waffe ist das Wort, Kösel Verlag 2013
12) Entwicklung der Gehirnwellen nach Dr. Joe Dispenza; Ein neues Ich; Koha Verlag 2012; Seiten 237–239 (Zitate: Seite 238 und Seite 239)
13) Marianne Williamson; Rückkehr zur Liebe; Goldmann Verlag 2004; Seite 180
14) David R. Hawkins; Die Ebenen des Bewusstseins; VAK Verlag 2014, Seiten 62–63
15) http://de.spiritualwiki.org/Hawkins/Biografie; aufgerufen am 25.11.2015
16) http://www.spiriforum.net/artikel/a13-hawkins-skala-worum-es-geht.html; aufgerufen 25.11.2015
17) David R. Hawkins; Die Ebenen des Bewusstseins; Seite 77
18) ebenda; Seite 82
19) http://www.forum-grundeinkommen.de/zitat/albert-einstein/kommt-darauf-lebendigen-sinn-dafuer-bekommt-schoen-moralisch-gut; aufgerufen am 25.11.2015
20) David R. Hawkins; Die Ebenen des Bewusstseins; Seite 256
21) David R. Hawkins; Entlang des Pfades zur Erleuchtung; Sheema Verlag 2012, Seite 13
22) Johnnes Thiele; 365 Weisheitsgeschichten aus aller Welt; Weltbild Verlag 2003; Seite 65
23) http://www.simplify.de/die-themen/sachen/putzen/einzelansicht/article/aufraeumtipps-das-staubsauger-zen/; aufgerufen am 25.11.2014
24) Lynne McTaggart; Intention – Mit Gedankenkraft die Welt verändern; VAK Verlag 2007
25) Carl Zuckmeyer; Aufruf zum Leben; S. Fischer Verlag 1976

Buch

Sprechen wir von Erziehung, denken wir in der Regel als erstes an Belehrung und Einflussnahme auf die Entwicklung eines Kindes, dessen Verhalten wir durch unsere Erziehungsmaßnahmen nach eigenen Idealen formen möchten. Nicht so der Ansatz dieses Buches; er nimmt die Aufmerksamkeit weg vom Kind und richtet den Fokus konsequent auf den Erziehenden selbst: Selbstwahrnehmung, Bewusstwerdung und Persönlichkeitsentwicklung statt Belehrung, Kritik oder Bevormundung ist die zentrale Botschaft des Buches. Das Vorbild der Eltern ist die wirksamste aller Erziehungsmethoden, die auch dann ihre Ergebnisse zeigt, wenn belehrende oder zurechtweisende Worte eine andere Richtung weisen.

Das Buch hält Eltern und Erziehern immer wieder den Spiegel vor: Es weckt Bewusstsein für Prozesse, die normalerweise unbewusst ablaufen und gibt Mittel an die Hand, verborgene Antriebsmuster für gewohnheitsmäßiges Denken, Fühlen und Handeln aufzudecken und neue Fähigkeiten zu erwerben. Anhand einer Fülle von Beispielen zeigt Gabriele Waldow, wie Eltern den Herausforderungen des Erziehungsalltags erfolgreich begegnen und dabei selber wachsen können. Anregungen und konkrete Hinweise für die persönliche Entwicklung lenken den Blick auf einen bewussten Umgang mit sich selbst sowie mit der eigenen Elternrolle – auch in schwierigen Situationen.

Autorin

Gabriele Waldow, selbst Mutter inzwischen erwachsener Söhne, arbeitete als Lehrerin in heilpädagogischen Zusammenhängen und in der Erwachsenenbildung. Heute ist sie als Coach und Beraterin tätig mit den Schwerpunkten Kommunikationskompetenz, Persönlichkeitsentwicklung und Stressmanagement.

Sie sieht es als individuelle Aufgabe eines jeden Menschen, die temporären Grenzen des Bewusstseins durch Selbsterkenntnis immer wieder erneut zu überschreiten – nicht nur zum eigenen Glück, sondern auch, um durch den persönlichen Fortschritt einen Baustein hinzuzufügen zur fortschreitenden Evolution der Menschheit.

„Ich liebe meine Arbeit, Menschen zu ermächtigen, ihr Potential zu leben. Wer Sinn in seinem Tun und die tiefere Bedeutung seines Daseins erkennt, wird zum Vorbild für andere. Die beste Investition auf dem Weg zu einem erfolgreichen, glücklichen und erfüllten Leben ist die Investition in sich selbst und die eigene Entwicklung.“

Webseite zum Buch: www.elternsache-ist-bewusstseinssache.de